중국어 구문론

중국어 구문론

● 조 경 환 ●

한국문화사

중국어 구문론

초판인쇄 2014년 3월 10일

초판발행 2014년 3월 20일

지은이 조 경 환

펴낸이 김 진 수

펴낸곳 **한국문화사**

등 록 1991년 11월 9일 제2-1276호

주 소 서울특별시 성동구 아차산로 3(성수동 1가) 502호

전 화 (02)464-7708 / 3409-4488

전 송 (02)499-0846

이메일 hkm7708@hanmail.net

홈페이지 www.hankookmunhwasa.co.kr

책값은 뒤표지에 있습니다.

ISBN 978-89-6817-116-1   93710

이 도서의 국립중앙도서관 출판시도서목록(CIP)은 e-CIP 홈페이지
(http://www.nl.go.kr/cip.php)에서 이용하실 수 있습니다.
(CIP제어번호: CIP2014008658)

필자가 중국어를 배울 때 가장 흥미 있었던 주제 중의 하나가 把字句였다. 把字句는 중국어의 가장 대표적인 구문이기도 하지만, 또한 가장 논란이 되는 구문이기도 하다. 이러한 把字句에 대한 호기심은 결국 필자로 하여금 석사와 박사 과정에서 把字句를 전공하도록 하였다.

이후 필자는 한국연구재단에서 포닥(Post-Doc) 과정을 두 차례 수행하면서 把字句와 관련 깊은 다른 구문들인 被字句와 使字句 등까지 연구 주제를 확대하면서 구문들 간의 공통점과 차이점을 연구하게 되었다. 이 과정에서 필자는 비단 把字句뿐만 아니라 다른 구문들 역시 각자의 독특한 성질을 지님과 이는 여러 층위에서 반영됨을 알 수 있었다.

비록 수많은 언어학 이론들이 존재하고 각각의 구문들을 설명하고 있지만 본고에서 중시하는 것은 구문의 공시적인 측면과 통시적인 측면이다. 특히 통시적인 측면이 중요한데, 이는 공시적인 통계에만 의존한다면 구문의 원형을 잘 못 판단할 수도 있기 때문이다. 예를 들면 把字句나 被字句 같은 경우에는 공시적인 통계를 내어 보면 결과보어가 쓰인 乙류와 행위자(agent)가 출현하는 장거리 被字句를 원형으로 판단하게 된다. 그러나 통시적인 변천 과정을 살펴보면 把字句와 被字句의 원형은 마땅히 給與류·放置류의 甲류와 施事가 없는 단거리 被字句이어야만 한다. 본고에서는 기본적으로 인지 언어학의 관점에서 구문들을 연구하였지만, 역사 어법의 검증 없이는 이 연구를 진행하기가 힘들었을 것이다.

필자를 학문의 길로 이끌어주시고, 다양한 문법의 세계로 이끌어 주신 은사 최규발 선생님께 감사드리며, 포닥 과정을 지도해주신 김현철 선생님께도 감사드린다. 또한 흔쾌히 출간을 허락해주신 한국문화사 김진수 사장님께도 감사의 말씀을 드린다.

비록 부족하지만 이 책이 중국어 구문 연구에 도움이 되기를 바라면서, 마지막으로 이 책을 사랑하는 딸 연재·연서와 아내에게 바친다.

2014년 2월

조경환

중국어 구문론

제1장

서론
구문의 의의 및 구문 연구의 필요성

언어가 묘사하는 것은 사람들이 경험을 통해 인식하는 세계이다. 다시 말해 언어는 보편적인 경험구조인 개념 구조를 직접 반영하기보다는 의미 구조를 통해 통사 구조로 반영하므로, 의미 구조는 개념 구조에 대한 해석의 결과라고 할 수 있다(Croft 2001:111).[1] Evans & Green(2006/ 2008:205)은 개념 구조는 경험을 표상하고 조직하는 인지체계이며, 의미 구조는 개념 구조를 부호화하고 언어를 통해 구체화할 목적으로 취하는 형태를 말한다고 보았다. Croft(2001)는 개념 구조, 의미 구조와 통사 구조의 이러한 관계를 아래와 같은 그림으로 나타내었다.

〈그림 1-1〉 통사 구조·의미 구조·개념 구조간의 상호작용

(Croft 2001:128)

---

[1] 통사 구조와 의미 구조뿐만 아니라 개념 구조(conceptual structure)에 대해서도 의견이 분분한데, 어떤 학자들은 의미 구조와 개념 구조를 동일시하는가 하면, 또 어떤 학자들은 양자를 구분하기도 한다. 필자는 기본적으로 후자의 견해를 따르는데, 이는 비록 같은 상황을 묘사한다하더라도 화자의 해석(construal)에 따라 구문의 선택이 달라질 수 있기 때문이다.

위의 그림 <1-1>에서 화살표가 위·아래로 향하는 것은 각각의 구조가 화자와 청자에 의해 상호 작용한다는 것을 의미한다.

한 구문의 통사 구조를 의미 구조로 사상시키는 방법을 '연결(lingking)'이라고 한다(Cruse & Croft 2004/2010:382). 생성문법에서는 통사 구조와 의미 구조간의 연결이 외재적이라고 보는 반면, 인지문법에서는 통사 구조와 의미 구조간의 연결이 내재적이라고 보는 관점상의 차이에도 불구하고 이 두 이론은 모두 통사 구조와 의미 구조간의 관계를 주목하였는데, 실제로 Croft(2005:292)는 "연결규칙은 인지문법의 상징관계와 같다."고 하였다.[2]

한편 중국어 구문들의 의미 구조와 통사 구조간의 연결 관계를 전반적으로 다룬 사람으로 Chang(2003)이 있으므로, 먼저 Chang(2003)의 설명과 문제점을 간단히 살펴보도록 하자.[3]

동사와 논항들이 한 구문의 구조를 결정하는데 핵심적인 역할을 한다는 점은 이미 널리 알려진 사실이다. 동사와 그 동사에 귀속된 논항들이 어떻게 한 구문에 반영되는지에 관해서는 크게 두 가지 방면에서 접근되어 왔다. 하나는 의미역(thematic role)이며, 다른 하나는 어휘적 표상(lexical representation)이다.[4] 이에 Chang(2003) 역시 사건역할(event roles)과 술어분해 방식에 근거한 사건구조를 제시하였으며, 나아가 사건구조표상(representation of event structure)으로부터 통사 구조로의 연결규칙들을 제시하였다.

Chang(2003)은 Vendler(1967)의 동사 분류와 Van Valin & LaPolla (1997)의 술어분해에 근거하여 다음과 같은 사건구조를 제시하였다.

---

[2] 어휘부와 통사부의 관계에 대한 견해에 따라 연결규칙의 기제가 달라질 수 있는데, 그 밖의 이론들에서 연결(linking)에 관한 개론은 시정곤 외(2000)를 참조바람.

[3] 沈園(2007)은 주로 영어의 통사와 의미간의 상호작용만을 다루었을 뿐, 중국어에 관해서는 언급하지 않았다.

[4] 시정곤 외(2000:50), 沈園(2007) 참조.

(1) 다른 상 범주들에 대한 사건 구조들(Chang 2003:327)

    a. 상태(state): predicate'(x) 또는 (x, y)

    b. 성취(achievement): [BECOME predicate' (x) 또는 (x,y)]

    c. 활동(activity): [do' (predicate' (x) 또는 (x,y)]

    d. 완수(accomplishment): ([do' (predicate'(x) 또는 (x,y))]
            CAUSE [BECOME (predicate'(y) 또는 (z))))

위의 술어분해방식은 세 가지 요소를 포함한다. x, y와 z는 논항을 의미하며, CAUSE, BECOME과 같은 원소술어(primitive predicate)는 사건구조에서 술어의 수식어로 작용한다. 굵은 글씨로 표시된 정항(constant)은 개별 동사의 의미를 명세화하기 위해 사용된 것으로 일반적으로 술어(predicate)들이 이에 해당한다. 상태는 원소(primitive)로 작용하는데, 이는 한 사건의 끝을 나타내며, 활동은 일반화된 활동 술어인 'do''를 포함한다.

논항구조에 대하여 Chang(2003:330)은 세 가지 사건 역할(event role)을 제시하였는데, 그는 이들 간에 계층성이 존재한다고 제안하였다.

(2) 사건 역할의 정의

    a. 시발자(Initiator): 물체를 초래하거나 시작에서 포함된 개체

    b. 활동의 목표(Target of Activity): 행위를 겪는 개체

    c. 영향의 중심지(Locus of affect): 결과 상태 또는 끝점에 포함
                  되는 개체

(3) 사건 역할의 계층   (Chang 2003:335)
    시발자 > 영향의 중심지 > 활동의 목표

만일 하나의 NP가 두 개의 사건 역할을 지시한다면 사건 역할의 계층에서 높은 사건 역할만이 통사적으로 표현되며, 낮은 것은 표현되지 않게

된다. 예를 들면 "張三哭累了。"라는 문장에서 '張三'은 시발자 역할("張三哭了。")과 영향의 중심지 역할("張三累了。")이라는 두 가지 사건 역할을 나타내지만, 사건 역할의 계층에서 시발자 역할이 영향의 중심지보다 높으므로, 시발자 역할만이 통사적으로 표현되어야 한다.

　　마지막으로 Chang은 사건구조표상으로부터 통사로의 사상을 설명하기 위하여 연결규칙들(linking rules)을 제시하였는데, 이를 정리하면 다음의 표와 같다.

〈표 1-1〉 Chang(2003)의 연결규칙[5]

	내용	예
1	시발자 역할이 쓰인 NP 논항은 주어 위치로 연결된다.	주어 위치 ↑ 시발자 ↑ ([do' (predicate'(×))] CAUSE [BECOME predicate' (y)])
2	영향의 중심지 역할이 쓰인 NP논항은 V_2 뒤의 위치에 연결된다.	V_2 뒤의 자리 ↑ 영향의 중심지 ↑ ([do' (predicate'(×))] CAUSE [BECOME predicate' (y)])
3	영향의 중심지 역할이 쓰인 NP논항은 '把'뒤를 즉시 따르는 위치에 연결된다.	'把' 뒤의 자리 ↑ 영향의 중심지 ↑ ([do' (predicate'(×))] CAUSE [BECOME predicate' (y)])
4	활동 역할의 목표가 쓰인 NP 논항은 V_1의 뒤의 위치에 연결된다.	V_1 뒤의 위치 ↑ 활동의 목표 ↑ ([do' (predicate'(x, y))] CAUSE [BECOME predicate'(z)])
5	피동화: (i) 영향의 중심지 → 주어 (ii) 시발자 → 被의 빈어 또는 생략	주어 위치　'被'자 뒤의 위치 ∅ 시발자　활동의 목표　영향의 중심지 ↑　↑　↑ ([do' (predicate'(x, y))] CAUSE [BECOME predicate'(z)])

---

[5] 연결규칙 5에 관하여 Chang(2003)은 두 가지 被字句를 예로 들었는데, 본고에서는 그 중 하나만을 인용하였다.

연결규칙 1은 주어에 관한 것이며, 연결규칙 2는 빈어에 관한 것이다. 연결규칙 3은 把字句에 관한 것으로 영향의 중심지 역할이 쓰인 NP 논항이 '把'뒤의 위치로 연결된다는 것은 '把-NP'의 의미역이 피험체(受事: Patient)라는 말과 일맥상통한다. 연결규칙 4는 동사중첩에 관한 것이며,6 연결규칙 5는 被字句에 관한 것인데, "李四被張三推倒了。"와 같이 '李四'는 활동의 목표와 영향의 중심지 두 가지 사건 역할을 다 가지지만, 사건 역할의 계층에서 영향의 중심지가 활동의 목표보다 높으므로, 영향의 중심지만이 통사적으로 표현된다.

비록 Chang(2003)이 기존의 국부적인 연구와는 달리 중국어의 통사 구조와 의미 구조의 관계에 대하여 전면적인 연결규칙을 제시한 점은 그 의의가 크다고 할 수 있지만, Chang(2003)의 이러한 연결규칙들은 여러 문제점들을 지니는데, 把字句를 예로 들어 살펴보면 다음과 같다.

첫째, 이러한 연결규칙들의 가장 큰 문제점은 단순히 동사와 논항만으로는 구문이 가지고 있는 고유한 의미를 포착할 수 없다는 사실이다. 즉 같은 동사와 논항으로 구문 간에 상호 전환될 수 있지만, 이것이 구문 자체에 내포된 의미가 동일하다는 것을 의미하지는 않는데, 이러한 사실은 이미 여러 학자들에 의해 제기된 바가 있다.7

    (4) a. He sprayed the wall with the paint.
         그는 벽 전체를 페인트 칠 했다.
      b. He sprayed paint on the wall.
         그는 벽 일부를 페인트 칠 했다. (Goldberg 1995/2004:179)

---

6 어느 동사가 복제된 것인가에 관해서는 크게 두 가지 견해가 있는데, 하나는 V_1이 원래 동사이고 V_2가 복제되었다는 설과 다른 하나는 V_2가 원래 동사이며 V_1이 복제되었다는 설이 있다. Chang(2003)은 후자를 따르고 있다.

7 구문 변형에 대한 생성문법식 접근에 대한 문제점은 Goldberg(1995/2004:186)를 참조바람.

(4a)는 벽 전체를 페인트칠 한 것으로 빈어인 'the wall'이 더 높은 피영향성을 받았다는 것을 의미하며, (4b)는 벽 전체가 아닌 일부만을 페인트칠했다는 것으로 (4a)보다 낮은 피영향성을 나타낸다.

Langacker(2009:236) 역시 구문은 독립적으로 의미를 가진다고 보았는데, 이는 한 표현에서 개념 내용이 그것이 포함하는 동사와 어휘 항목으로부터 모두 상속되는 것이 아니라는 것이며, 예를 들면 다음과 같다.

(5) a. Fred watered the plants.
     Fred는 식물에 물을 주었다.

   b. Fred watered the plants flat.   (Langacker 2009:236)
     Fred는 식물에 물을 주어 납작하게 만들었다.

'water'는 (5a)와 같이 일반적으로는 상태변화를 야기하지 않지만, (5b)와 같은 결과보어 구문에서의 'water'는 상태변화를 야기하는 비 관습적인 용법으로 사용되었다.

위와 비슷한 현상은 중국어에서도 흔히 볼 수 있다.[8]

(6) a. 他倒了一杯酒。 (他斟了一杯酒。)
     한 잔의 술을 따르다.

   b. 他把一杯酒倒了。(他把一杯酒倒掉了。)
     술 한 잔을 엎질러버렸다.   (梁東漢 1959:106)

예문 (6)에서는 동일한 동사 '倒'와 동일한 논항 '他'와 '一杯酒'가 쓰였

---

[8] 이에 대하여 Goldberg(1995/2004:63)는 "Sam sneezed the napkin off the table(Sam이 재채기를 해서 냅킨을 테이블에서 떨어지게 했다)."이라는 표현을 해석하기 위해서는 단지 'x가 행위하다'와 같이 재채기가 가지는 기본 골격적인 어휘 분해 구조로는 포착하지 못하며, 재채기와 공기의 강력한 분출을 포함한다는 사실을 인식할 필요가 있다는 점을 지적하였다.

지만, 두 구문이 지니는 함의는 각각 다르다는 것을 알 수 있다. Chang(2003)이 제시한 연결규칙들은 '把'자나 '被'자를 구문에서 일정한 의미 작용을 하지 않는 문법 표지로 처리하였으므로, 이와 같은 현상에 대해서는 설명할 수 없다.9

한편 Her(2009)는 把字句에 관하여 다음과 같은 연결규칙을 제시하였다.10

(7) Her(2009:462)의 把字句 연결규칙
     a. 把 <x y z>, x is responsible for affecting y as z describes
     b. 把 <x y z>

        S O XCOMP

비록 Her(2009)는 Chang(2003)과는 달리 주어(S)가 결과 상태를 야기하는데 책임이 있다고 좀 더 명확하게 정의 내렸지만, 그럼에도 불구하고 '倒'자가 把字句에서 왜 '따르다'가 아닌 '엎지르다'로 해석되는지는 설명하기가 힘들다.

둘째, 이러한 연결규칙들은 각 구문들의 역사적인 변천과정에도 부합되지 않는다. 예를 들면 Chang(2003)의 연결규칙 3은 빈어 전치설(賓語前置說)에 근거한 것으로 把字句가 연동문에서 변천되어 왔다는 오늘날의 일반적인 설명(吳福祥 2003, 蔣紹愚 2008)과는 거리가 있다.

Goldberg(1995/2004:62)는 "의미론과 통사론 사이의 사상은 어휘 항목이 아닌 구문을 통해 이루어지고, 이 구문은 틀림없이 동사 의미의 통사

---

9 즉 Chang(2003)은 把字句나 被字句와 기존의 SVO句가 동일진리조건을 가지며, 이들이 같은 의미를 전달한다고 보았다.
10 Her(2009)는 어휘기능문법(LFG)의 배경 하에 把字句와 被字句의 연결규칙을 고찰하였으므로, 본고와는 이론적인 관점이 다를 수 있다는 점을 유념해야 한다.

적 관련 양상을 보여주는 한 집합임에 틀림이 없다."고 하였다. 필자는 구
문 자체가 고유한 의미를 가지며, 이는 구문 자체에서 다루어져야 할 문
제라고 본 Goldberg(1995/2004)와 Langacker(1991, 2009)의 주장에 동의
하며, 나아가 이러한 구문 자체의 성질은 하나의 층위가 아닌 여러 층위
에서 다양하게 반영된다고 본다. 이러한 관점에 근거하여 본고에서는 중
국어의 대표적인 여러 구문들을 살펴볼 것이며, 이를 통해 다른 언어에서
찾아볼 수 없는 중국어 구문들의 특이성을 살펴보고자 한다.11

---

11 사실 '구문(construction)'의 정의와 범주에 관하여 Goldberg(1995)와 Langacker
(1991/1998)간에는 몇몇 차이점이 존재한다. Goldberg(1995/2004:24)는 이렇게 단위의 형
태나 의미의 어떤 양상이 성분요소로부터 예측할 수 없는 경우만을 '구문'이라고
본 반면, Langacker(1991/1998:5)는 '구문'을 복합적인 상징 구조를 가진 단위(상징
구조들의 조합)라고 보았다. 따라서 예측 가능성에 근거한 Goldberg(1995)는 의존
형태소와 자립형태소를 구문으로 보는 반면, Langacker(1991/1998)는 그것들을 구
문으로 보지 않는다(Evans & Green 2006/2008:711). 심지어 Langacker(2009:237)
는 합성 구조가 그것의 구성요소로부터 모든 내용을 상속받는다고 하더라도, 구문
자체는 여전히 독립적인 의미를 가진다고 보았다. 그러나 이들 모두 구문이 어휘부
-문법 연속체와 용법 토대적 정립이라는 기본 입장은 같다고 할 수 있다.

제2장

구문의 다면성*

본고에서 다룰 구문들은 把字句, 使字句, 被字句, 給字句들로 각각 處置(Disposal), 使動(Causative), 被動(Passive)의 대표 구문들이라고 할 수 있으며, 마지막 給字句는 이상의 여러 의미를 가진 구문이다.

〈그림 2-1〉 중국어의 文法態(grammatical voice)와 대표 구문들

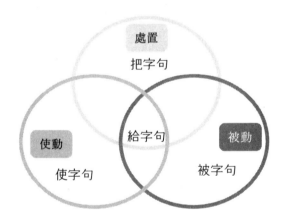

하나의 구문은 다양한 층위에서 여러 가지 성질들을 내포하고 있으므로, 본장에서는 중국어 구문들 각각의 성질을 파악하기에 앞서 먼저 구문에 내재되어 있는 주요 성질들과 그것의 기본 개념들을 살펴보고자 한다. 각

---

* 이 장은 조경환(2009, 2011, 2013)을 수정·보완한 것이다.

각의 구문들에 대한 구체적인 분석은 이후의 장에서 본격적으로 이루어
질 것이다. 본고에서 주목한 구문에 내재되어 있는 주요 성질로는 상성
(aspectuality), 도상성(iconicity), 유생성(animacy), 주관성(subjectivity),
빈도성(frequency)이 있는데, 먼저 상성부터 살펴보도록 하자.

2.1 상성(aspectuality)

2.1.1 상의 이중성

구문의 상성(aspectuality)을 논의하기 전에 우리는 상(Aspect), 동작류
(aktionsart), 상황상(situation aspect)의 관계를 분명히 할 필요가 있다.
'상'이라는 용어는 때로는 관점상(viewpoint aspect)만을 가리키기도 하고,
때로는 관점상과 상황상을 포괄하여 지시하기도 한다. 본고에서는 狹義
의 의미(관점상)로 쓰일 때는 'aspect'로 표기하고, 廣義의 의미(관점상+
상황상)로 쓰일 때는 'Aspect'로 표기하기로 한다.

실제로 상(Aspect)의 이중성에 관한 연구는 오래전(Bache 1982, Brinton
1988 등)부터 진행되어 왔는데, 그들의 주된 관심은 동작류(aktionsart)와
상(aspect)의 구분이다.

'상황상'은 일반적으로 동사와 논항·부사류 등에 의해 표현되는 한 상
황의 시간구조를 나타내는 것으로 Smith(1994)의 상황상 분류는 다음과
같은 표로 정리할 수 있다.[1]

---

[1] Xiao & McEnery(2004:40)는 Vendler(1967)식 접근법은 어휘적 단계(즉 동사)에서
만 잘 적용되며, Smith(1991)식 접근법은 문장 단계에서만 잘 적용된다고 하였다.

	정태	지속	종결	예
활동 (activity)	-	+	-	laugh, stroll in the park, 走, 聽, 推車了
순간 (semelfactive)	-	-	-	tap, knock, 踢, 敲門
완수 (accomplishment)	-	+	+	build a house, walk to school, 蓋一座橋, 走去學校
성취 (achievement)	-	-	+	win the race, reach the top, 打破, 睡着
상태 (state)	+	+	-	know the answer, love Mary, 存在, 知道, 高興

이에 반해 상(aspect)은 주로 동사의 굴절 형태소 등에 의해 표시되므로 문법적인 상(grammatical aspect)이라고 할 수 있다. 또한 상은 마치 카메라의 렌즈처럼 하나의 상황에 대한 화자의 특정 시점을 선택하는데, 일반적으로 중국어에서의 관점상(asepct)은 크게 두 가지로 나뉜다. 하나는 화자가 사건의 전체를 보는 것을 나타내는 '완료상(perfective aspect)'으로 '了', '過'등이 있고, 다른 하나는 화자가 사건의 내부를 보는 것을 나타내는 '미완료상(imperfective aspect)'으로 '着', '在'등이 있다. 이것을 그림으로 나타내면 다음과 같다.

〈그림 2-2〉 완료상과 미완료상 (김종도 1996:118)

'상성'이라는 용어와 유사한 것으로 '사건성(eventuality)'이라는 용어도 있는데, 기존 학자들(Bach 1986, Filip 1999)은 '사건성'에서 관점상을 배제하였다. 그러나 '了'·'着'·'過'의 경우에서도 알 수 있듯이 중국어의 경우 관점상이 종종 상황상에도 관여하므로(즉 動相보어일 때), 본고에서는 '사건성'이라는 용어보다는 여전히 '상성'이라는 용어를 사용할 것이다.

2.1.2 상의 합성성

상(Aspect)에 관해서 좀 더 주의해야 할 사실은 이러한 상은 합성적 (compositional)이며, 이에 따른 상적 전환(aspectual shift)이 발생한다는 점이다. 예를 들면 같은 동사 '喝'가 쓰였다 하더라도, "瑪麗喝了啤酒。"는 활동(activity) 상황에 속하며, "瑪麗喝了那些啤酒。"는 완수 (accomplishment) 상황에 속한다. 이와 같은 차이가 생기게 된 원인은 바로 '喝'라는 동사가 뒤에 오는 명사 '啤酒'와 '那些啤酒'와 상적 합성을 거치기 때문이다.

이와 같은 동사와 다른 명사간의 합성 작용은 아래와 같은 대조에서도 쉽게 확인할 수 있다.

> (1) a. *瑪麗在一個小時內喝了啤酒。 (활동)
>   b. 瑪麗在一個小時內喝了那些啤酒。(완수)
>
> (楊素英 2000:76)
>
> 瑪麗는 한 시간 안에 그 맥주를 다 마셨다.

위의 예문 (1)에서도 알 수 있듯이 원형 명사인 '啤酒'가 쓰이면 문장은 활동 상황에 속하기 때문에 부사 '在一個小時內'와 의미충돌을 일으키는 반면, 한정 빈어인 '那些啤酒'가 쓰이면 문장은 완수 상황에 속하므로, 부사 '在一個小時內'와 공기할 수 있다. 이와 같이 한 문장의 상적 의미는 단순히 동사 자질에만 의존해서 결정되는 것이 아니며, 같은 동사라 할지라도 명사 논항의 자질에 따라 문장의 상 자질이 변할 수 있다.

또한 한 문장의 상적 의미, 즉 상성은 동사와 명사 논항, 그리고 개사구 (PP)·時量詞 등 다른 기타 요소들에 의해 상적 자질이 변할 수 있는데, 예를 들면 다음과 같다(Smith 1991·1994, 楊素英2000).

(2) v[-종결] + pp[방향] = vp[+종결]
     walk   to school   (Smith 1991:73)

(3) v[순간] + 時量詞[지속] = [활동]
     他咳嗽咳了 一晚上。   (Smith 1994:25)
     그는 저녁 내내 기침을 했다.

위의 예문 (2)에서 'walk'라는 비종결 동사에 방향 PP 'to school'을 첨가한다면, VP는 종결이 된다. 예문 (3)의 '咳嗽'는 순간 동사이지만, 時量詞가 첨가됨에 따라 다중 사건으로 구성된 활동으로 바뀐다.[2] 이러한 중국어의 상 합성 과정은 상당히 복잡하고 변칙적인데, 이에 대해서는 향후 좀 더 심도 있게 다루도록 하겠다.

이와 같이 중국어의 상성은 대단히 복잡하고 다면적이지만, 사건 구조라는 한 구문의 토대를 세우는 중요한 역할을 한다고 볼 수 있다.

---

[2] 이에 관하여 Smith(1994:25)는 상황 유형을 기본 단계와 파생 단계로 구분해야 하며, 파생 단계의 해석이 기본 단계의 해석과 다를 수 있다고 보았다.

2.2 도상성(iconicity)

2.2.1 Peirce의 정의와 언어적 도상성

'도상성(iconicity)'은 '자의성(arbitrariness)'과 상반되는 개념으로 19세기 말 Peirce가 제시한 개념으로 언어의 구조에 관하여 중요한 역할을 하지만 상당히 복잡한 개념이므로 여기에서는 자세히 다룰 필요가 있다. 먼저 Peirce는 기호를 크게 도상 기호·지표 기호·상징 기호로 나누었다.

도상(icon)은 '닮음'을 의미하는 그리스어 'eikon'에서 유래했는데, 이에 도상(icon) 기호는 어떤 닮음을 통해 해당 대상체와 관계를 맺는 것으로, 사진·예술가들의 데생·조각상들이 이에 속한다.[3]

지표(index)기호는 '집게손가락'을 의미하는 라틴어 단어 'index'에서 유래했는데, 이 기호는 '실제적·물리적 연관성'을 통해 대상체와 관계를 맺는 경우로서, 이 '연관성'은 인과 관계를 나타내는 경우가 많다. 예를 들면 Peirce(2006:169)는 낮은 기압계와 습기 찬 공기는 비의 지표이고, 바람개비는 풍향의 지표라고 하였다. 이는 즉 비가 내리면 공기는 습해지며 기압계는 내려가고 바람이 불면 바람개비가 돌게 되는 것을 말한다.[4]

상징(symbol)기호는 사회적 계약, 즉 '관습'에 의해 대상체와 관계를 맺

---

[3] '닮음'의 성질을 공유한다는 점에서 '도상성'과 '은유'의 관계는 밀접하다고 할 수 있다. 이와 관련하여 Hiraga(2005/2007:30)는 컴퓨터 스크린 위의 폴더·문서·쓰레기통을 '도상'임과 동시에 '은유'라고 보았다. 이는 이것들이 표상하는 사물과 유사하기 때문에 도상적이며, 주어진 이름의 은유적 확장을 통해 폴더·문서·쓰레기통이라는 개념의 어떤 특성이 스크린 위의 기호로 인지적으로 사상되었으므로 '은유'라고 본 것이다. 다만 폴더 및 쓰레기통 도상이 시각적으로 보기에는 실제 폴더 및 쓰레기통과 닮았기 때문에 은유보다 도상성이 현저한 것으로 간주한 것이다. 이와는 반대로 "I have too many files open in mind."는 도상성보다 은유작용이 우세한 경우인데, 이는 컴퓨터 영역에서 마음 영역으로 이루어지는 투사가 지각적(시각적·청각적)이라기보다는 개념적이기 때문이다.
[4] 본고의 Peirce의 논문들은 그의 논문들을 엮은 김성도(2006)로부터 인용한 것이다.

는 경우로서, 예를 들면 빨간색의 교통신호는 교통 법규를 아는 사람에게는 정지의 신호로 인식된다.

요컨대 Peirce(2006:179)는 '도상'기호는 그것이 표상하는 대상의 성질과 닮았고, '지표'기호는 물리적으로 대상과 연결되며, '상징'기호는 상징들을 사용하는 정신의 관념에 따라 대상과 연결된다고 보았다.

Hiraga(2005/2007)는 위에서 논의된 Peirce의 기호 이론을 아래와 같은 표로 정리하였다.

<표 2-2> Peirce의 기호 이론 (Hiraga 2005/2007:66)

기호	한정 조건	의미 작용
도상	유사성	고유한 특징
지표	(인과적 또는 공간적) 인접성	사물과의 존재론적 관계
상징	관습성	해석체와의 관계

여기에서 우리가 주의해야 할 점은 세 가지 기호의 구분이 절대적인 것만은 아니라는 것인데, 예를 들면 연기는 일반적으로 불의 지표로 여겨지지만 봉화에서 나오는 연기는 적의 침입에 대한 상징일 수도 있다.

도상성은 '닮음'의 성질에 따라 크게 '자연적 도상성'[5]과 '언어적 도상성'으로 나눌 수 있는데,[6] 본 절에서는 주로 '언어적 도상성'을 다루겠다.

언어적 도상성은 '구조적 도상성'이라고도 하며, 언어형태의 모종의 특

---

[5] '자연적 도상성'은 '모방적 도상성'이라고도 하는데, 이는 자연 상태에 바탕을 둔 것으로 사물에서 기호가 파생된 것이다. 이러한 자연적 도상성이 언어에서 차지하는 비중은 그다지 크지 않은데, 의성어 및 U 턴 등이 있으며, 한자의 경우 상형문자나 초기 회의문자가 이에 속한다. 임지룡(1995:126) 참조.

[6] Peirce는 도상을 다시 영상·도형·은유로 구분하였다. 대체로 '영상(image)'은 '자연적 도상성'에 대응되고, '도형(diagram)'은 '구조적 도상성'에 대응된다고 할 수 있다. 그리고 '은유(metaphor)'는 영상·도형과는 달리 개념간의 닮음을 다룬 것이므로 상대적으로 적게 언급하였다. 또한 Hiraga(2005/2007:71)는 [영상 → 도형 → 은유]로 갈수록 기호와 사물간의 직접성은 감소하고, 추상성은 증가한다고 보았는데, 본고에서는 Haiman(1980), 임지룡(1995)의 분류 등에 근거하고 있다.

징들이 의미 구조의 양상과 대응하는 것인데, Haiman(1980:515)은 이 언어적 도상성을 '구조 동형성(Isomorphism)'과 '도상적 동기화(Iconic Motivation)'로 구분하였다.

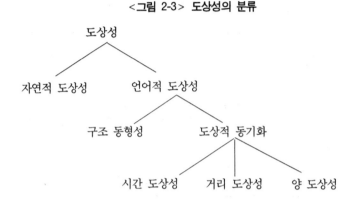

<그림 2-3> 도상성의 분류

먼저 '구조 동형성'은 '하나의 형식·하나의 의미(one form, one meaning)'라는 가설을 의미하는 것으로, 만일 α가 형식이고, x가 의미라면, 하나의 α는 오직 하나의 x와만 연계된다. 한편 '도상적 동기화'는 언어 구조가 현실 구조의 몇몇 측면들을 직접 반영하는 것을 가리킨다(Haiman 1980:515).

그런데 이 '구조 동형성'에 대하여 여러 학자들(Croft 1990, Newmeyer 1992, 沈家煊 1998)이 이의를 제기하였는데, 특히 沈家煊(1998)은 중국어를 근거로 하여 이를 강하게 반박하였다. 沈家煊(1998)은 중국어에서 언어의 형식과 의미는 종종 1대1 대응 관계가 아니며, 두 가지 유형의 굴절관계가 존재한다고 하였는데, 이를 살펴보면 다음과 같다.

첫 번째 유형의 예로는 "要走了。"가 있다. 이 말은 두 가지 의미를 지니는데, 즉 '要'자가 동사라면, "要走了。"는 "달라고 해서 가지고 갔다."라는 의미가 되며, '要'자가 조동사라면 "要走了。"는 "가고 싶어 한다."

를 의미한다. 만일 '要'자에 강세가 오면 '要'자는 동사와 조동사가 되며, 만일 '要'자를 경성으로 읽으면 조동사만을 의미하는데, 이것을 그림으로 나타내면 아래와 같다.

<그림 2-4> "**要走了°**"의 굴절 구조

두 번째 유형의 예로는 "飛過大西洋。"을 들 수 있는데, 이 문장 역시 두 가지 의미를 지닌다. 그 중 하나는 "대서양 위를 지나가다."를 의미하는데, 이때의 '過'는 방향 동사 의미를 가지며, '過'에 강세가 온다. 그러나 '過'를 경성으로 읽는다면, 방향 동사 의미와 "대서양을 지나간 적이 있었다."라는 경험을 의미하는 경험상 표지 모두를 나타낸다. 이러한 관계를 그림으로 나타내면 다음과 같다.

<그림 2-5> '**過**'의 굴절 구조

위의 굴절 구조들에서 알 수 있듯이 비록 굴절의 방향은 각각 다르지만 두 가지 유형은 모두 하나의 형식이 두 가지 의미를 지닐 수 있다는 것을 보여주고 있다.

앞에서 살펴본 바와 같이 구조 동형성은 매우 제한적인 개념이라고 볼 수 있는데, 沈家煊(1998:327)은 구조 동형성이 무표적인 상황에서만 적

용될 뿐, 유표적인 상황은 고려하지 못한다고 하였다. 비록 Haiman(1980)은 언어적 도상성을 구조 동형성과 도상적 동기화로 구분하였지만, 실제로 많은 학자들은 이 두 가지를 구분해서 설명하지 않거나 바로 도상적 동기화와 관련된 도상적 원칙들을 다루는 경우들이 대부분이다. 그러나 본고에서는 형식과 의미의 1대 1 대응이라는 엄격한 의미의 구조 동형성에는 반대하지만, **[형식의 유사성은 의미의 유사성을 반영하며, 형식의 차이는 의미의 차이를 반영한다]**라는 Hiraga(1994, 2005/2007)의 보다 유연한 개념의 구조 동형성에는 동의한다.[7] 나아가 Hiraga(1994:13)는 '구조동형성'이라는 용어보다는 '관계적 도형들(relational diagrams)'이라는 용어를 사용하였으며, 아래와 같은 그림을 제시하였다.

〈그림 2-6〉 관계적 도형(Hiraga 1994:13)

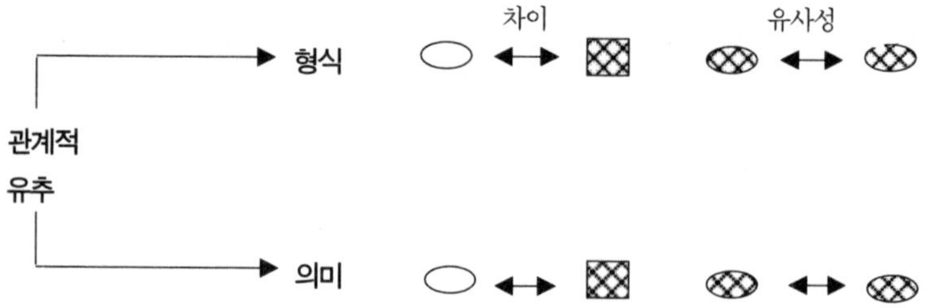

2.2.2 도상성 동기화와 구조적 동형

도상적 동기화(Iconic Motivation)에 관하여 Haiman(1980:516)은 "문법적 구조는 그것의 의미를 직접 반영한다."고 하였는데, Hiraga(1994)는 이러한 '도상적 동기화'를 '구조적 도형(structural diagram)'이라고 불렀으

---

[7] Hiraga(1994:8)는 구조 동형성의 극단적인 경우에만 형식과 의미가 1대1 대응한다고 보았다. Taylor(2002/2005:49) 역시 도상성의 개념을 음운구조들 사이, 의미 구조들 사이, 상징구조들 사이의 지각적 유사성에까지 확장할 수 있음을 제시하였다.

며, 아래와 같은 그림을 제시하였다.[8]

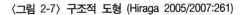

〈그림 2-7〉 **구조적 도형** (Hiraga 2005/2007:261)

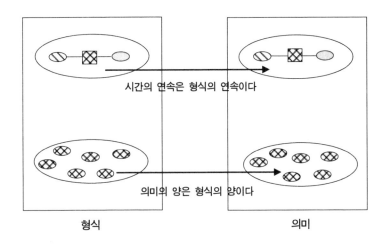

이러한 도상적 동기화는 크게 세 가지 도상성, 즉 시간 도상성·거리 도상성·양적 도상성으로 나눌 수 있다.[9]

시간 도상성이란 "두 통사 단위들의 상대적인 순서는 그것들이 개념 세계에서 나타내는 사태들의 시간적 순서에 의해 결정된다."는 것으로 일찍이 Tai(1985:50)는 이것을 '시간순서원칙(The Principle of Temporal Sequence: 이하 'PTS'라 칭함)'이라고 칭하였는데, 예를 들면 아래와 같다.

(4) a. 小猴子在馬背上跳。

---

[8] 구조적 동형(structural diagram)에 관하여 Hiraga(1994)의 그림과 Hiraga(2005/2007)의 그림은 다소 다른데, 필자는 후자가 좀 더 적절하다고 여기므로 후자의 그림을 선택하였다.

[9] 여기에서 한 가지 주의해야 할 점은 도상적 동기화에는 위의 세 가지 도상성 이외에도 대칭(Symmetry) 도상성, 범주화(categorization) 도상성 등 여러 가지가 있다.

새끼 원숭이가 말 등에서 뛰고 있다.
b. 小猴子跳在馬背上。　　　　　　　　　　　(Tai 1985:58)
새끼 원숭이가 말 등 위로 뛰었다.

위의 예문 (4)에서 볼 수 있듯이 '在馬背上'이 '跳' 앞에 출현하면 사건 발생의 장소를 나타내며, '跳' 뒤에 출현하면 목적지를 나타낸다.
　동일한 두 개의 동사구('到圖書館'과 '拿書')가 쓰인 문장이라고 할지라도, 어순이 다르면 해석도 달라진다.

(5)　a. 張三到圖書館拿書。
　　　　張三이 책을 가지러 도서관에 갔다.
　　b. 張三拿書到圖書館。　　　　　　　　　　(Tai 1985:51)
　　　　張三이 책을 가지고 도서관에 갔다.

PTS는 수량보어의 위치에도 영향을 미치는데, 예를 들면 시량보어는 동사 뒤에서만 쓰이며, 동사 앞에는 쓰일 수 없다.

(6)　a. 他病了三天了。
　　　　그는 사흘 동안 아팠다.
　　b. *他三天病了。
　　c. *三天他病了。　　　　　　　　　　　　(Tai 1985:58)

위의 예문 (6)에서 그가 처음 아픈 후에 그러한 상태가 얼마동안 지속되었는지를 말하기 위해서는 그가 아프기 시작한 상태는 '三天'을 선행해야 된다. 따라서 '三天'이 동사 '病'을 선행한 (6b)와 (6c)는 비문이 된다. 이렇게 PTS는 중국어에서 통사 구조의 어순이 개념세계와 깊은 연관이 있음을 암시한다.

그러나 모든 학자들이 Tai(1985)의 PTS에 동의한 것은 아니다. 예를 들면 Newmeyer(1992:776)는 아래와 같은 문장을 예로 제시하면서 중국어에서는 PTS가 독립된 문법 원칙이 아니라 단지 문법화된 담화원칙일 뿐이며, 대화 중 함축되기는 하지만 함의되지는 않는다고 보았다.[10]

(7) a. 張三買了一些機油 幷且 去了商店。
     'Zhangsan bought some motor oil and went to the store.'
   b. 張三買了一些機油 幷且 去了商店，可是他先去商店。
     Zhangsan bought some motor oil and went to the store, but he went to the store first.'[11]

위의 예 (7a)는 자연스러운 시간 순서를 반영한 반면 (7b)에서는 '可是他先去商店'을 부가함으로써 이 문장의 시간 순서는 취소되었다.

Newmeyer(1992)의 이러한 견해에 대하여 Tai(2002:334)는 중국어의 '幷且'와 영어의 'and'는 같지 않은데, '幷且'는 'besides'의 의미에 가까우며, 정작 영어의 'and'와 동등한 것은 휴지가 있는 ∅표지라고 하였다. 따라서 예문(7)은 다음과 같이 수정되어야만 한다.

(8) a. ?張三買了一些機油, 去了商店。
     'Zhangsan bought some motor oil and went to the store.'
   b. 張三去了商店, 買了一些機油。
     'Zhangsan went to the store and bought some motor oil.'

---

[10] 함의(entailment)와 함축(implicature)의 차이점은 함축은 특정 맥락에서 제거될 수 있는 반면, 함의는 제거될 수 없다는 데에 있다. 즉 Newmyer(1992)는 PTS가 특정 맥락에서는 제거될 수 있는 것으로 보고 있다.

[11] 예문(7) 이하부터는 Newmeyer(1992)와 Tai(2002)의 견해 차이를 밝히기 위하여 영문 번역을 그대로 인용하였다.

위의 예문에서 (8b)가 (8a)보다 자연스러운 이유를 살펴보면, (8b)는 상점에 가서 기름을 산다는 사건들의 자연스러운 시간 순서를 반영하기 때문이다. Tai(2002:335) 또한 Ø표지가 쓰인 접속문에서는 Newmeyer(1992)와 마찬가지로 시간적 함의가 쉽게 취소되지 않는다고 하였는데, 예를 들면 다음과 같다.

(9) *張三去了商店，買了一些機油，可是他先買了些機油。
'Zhangsan went to the store (and) bought some motor oil, but he first bought the motor oil.'

위의 예문에서 알 수 있듯이 중국어와는 달리 영어 번역문에서는 이러한 시간적 함축이 취소될 수 있다. 이로 볼 때 우리는 중국어가 영어보다 PTS를 더 중시한다는 사실을 알 수 있다.

張敏(2007, 2008)은 PTS에 관하여 좀 더 흥미로운 예들을 제시하였다.

(10) 他死在廚房裏。
그는 부엌에서 죽었다.

(11) 病人昏迷在手術臺上。
환자는 수술대에서 정신을 잃었다.

위의 예문들은 얼핏 보기에는 PTS의 반례들 같다. 다시 말해 예(10)에서 '他'는 죽기 전에 이미 부엌에 있었어야하며, 예(11)의 '病人' 역시 정신을 잃기 전에 수술대에 있었어야만 한다. 이에 張敏(2007:6)은 위의 예문들을 아래와 같은 개념 구조와 의미 구조로 나누어 설명하였다.

먼저 보편적인 개념 구조, 즉 경험구조에서 참여자가 **[在+장소]**에 위치했을 때, 행위(死, 昏迷)는 T_1에서 일어난다.

<그림 2-8> 보편적인 개념 구조 (Zhang 2007:6)

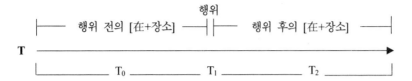

예를 들면 예 (10)의 '他'는 행위가 T_1에서 발생하기 전에 T_0에 [在廚房裏]에 있었으며, 행위가 발생한 후인 T_2에도 여전히 같은 장소인 '廚房'에 남아 있다.

의미 구조 단계에서는 동사 뒤의 **[在廚房裏]**와 **[在手術臺上]**은 오직 행위후의 T_2안에서의 참여자 위치, 즉 행위에 의해 영향 받은 참여자 위치만을 지시한다. 인지 문법적으로 해석하자면 화자는 T_0에서 '他'나 '病人'의 위치에는 관심이 없으므로, 오직 T_2의 참여자 위치만이 윤곽 부여될뿐이라는 것이다.

<그림 2-9> 언어 특정적인 의미 구조 (Zhang 2007:6)

아래의 예문들은 張敏(2008:558)의 이러한 설명을 입증해준다.

(12) a. 病人 [昏迷] [在手術臺上]　　　　(V-PP)

환자는 수술대에서 정신을 잃었다.

b. 病人 [在手術臺上] [昏迷過去了]　　(PP-V)

환자는 수술대에서 정신을 잃었다.

c. 病人 [在手術臺上] [蘇醒過來了]　　(PP-V)

환자는 수술대에서 되살아났다.

d. *病人蘇醒 [在手術臺上]　　　　　(V-PP)

張敏(2008:558)에 의하면 환자가 수술대에 오른 다음에 정신을 잃었다는 의미를 전달하기 위해서는 (12b)를 사용해야 하며, (12a)의 'V在L'은 결과위치만을 표시할 뿐이다. 따라서 (12c)는 정문이지만 (12d)는 비문인데, 이는 깨어남의 결과로서 수술대 위에 있을 수는 없기 때문이다. 張敏(2008)의 이러한 설명은 도상성이 개념적 구조에 대한 해석, 즉 의미 구조와 통사 구조 사이의 대응 관계임을 암시한다.

그렇다면 이러한 시간 도상성은 언제부터 중국어에 반영되기 시작한 것인가? 蔣紹愚(1999)는 ≪左傳≫과 ≪史記≫의 '於+L(처소사)' 구문을 고찰하였는데, 先秦시기에는 의미에 상관없이 '於+L'이 모두 동사 뒤에 출현하였지만 西漢시기에 이르러서는 '於'가 없는 'V+(O)+∅+L' 구문이 출현했다고 하였는데, 예를 들면 아래와 같다.

(13) a. 公子曰: 所不與舅同心者有如白水! 投其璧於河。
　　　　　　　　　　　　　　　　　≪左傳·僖公24年≫
　　　"내가 외숙과 함께 하지 않을 리 있겠소? 황하에 맹세하겠소!" 그러고는 이내 구슬을 강물에 던져 버렸다.

b. 重耳曰: 若反國, 所不與子犯共者, 河伯視之! 乃投璧河。　　　　　　　　　　　　　　　　　≪史記·晉世家≫
　　　만일 환국한다면 그대 자범과 마음이 같지 않는 사람이 있을 것이니, 河伯이시여! 굽어 살피소서!" 그러고는 구슬을 황하에 던졌다.

이후, 'Ø+L'은 동사 앞에도 놓일 수 있게 되었는데, 이러한 예들이 남북조에 이르러 조금씩 증가하였다는 사실은 중국어가 점차 PTS를 따르게 되었다는 것을 의미한다.

(14) "泰山上擧火。"　　　　　　　　≪史記·孝武本紀≫
태산 위에서 횃불을 들다.

이는 중국어가 상고 시대부터 도상성의 원칙을 따른 것은 아니라는 사실을 알려주는데, 蔣紹愚(1999)는 중국어가 적어도 남북조 이후에서야 도상성을 반영하기 시작하였다고 보고 있다.[12]

한편 蔣紹愚(1999), Tai(2002)와는 달리 張敏(1995)은 상고 시대부터 중국어에 도상성이 반영되었다고 여겼는데, 즉 상고시기에 PP들은 일반적으로 PTS를 따른다는 것이다. 그의 견해를 정리하면 아래의 표와 같다.

<표 2-3> 상고 시기의 PP들

	형식	PP의 의미	예
①	從·與· 爲·由·因 + V	행위의 발생·위치, 출발점·도구 등	從臺上彈。≪左傳·宣公2年≫ (높은 망대위에서 지나가는 백성들에게 새총을 쏘다.)
②	V+及·至	행위가 도달할 목표	楚侵及陽橋。≪左傳·成公2年≫ (초나라 군사가 진공하여 양교에 이르다.)
③	在+V	사건의 위치	舜在牀琴。≪孟子·萬章≫ (순은 평상위에서 거문고를 뜯고 있습니다.)
	V+在	사건의 결과	衣服附在吾身。≪左傳·襄公31年≫ (의복은 내가 몸에 걸치고 있다.)

---

[12] Tai(2002:343) 역시 고대 중국어는 PTS를 따르지 않았다고 언급한 바 있다.

	以+V V+以	도구	以羊易之 易之以羊。≪孟子·梁惠王≫ (양으로서 소를 바꾼 것입니다.)
④	自+V V+自	행위의 출발점	自北門入。≪左傳·莊公21年≫ ((괵숙은) 북문으로 들어갔다.) 出自幽谷。≪詩經·小雅·伐木≫ (깊은 골짜기에서 날아오다.)
	V+於	위치적 개사	發於南海，而飛於北海。≪莊子·秋水≫ (南海에서 출발하여, 北海로 날아가다.) 吾聞出於幽谷，遷於喬木者。≪孟子·滕文公≫ (나는 깊은 골짜기에서 나와서, 높은 나뭇가지에 옮겨 산다는 얘기를 들었다.)

요컨대 張敏(1995)은 표 <2-3>에서 ①·②·③류의 PP들은 PTS를 따르며, ④류의 PP들은 PTS를 따르지 않는 예외적인 경우들이라고 보았다. 특히 張敏은 蔣紹愚(1999)가 근거로 삼았던 '於'자는 동사에서 파생된 다른 개사와는 달리 원래부터 순수한 전치사적 성격을 지녔으므로, 줄곧 동사 뒤에 출현했다고 여겼다. PTS가 언제부터 중국어에 반영되었는가에 대해서는 향후 좀 더 심도 있는 연구가 필요하다고 할 수 있겠다.

이제 거리 도상성을 살펴보기로 하자. Haiman(1983:782)은 거리 도상성에 관하여 "표현들 사이의 언어적 거리는 그들 사이의 개념적 거리에 대응된다."고 언급하면서, 이를 다음과 같이 설명하였다.

(15) a. X#A#Y
    b. X#Y
    c. X+Y
    d. Z   (X·Y·Z는 형태소, #는 단어 경계, +는 형태 경계)

X와 Y의 개념적 거리는 (15a)에서 (15d)로 갈수록 짧아진다. (15a)는 A가 X와 Y 사이에 있으며, (15b)는 X와 Y로 각각 분리되어 있지만, 언어상의

거리는 (15a)가 (15b)보다 크다. 또한 (15c)는 X와 Y 중 어느 하나가 의존 형태소인 경우이며, (15d)는 하나의 형태소인 Z로 융합되어 언어 표현상의 거리가 가장 짧다고 할 수 있다.

사실 '거리 도상성'의 성질은 Haiman(1983) 이전에 이미 Lakoff & Johnson (1980/1995)에 의해 관찰되었다. 그들은 [가까움은 영향의 강도 (CLOSENESS IS STRENGTH OF EFFECT)][13]라는 은유의 관점에서 문장의 통사 구조를 분석하였는데, [가까움]은 문장의 구문에 적용되는 반면, [영향의 강도]는 문장의 의미에 적용된다고 보았다.[14]

(16) a. Sam killed Harry.
　　　샘이 해리를 죽였다.
　　 b. Sam caused Harry to die.
　　　샘이 해리를 죽게 했다.
　　 c. Sam brought it about that Harry died.
　　　샘이 해리가 죽도록 했다.

(Lakoff & Johnson 1980/1995:178)

예문(16a)는 원인과 결과가 모두 'kill'에 포함된 단일 사건으로 그 인과 관계가 직접적이다. (16b)는 Harry의 죽음과 Harry의 죽음을 초래한 Sam 이 한 일이라는 두 개의 사건을 나타내므로, (16a)보다는 덜 직접적인 인과관계를 나타낸다. 또한 (16c)에서는 두 개의 절이 포함되어 있으므로, (16b)보다 훨씬 더 간접적인 사건을 나타낸다.[15] 이러한 현상에 관하여

---

[13] 이에 관하여 Lakoff & Johnson(1980/1995:176)은 "형태 A의 의미가 형태 B의 의미에 영향을 미친다면, 형태 A가 형태 B에 가까울수록 B의 의미에 대한 A의 의미의 영향은 그 만큼 더 강해질 것이다."라고 설명하였다.

[14] 이는 [가까움]은 형태와 관련 있고, [영향의 강도]는 의미와 관계가 있다는 말이다. Lackoff & Johnson(1980/1995:178) 참조.

[15] 우리말에서도 이러한 현상을 쉽게 찾을 수 있다.

Lakoff & Johnson(1980/1995:178)은 "인과를 나타내는 형태가 결과를 나타내는 형태에 가까우면 가까울수록 인과적 연결이 그만큼 더 강하다."라고 하였다. 또 다른 예를 살펴보면 아래와 같다.

(17) a. I found that the chair was comfortable.
　　　나는 그 의자가 편안하다는 것을 알게 되었다.
　　b. I found the chair comfortable.
　　　나는 그 의자가 편안함을 알게 되었다.

(Lakoff & Johnson 1980/1995:177)

위의 예문을 살펴보면, (17b)는 그 의자에 직접 앉아 본 다음에 그 의자가 편안함을 알게 되었다는 것을 의미하며, (17a)는 다른 사람들에게 물어보는 등의 간접적인 방식으로 알았다는 의미를 내포한다. 즉 주어 'I'가 'chair' 및 'comfortable'에 가까울수록 경험은 직접적이게 된다는 것이다.

거리 도상성은 한정어의 순서에서도 잘 반영되어 있는데, 중국어의 한정어는 일반적으로 [제한성-수량-묘사성] 순으로 배열되는데 다음과 같다.[16]

(18) <u>我的</u> <u>三件</u> <u>漂亮的</u> 衣服
　　　3　　2　　1

사물은 일반적으로 소유자에 따라 본질이 바뀔 수 없으므로 제한성 한정

(ㄱ) 영수가 닭을 죽였다.
(ㄴ) 영수가 닭을 죽게 했다.

(ㄱ)에서는 파생접사 '-이'에 의한 단형 사동으로, 닭의 죽음에 대한 책임과 비난이 직접적인 반면, (ㄴ)에서는 '-게 하다'에 의한 장형 사동으로, 모이를 주지 않았거나, 제대로 돌보지 않음으로서 닭을 죽게 한 간접적인 경우라고 할 수 있다. 임지룡(2004:192) 참조.

[16] 張敏(1998:364), 陳忠(2005:627) 참조.

어인 '我的'는 중심어인 '衣服'로부터 가장 멀리 놓이며, 수량 성분은 물체가 [+가산]이라는 속성을 가졌는지 반영할 수 있으므로, '我的'보다 중심어에 가깝게 놓인다.

마지막으로 '양 도상성'이란 개념의 복잡성 정도가 언어 재료의 양과 비례하는 경우를 말한다(임지룡 2004:179). Croft(1990:173)는 단순 개념들은 단일 형태소로 표현되고 인지적으로는 기본적인 반면, 복합 개념들은 합성적인 언어구조로 표현되며 인지적으로 복잡하다고 하였다. 일부 학자(Tai 1993, 張敏 1998)들은 '중첩'현상을 '중첩 도상성'으로 개별적으로 다루기도 하였으나, 본고에서는 Hiraga(2005)의 견해를 따라 '중첩 현상'을 '양 도상성'의 하위 유형으로 간주하였다. 양 도상성에 관하여 Lakoff & Johnson(1980/1995)은 [형태의 많음은 내용의 많음(MORE OF FORM IS MORE OF CONTENT)]이라는 은유를 언급하였는데,[17] 그들은 대표적인 실례로 아래와 같은 '중첩'을 제시하였다.

(19) a. He is very tall.
　　　그는 매우 키가 크다.
　　 b. He is very very very tall.
　　　그는 매우 매우 매우 키가 크다.

(Lakoff & Johnson 1980/1995:174)

우리는 위의 예(19)에서 (19a)보다 (19b)에서 그의 키가 더 크다는 것을 알 수 있는데, 중국어의 중첩을 살펴보면 다음과 같다.

---

[17] Haiman(1983:808)은 형식적인 감소는 개념적인 감소를 반영한다고 하였다. 예를 들면 'red ribbons and white ribbons'는 두 종류의 리본, 즉 빨간 것과 하얀 것이 있는 반면, 'red and white ribbons'는 빨간색과 하얀색으로 이루어진 한 종류의 리본들을 가리킨다.

(20) a. 人　　→　　人人

b. 乾淨　　→　　乾乾淨淨

c. 你教他　→　　你教教他　　　　　　　　　(Tai 1993:166)

(20a)에서 '人'은 중첩이 되어 '각각'이라는 의미를 갖게 되었고, (20b)의 '乾淨'은 중첩이 되어 상태의 결과가 '매우 깨끗함'이라는 의미를 갖게 되었으며, (20c)의 '教'는 중첩이 되어 명령문에서는 없었던 '시험·시도'의 의미를 갖게 되었다.

　위에서 제시한 중첩 이외에도 양 도상성은 무표지와 유표지의 상황에서도 잘 관찰된다. 여러 가지 상황들이 있겠지만, 여기에서는 긍정과 부정을 예로 들어 살펴보겠다. 일반적으로 긍정은 무표적이고 부정은 유표적인데, 부정은 보통 긍정에 부정 접사를 붙여 형성된다. 따라서 양 도상성에 따르면 구조가 더 복잡한 부정은 긍정보다 더 많은 정보를 전달해야 하는데, 예를 들면 다음과 같다.

(21) 甲: 廠裏最近有甚麼事?

　　　최근에 공장에 무슨 일이 있었나요?

　乙: a. 王師傅買彩票中獎了。

　　　　왕씨가 복권을 샀는데 당첨이 됐어.

　　　b. ?王師傅買彩票沒有中獎。　　　　(沈家煊 1998:43)

예문 (21)에서 甲의 질문에 대한 대답으로 긍정문이 쓰인 (乙a)는 자연스럽지만 부정문이 쓰인 (乙b)는 부자연스럽다. 그 이유를 살펴보면 부정문은 상응하는 긍정문의 명제 내용, 즉 여기에서는 **[王師傅買彩票中獎]**을 전제하는데, 이는 즉 甲이 그 상황을 잘 안다고 가정하고 있으므로, 그 상황을 잘 모르고 묻는 甲의 질문과는 상충된다.

이와 같이 여러 가지 도상성 원칙들은 구문의 구성 및 구조를 파악하는 데 도움이 되며, 각각의 구문이 근본적으로 다른 의미를 나타낸다는 사실을 암시한다.

2.3 유생성(animacy)

2.3.1 유생성의 정의

'유생성(animacy)'은 명사와 동사의 의미조합, 주어의 선택, 어순 등 다양한 문법현상에 영향을 미치는 중요한 요소이다. 이러한 유생성(animacy)은 원래 생물학의 개념으로 생물(animate)과 무생물(inanimate)을 통칭하는 용어로 일찍이 Comrie(1989:191)는 **[인간 〉 동물·식물(비인간 생물) 〉 무생물]**의 유생성 계층(animacy hierarchy)을 제시한 바 있다.[18] 예를 들면 '人'은 '馬'보다 유생성이 높으며, '馬'는 '石頭'보다 유생성이 높다.

유생성은 비단 명사에만 국한되는 것이 아니라 동사에도 유생성의 차이가 있을 수 있다. 예를 들면 동사 '飛'와 '漂' 모두 '공중에서 움직이다'라는 공통된 의미자질을 가졌지만, 동사 '飛'가 '漂'보다 유생적이라고 말할 수 있다. 더욱이 같은 동사라고 할지라도 다른 유생성을 가질 수 있다는 사실은 유념해야만 한다.

　(22) a. 我淋了他一頭水。
　　　　나는 그에게 물을 부었다.

---

[18] 王珏(2004:66)는 Comrie(1989:191)의 이러한 분류에 근거하여 명사와 대명사의 유생성 계층을 다음과 같이 제시하였다: 제1인칭 > 제2인칭 > 제3인칭 > 고유명사 > 사람 > 동물 > 미생물 > 식물 > 무생물
이에 근거할 때 명사의 한정성은 유생성과 밀접한 관련이 있음을 알 수 있다.

b. 雨淋了他一頭水。

비가 그를 적셨다.　　　　　　　　　　(王珏 2004:285)

위의 동사 '淋'은 (22a)에서는 '부었다'라는 유생 동사로 쓰였으나, (22b)
에서는 '적셨다'라는 무생 동사로 쓰였다.

　비록 전통적으로 유생성은 논항의 중요한 의미 자질로서 정의되어 왔
지만, 유생성은 단순히 의미 자질 [±生命]의 문제가 아니라, 논항과 술어
등 구문의 구성 요소가 서로 영향을 미치며 상호 제약하는 역동적인 개념
이라고 할 수 있다. 이러한 유생성은 문장의 의미 해석에도 영향을 미칠
수 있다.

(23) a. 張三借李四一本書。

　　　張三은 李四에게 책을 빌려주었다/李四로부터 책을 빌렸다.

　　b. 張三借圖書館一本書。

　　　張三은 도서관으로부터 책을 빌렸다.

　　c. 圖書館借張三一本書。　　　　　　(高莉平 2005:28)

　　　도서관은 張三에게 책 한권을 빌려주었다.

(23a)에서 '張三'과 '李四'의 유생성 등급은 같으며, 동사 '借'는 쌍방향
동사이므로 이 문장은 중의를 지니게 된다. 그러나 (23b)에서 '張三'은
'도서관'보다 유생성이 높으므로 이 문장은 '취득(取得)' 의미를 지니는
반면, 반대로 (23c)에서는 주어 '도서관'의 유생성이 '張三'보다 낮으므로
'급여(給與)'의미를 지니게 된다.

　이와 같이 유생성의 부호화는 문법 전반에 걸쳐 부호화 되는데, 이는
구문의 의미와 어법 구조를 결정하는데 중요한 역할을 하지만, 기존의 유
생성의 연구들은 주로 명사(주어와 빈어의 형태 표지변화)나 술어(동사와

형용사의 형태 표지 변화)에 치중한 경향이 있다. 또한 구문의 유생성에 관한 연구는 상대적으로 부각되지 않은 경향이 있으며, 어떻게 유생성이 구문에 어떻게 적용되는지에 대한 설명 또한 부족한 실정이다.

2.3.2 유생성의 효과

유생성은 구문의 문법 태(grammatical voice)에 관하여 중요한 영향을 미친다. 문법 태(grammatical voice)는 다양한 의미적 통사적 패턴이나 화용적 부호화 패턴을 통해 문장에서 동사의 논항들이 서로 다른 현저성 위상을 받는 문법적 범주라고 할 수 있다.

유생성이 실제로 구문의 문법 태에 미치는 영향을 알아보기 위하여 아래의 예문을 살펴보도록 하자.

> (24) a. ?陰雨困住了遠道的客人。
>   b. 陰雨把遠道的客人困住了。
>   장마가 멀리서 온 손님을 꼼짝달싹 못하게 하였다.
>   c. 遠道的客人被陰雨困住了。   (張伯江 2009:112)
>   멀리서 온 손님이 장마에 꼼짝달싹 못하게 되었다.

위의 예문 (24)에서처럼 '陰雨'가 원인(cause)으로 작용하며, '客人'이 受事(patient)로 작용하였을 경우에 SVO句에서는 어색하지만, 把字句와 被字句에서는 좀 더 자연스럽게 쓰일 수 있다.

이와 같이 유생성의 차이는 구문의 구조뿐만 아니라 문법 태에 커다란 변화를 가져오기 때문에, 중국어의 態에 관한 연구는 매우 중요하다고 할 수 있다.

한편 유생성의 각도에서 본 중국어는 유형학적으로 매우 특이한데, 예

를 들면 중국어는 "衣服都洗乾淨了。"와 같이 무생물 주어를 허용한다
는 점(受事주어문)에서는 영어와 같지만, 한국어와 같이 공동격과 도구격
이 다른 격 표지를 갖는다는 점에서는 일종의 혼합형이라고 할 수 있다
(김은일 2010:52).

(25) a. 我跟小王一起玩。

나는 小王와 함께 놀았다.

b. 我用石頭打破玻璃。

나는 돌로 유리를 깼다.

(26) a. 나는 철수와 서울로 갔다.

b. 그는 열쇠로 문을 열었다.

(27) a. John went to New York with Mary.

b. John opened the door with key.

이 유생성은 비록 각종 언어에서 다르게 표현되며 많거나 적게 반영된다.
특히 본 연구는 문법 태에서 유생성의 작용에 주목하고 있는데, 왜냐하면
유생성은 處置態·被動態·致使態 등이 평면상에서 서로 직선의 대립 관
계가 아니라, 상호작용하는 입체적인 범주이며, 이러한 교차 관계에서 중
요한 역할을 하기 때문이다.

이러한 유생성과 밀접한 관계를 맺는 것이 바로 주관성인데, 이에 관해
서는 아래에서 구체적으로 살펴보도록 하자.

2.4 주관성(subjectivity)과 주관화(subjectification)

2.4.1 언어의 주관성과 주관화

언어라는 것은 결국 화자를 통해 발화되는 것이다. 따라서 화자는 언어에서 가장 중요한 존재일 것이며, 이에 관한 개념이 바로 '주관성(subjectivity)'과 '주관화(subjectification)'이다. 그럼에도 불구하고 언어학에서의 주관성과 주관화 개념은 상당히 복잡한데, 이에 본 절에서는 주관성과 주관화에 관해서는 좀 더 자세히 분석하도록 하겠다.

먼저 Lyons(1982:102)는 "주관성은 자연 언어가 그 구조나 보통의 작용방식으로 발화행위자 자신 및 그의 태도나 신념에 대한 표현을 공급하는 방법"이라 하였고, 이 후(1995:337)에는 "언어 용법에서의 자아 표현"이라고 하였다. 또한 Lyons (1982:107)는 발화에는 두 가지 종류의 자아 즉 '주관적으로 경험하는 자아(subjective experiencing self)'와 '객관적으로 관찰하는 자아(objective observing self)'가 존재하며, 양자 간에는 분명한 의미상의 대조가 존재한다고 하였다.

> (28) I remember switching off the light.
> (29) I remember myself switching off the light. (Lyons 1982:107)

(28)은 필연적으로 개인적이며 전달할 수 없는 경험에 관한 주관적인 양식(mode)을 나타내며, (29)는 경험이라기보다는 관찰한 것에 대한 기억을 보고한다. 즉 Lyons(1982)는 경험한 것이 경험하지 않은 것보다 더 주관적이라고 보았다. 이러한 관점은 이후 Langacker(1985)에도 이어지게 된다. 또 다른 예를 보도록 하자.

> (30) You must be very careful.   (Lyons 1982:109)

Lyons(1982:109)는 예문 (30)이 의무 해석과 인식 해석 사이에서 또는 주관적 해석과 객관적 해석 사이에서 모호하며, 모두 네 가지의 해석이 가능하다고 하였다. 첫째는 맥락 밖의 객관적 의무 해석이다. 나머지는 적절한 맥락 안에서 해석할 수 있는데, 둘째는 객관적 해석으로 사실적 단언이며, 인식이든 의무이든 단언된 명제의 부분이라고 하였다. 셋째는 주관적 의무해석으로 명령적(directive)이라고 할 수 있으며, 넷째는 주관적 인식해석으로 의견 또는 추론의 자격을 가진다.

Lyons의 이러한 설명에 대하여 Traugott(1989:36)는 진정한 객관적 양상이 인식적 영역에서 존재하는지가 의심된다면서, 첫 번째 해석과 두 번째 해석 역시 (약한) 주관적 해석으로 보아야 한다고 주장하였다.[19] 이후 인식적 양상은 객관적이라기보다는 주관적이라는 주장이 지배적이게 되었는데, 예문 (30)의 해석에 관한 Lyons의 견해와 Traugott의 견해를 정리하면 아래의 표와 같다.

〈표 2-4〉 예문(30) "You must be very careful."의 해석

	Lyons(1982)의 해석	Traugott(1989)의 해석
①	맥락 밖에서 객관적인 의무 해석임	You are required to be very careful. (의무·주관성이 약함)
②	객관적 해석으로 사실적 단언이며, 단언된 명제의 부분임	It is obvious from evidence that you are very careful. (인식·주관성이 약함)
③	주관적인 의무 해석으로 명령적임	I required you to be very careful. (의무·주관성이 강함)
④	주관적 인식 해석으로 의견 또는 추론의 자격을 가짐	I concluded that you are very careful. (인식·주관성이 강함)

---

[19] 사실 Lyons(1982:113, 1995:330)는 본인 스스로도 일상 언어의 사용에 있어서 주관적 인식 양상이 훨씬 보편적이며, 객관적 인식 양상은 매우 드물다는 것을 인정한 바 있다.

주로 철학에서 논의되어오던 '주관성'의 개념을 언어학에 선구적으로 도입한 Lyons의 공로는 크다고 할 수 있는데, 이는 그의 연구를 토대로 이후 Traugott와 Langacker 등에 의해 '주관성'과 '주관화'에 관한 연구가 활발하게 이루어졌기 때문이다.

한편 Traugott(2002:21)는 '주관성'이 "화자의 시점을 부호화 한 것으로, 예를 들면 직시·양상·담화전략 등의 표시 등이 있으며, 화자와 관련이 있음을 나타내는 것"이라고 하였다. Traugott(2002)는 주관적인 표현과 객관적인 표현은 다음과 같은 특징을 지닌다고 하였다.

〈표 2-5〉 Traugott(2002:22)의 주관적인 표현과 객관적인 표현

	가장 주관적인 표현의 특징	가장 객관적인 표현의 특징
①	명시적인 공간과 시간 직시들	양상에 대해 최소로 유표적임
②	말한 것에 관한 화자 태도(명제에 대한 인식적 태도를 포함)의 명확한 표지	모든 참여자들이 표면구조에서 모두 표현됨
③	담화 구조에 대한 화자의 명확한 표지	어휘적 아이템들이 최소로 화자의 시각에 관련됨
④	관련 원리(Relevance-Heuristic)[20]	양 원리(Q-Heuristic Predominant)[21]

요컨대 Traugott(2002:24)에 있어서 주관성은 인지적 태도의 문제일 뿐만 아니라 화자와 청자로부터 직접 발생하는 언어의 자질이기도 하며, 또한 주관성을 표시하는 명시적 표현의 존재와 관련이 있는데, 예를 들면 아래와 같다.

---

[20] 관련 원리(R)는 화자에 토대를 둔 원리로서 언어 형식의 최소화 원리(최소 노력의 원리에 해당)로, "당신의 기여가 필요하도록 하라. 당신이 해서는 안 되는 것을 말하지 말라."이다. Moeshiler & Reboul(2000/2004:359) 참조.

[21] 양 원리(Q)는 대화자에 토대를 둔 원리로서 정보 내용의 최대화 원리로, "당신의 기여가 충분하도록 하라. 당신이 할 수 있을 만큼 말하라."에 해당한다. Moeshiler & Reboul(2000/2004:359) 참조.

(31) a. He went to Bill.

     b. He came to me.   (Uehara 2006:78)

(31b)는 화자를 명시적으로 표현하므로, (31a)보다 좀 더 주관적이라고 할 수 있다.

Traugott에 있어서 '주관화'란 "화용적 의미적 과정에 의해 명제 내용에 대한 화자의 신념·태도에 기초하는 것(1995:97)"으로 "의미 변화의 주요 유형으로서 화자의 태도와 관련되어 그것을 명확히 하는 것이다 (2002:97)." 구체적으로 Traugott(1989:34-35)는 의미적-화용적 변화를 세 단계로 나누어서 설명했는데, 이중에서 마지막 단계가 바로 주관화라고 보았다.

(32) 의미적-화용적 변화의 세 단계
　　a. 의미-화용적 경향 1 : 외적인 기술된 상황에 기초한 의미로부 터 내적인 평가/인식/인지에 기초한 의미로 변한다.
　　b. 의미-화용적 경향 2 : 외적 또는 내적인 기술된 상황에 기초한 의미로부터 텍스트와 원언어적 상황에 기초한 의미로 변한다.
　　c. 의미-화용적 경향 3 : 상황에 대한 화자의 주관적인 신념/태도 의 의미가 점점 더 강한 주관적인 신념/태도를 의미하는 것으로 변한다.

첫 번째 단계에서 원래 농부(farmer)를 의미하는 'boor'는 이후 '잔인한 사람(crude person)'으로 의미가 변하게 되며, '만지다(touch)'를 의미하는 'felan'은 이후 '느끼다(feel)'라는 의미로 변하게 된다.

두 번째 단계에서는 원래 동사 'observe'는 1500년대 초기에는 '인지하다'를 의미하는 심리 동사였으나, 1600년쯤에는 '진술하다'라는 발화행위 동사가 되어 원 언어적 상황을 부호화하게 되었다.

세 번째 단계에서는 원래 중세 영어에서는 'during'의 응집적인 시간 관계를 나타내는 'while'이 현대 영어에서는 '양보'라는 화자의 태도를 나타내는 것으로 변하게 되었는데, 구체적인 예는 아래와 같다.

(33) a. Mary read while Bill sang.
　　 b. Mary liked oysters while Bill hated them.

(Traugott 1995:31)

Langacker(1985:121, 2004:15)는 '주관성'을 시점(해석)의 문제라고 여겼다. 이는 즉 지각의 주체(지각하는 개인)와 대상(지각되는 객체) 사이의 비대칭 관계로서, 해석하는 사태를 자신과는 완전히 분리된 것으로 객관화하는 방식과, 의식과는 상관없이 자신이 그 사태에 관련된 모습으로 주관적으로 해석하는 방식이 있다고 하였다. 따라서 필자는 Langacker(1985)의 이러한 정의가 앞에서 살펴보았던 Lyons(1982, 1995)의 정의와 대동소이하다고 여기는데, 왜냐하면 앞에서 언급한 바와 같이 Lyons(1982:107)도 발화에는 두 가지 종류의 자아가 존재한다고 보았기 때문이다. 그 중 하나는 '주관적으로 경험하는 자아(subjective experiencing self)'이고, 다른 하나는 '객관적으로 관찰하는 자아(objective observing self)'이다.[22]

이에 관하여 Langacker(1990/2005:517)는 안경을 예로 들어 설명했다. 만일 안경을 벗어 내 앞에 쥐고서 살펴본다면 안경에 대한 해석은 최대한 객관적이다. 또한 안경의 유일하고 현저한 기능은 지각의 객체이며, 결코 지각기관 자체의 일부가 아니다. 그러나 만일 내가 안경을 쓰고 다른 어떤 물건을 살펴보고 있을 때, 안경은 내 지각 장치의 일부가 된다. 이 때

---

[22] Lyons(1995:337)는 '주관성'은 의식(인지, 느낌과 지각) 또는 행위의 施事가 되는 자질(또는 자질의 조합)을 나타낸다고 하였다.

나는 일반적으로 안경을 의식하지는 않으므로 안경에 대한 나의 해석은 최대한 주관적이라고 할 수 있는데, 다시 말해 객체였던 안경은 개념의 주체인 나와 완전히 융합되게 된다.

좀 더 구체적인 예를 들어 살펴보자.

> (34) a. The person uttering this sentence doesn't really know.
> b. I don't really know.
> c. Don't really know. (Langacker 1985:126)

위의 예문 (34)에서는 화자를 나타내는 세 가지의 다른 표현들이 사용되었다. 대명사(I)는 묘사적인 구(The person uttering this sentence) 보다 좀 더 주관적이며, ∅는 대명사보다 좀 더 주관적이다.[23] (34a)와 같이 화자가 자기 자신을 제 3자의 입장에서 관찰하는 것을 Langacker(1985:128)는 '개념적 전이(Displacement)'라고 하였는데, 이것은 일종의 객관화 장치로 볼 수 있다. 따라서 예문 (34)의 주관성 정도는 다음과 같은 그림으로 나타낼 수 있다.

〈그림 2-10〉 주관성 정도의 세 단계[24]

주관적	←————————————⋯⋯⋯⋯⋯⋯⋯	객관적
화자에 대한 암묵적 지시(=∅) (예: Don't really know	> 화자에 대한 명확한 지시(=대명사) > *I* don't really know	> 화자에 대한 비지시 (=개념적 전이) > ***The person uttering this sentence*** doesn't really know.

---

[23] Langacker(1985:138)는 형식성과 객관성 사이의 연결이 명확하다고 하였는데, 즉 형식성이 증가할수록 보다 객관적으로 해석되며, 화자의 암묵적인 지시는 화자가 보다 주관적으로 해석된다고 하였다.

[24] 이 그림은 Uehara(2006:78)의 그림에 기초하여 예문에 맞게 변형하였다.

위의 그림에서는 보다 주관적일수록 점 선에서 직선으로 변한다는 것을 알 수 있다.

Langacker(1999:150)는 '주관화'란 "어떤 개체에 대한 비교적 객관적인 해석으로부터 더 주관적인 해석으로의 전이"를 의미한다면서,[25] 전치사 'across'를 주관화와 관련시켜 다음과 같이 설명하였다.

> (35) a. Vanessa jumped across the table.
>
>   b. Vanessa is sitting across the table from Veronica.

---

[25] 주관화의 초기 모형은 개념화 축의 재배열에 따른 모형이다(Langacker 1990:325). (a)는 XY라 불리는 외부 관계가 단상(G:화자와 청자)에 의해 객관적으로 해석되는 표준적인 배열을 나타내며, 이 관계는 단상(G)이 참여자나 참조점으로 환기되지 않음을 보여준다. 이에 반해 (b)는 객관적 축 XY의 한 성분이 G와 대상과 맺는 X'에 의해서 주관적 축으로 '재배열'('>')됨을 의미하는 주관화를 의미한다. 아래 그림에서 'tr'은 탄도체를 의미하며, 'lm'은 지표를 의미한다.

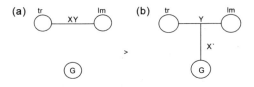

그러나 주관화는 점진적이며 연속적인 과정(따라서 객관화에 있어서도 주관화는 내재될 수 있음)이라는 Verhagen(1995) 등의 비판을 받은 후, Langacker(1999)에서는 이러한 재배열 모형을 폐기했다.

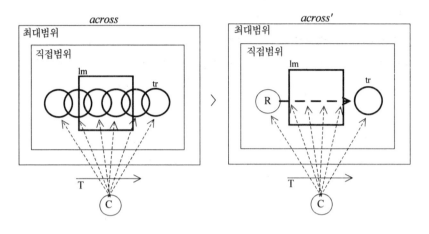

위의 예(35a)는 그림 <2-11>의 'across'에 해당한다. 즉 'Vanessa'(탄도체:tr)가 객관적인 공간적 경로를 따라 테이블(지표:lm)을 가로질러 이동하고 있는데, 화자는 필연적으로 'Vanessa'가 이동하는 객관적인 경로와 동일한 경로를 따라 심적으로 주사한다. 여기서 탄도체와 지표 사이의 관계는 화자의 심적 주사와 상관없이 객관적으로 설정된다. 반면 (35b)는 그림 <2-11>의 'across''에 해당한다. 'Vanessa'가 실제로 테이블을 가로지르고 있는 상황이 아니라 'Vanessa'가 테이블을 가로지른 결과로 'Vanessa'가 테이블 건너편에 있는 상황을 묘사하고 있다. 'Vanessa'는 실제로 이동하지는 않았지만 화자는 심리주사를 통해 참조점인 'Veronica'로부터 그것이 이동한 것으로 간주하는데, 이것이 바로 Langacker(1999)가 제시한 '주관화'라고 할 수 있다.

몇몇 학자들은 Langacker의 '주관화' 개념이 (위의 'across''의 경우에서도 알 수 있듯이) 공시적인 개념이라고 하였는데, 이는 오해라고 할 수 있다. 왜냐하면 Langacker는 여러 논문에서 'have'와 'go'의 주관화를 약화와 투명성의 관점에서 분석하였는데, 특히 Langacker(2002:21)는 '주관화'

가 자주 어휘적 기원으로부터 문법적인 요소로의 의미적 진화를 그린다고 분명히 밝히고 있기 때문이다.

따라서 Langacker에 있어서 '주관화'는 공시적이면서도 통시적인 개념이다. 이는 주관성의 증가과정이 공시와 통시에서 모두 관찰될 수 있음을 의미하는데, 본고에서는 구문들과 관련해서 주로 통시적인 개념에 초점을 두어 '주관화'를 다루고자 한다.

지금까지 우리는 세 학자들이 제시한 주관성과 주관화의 개념을 살펴보았는데, 이것을 정리하면 아래의 표와 같다.

〈표 2-6〉 Lyons·Traugott·Langacker의 주관성과 주관화 개념

	주관성	주관화
Lyons	① 자연 언어가 그 구조나 보통의 작용방식으로 발화행위 및 그의 태도나 신념에 대한 표현을 공급하는 방법(1982:102) ② 발화 주관성이란 언어의 용법에서의 자아 표현임(1995:337)	
Traugott	화자의 시점을 명확히 하는 것으로 예를 들면 직시·양상·담화전략 등의 표시가 있으며, 화자와 관련 있음을 나타내는 것(2002:21)	① 화용적 의미적 과정에 의해 명제 내용에 대한 화자의 신념·태도에 기초하는 것(1995:97) ② 의미 변화의 주요 유형으로서 화자의 태도와 관련되어 그것을 명확히 하는 것(2002:97)
Langacker	지각하는 개인(개념의 주체:주어)과 지각되는 객체(개념의 객체:빈어) 사이의 내재적으로 비대칭적인 관계(2004:15)	어떤 개체에 대한 비교적 객관적인 해석으로부터 더 주관적인 해석으로의 전이 (1999:150)

위의 표에서도 알 수 있듯이 학자들의 주관성과 주관화에 대한 정의는 각각 상이한데, 이러한 개념상의 차이는 아래와 같은 문제를 야기한다.

(36) a. Vanessa is sitting across the table from me.

b. Vanessa is sitting across the table.

(Langacker 1990/2005:534)

Langacker(2004:19)는 분명한 지시는 객관화 효과를 가지며 주관적으로 지시된 개체는 암묵적으로 남는다고 여기므로, (36b)가 (36a)보다 좀 더 주관적이라고 보았다. 반면 Traugott(2002:97)는 오히려 (36a)가 (36b)보다 더 주관적이라고 하였다.

이러한 문제는 아래의 예문에서도 발견된다.

(37) a. The man next to me is James.

b. This man is James.　　　　　　(Smet 2006:369)

Langacker에 있어서 주관성은 발화에서 화자에 관한 지시가 명확하게 드러났는가에 의해 판단되는데, (37a)에서 화자는 대명사 'me'와 함께 명확하게 드러나므로 객관적이며, (37b)에서는 화자가 명확하게 드러나지 않으며, 지시사 'this'에 의해 암묵적으로 지시되므로 주관적이다. 그런데 Traugott의 '화자 관련성'의 관점에서 보면 위에서 설명한 Langacker의 (37a)·(37b)는 모두 화자와 관련되므로 모두 주관적이라고 할 수 있다. 이 관계를 Smet(2006)는 다음과 같은 그림으로 요약하였다.

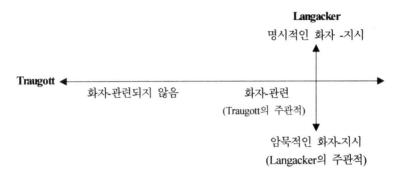

〈그림 2-12〉 Langacker와 Traugott의 주관성 정의 (Smet 2006:370)

Smet(2006:371)는 "모든 언어적 용법들은 필수적으로 화자를 통과함으로써 화자와 관련된다."고 언급하면서 화자관련성으로 주관성을 판단하기는 어렵다고 보았다.

주관성과 주관화에 관해서는 향후 좀 더 연구할 필요가 있겠다. 필자는 Traugott의 견해가 맞다 Langacker의 견해가 맞다라는 식으로 기술하기보다는 두 학자의 정의가 충돌한다는 사실을 인지하고 비판 없는 무조건적인 적용을 반대한다는 입장에서 또 다른 방식으로 把字句에 접근하고자한다. 다시 말해 본고에서 앞으로 논의되는 '주관성'은 주어와 화자와의 상대적인 관계를 말하며, '주관화'는 '주관성이 강화되는 과정'으로서 주로 통시적인 각도에서 설명될 것이다.

2.4.2 중국어의 주관성과 주관화

본 절에서는 중국어에서의 주관성과 주관화의 경우를 간단히 살펴볼 것인데, 먼저 주관성의 경우를 살펴보도록 하자. 徐學萍 등(2006)은 Verhagen (1995)의 'promise' 연구에 근거하여, 중국어의 동사 '保證'의 주관성을 아래와 같이 분석하였다.

(38) a. 我保證幫助張三。

내가 꼭 張三을 도울게.

b. 李四保證要幫助張三。

李四가 張三한테 꼭 도와줄 것을 약속했다/李四가 張三을
꼭 도와줄 것이라고 내가 보장한다.

c. 報告保證精彩。

보고는 반드시 재미있을 거야.   (徐學萍 2006:17)

(38a)에서 '保證'은 사전적인 의미로 쓰였으며, 주어 '我'의 약속을 객관
적으로 묘사한다. (38b)는 중의적인 문장으로 주어 '李四'의 약속을 표시
하기도 하고, 주어인 '李四'에 대한 화자의 주관적인 판단을 표시하기도
한다. 그러나 만일 '要'앞에 '他'를 더한다면 주관적인 의미는 없어지고
객관적인 묘사만 남게 된다. 그리고 (38c)의 '保證'은 화자의 주관적인 판
단만을 표시한다. 요컨대 영어의 'promise'와 마찬가지로 객관적으로 묘
사된 '保證'은 주어와 직접적으로 연결되는 반면, 주관적으로 묘사된 '保
證'은 주어보다는 화자와 연결된다.26

중국어의 조동사에서도 주관성의 차이를 쉽게 파악할 수 있다.

(39) a. 小王應該回家。

小王은 집에 돌아가야만 한다.

b. 小王該到家了。

小王은 집에 돌아왔음에 틀림없다.   (沈家煊 2002)

---

26 徐學萍(2006)은 주관적인 '保證'은 "*辯論保證了精彩。", "*辯論沒有保證。"
에서처럼 상 표지나 부정사를 첨가할 수 없다고 했는데, 이는 주관적인 '保證'이
이미 동사 '保證'의 원형에서 멀어져 화자의 주관적인 태도를 표현하는 정태적 기
능을 가지게 되기 때문이라고 보았다.

위의 예들은 모두 조동사 '(應)該'를 이용했지만, (39a)는 객관적으로 '小王'이 '回家'할 필요가 있음을 나타내는 의무 양상(deontic modality)이며, (39b)에서는 화자가 자신의 지식에 근거하여 '小王'이 '到家'했음을 추측하는 인식 양상(epistemic modality)을 나타낸다. 인식 양상이 의무 양상보다 좀 더 주관적이라는 사실은 이미 앞에서 살펴본 바 있다.

접속사 '因爲'에서도 주관성의 차이는 포착된다.

(40) a. 小王回來了, 因爲他還愛小麗。

　　　小王은 小麗를 여전히 사랑하기 때문에 돌아왔다.

　　b. 小王還愛小麗, 因爲他回來了。　　　(沈家煊 2001:271)

　　　小王은 小麗를 여전히 사랑하는데, 왜냐하면 그가 돌아왔기 때문이다.

예문 (40a)는 "小王還愛小麗。"와 "小王回來。"의 원인을 설명해주는데 이러한 인과관계는 일종의 객관적인 인과관계이며, (40b)에서 "小王回來。"는 "小王還愛小麗。"의 원인을 표시하지 않고 화자가 자신의 지식에 근거하여 주관적인 추측을 하였다. 즉 "나는 小王이 여전히 小麗를 사랑한다고 추측하는데, 왜냐하면 나는 그가 돌아왔음을 알기 때문이다."라는 의미이다.

객관적인 해석과 주관적인 해석은 때로는 구분하기가 힘든데, '因爲' 역시 아래와 같이 중의를 가질 수 있다.

(41) 小王回來了, 因爲他的包在這兒。　　　(沈家煊 2001:271)

　　小王은 돌아와야 했어. 그의 가방이 여기에 있기 때문이지.

　　小王이 돌아왔을꺼야. 왜냐하면 그의 가방이 여기 있잖아.

즉 위의 예문에서 '小王'의 가방이 여기에 있음은 그가 돌아오는 원인으로도 이해할 수 있고, 그가 이미 돌아왔다는 추정의 원인으로도 볼 수 있다. 이러한 주관성의 차이는 형용사에서도 포착된다.

(42) a. 好人 / 好事情
    좋은 사람/좋은 일
 b. 好冷 / 好漂亮   (李晉霞 2005:44)
    매우 춥다/매우 아름답다

李晉霞(2005)에 따르면, (42a)의 '好a'는 '壞'에 상반되는 의미로써 사물의 속성에 대한 일종의 평가이고, (42b)의 '好b'는 '很'에 상당한 의미로 이미 부사화 되었는데, 李晉霞(2005)는 '好b'가 '好a'보다 주관성의 정도가 크다고 여겼다. 왜냐하면 '好b'는 주로 감탄문에 쓰이며, 이것은 또한 화자의 어떤 속성에 대한 정도가 높은 긍정적인 평가를 강조한다고 여겼기 때문이다.[27]

요컨대 동사·조동사·형용사 등 대부분의 품사에서 주관성의 차이가 존재한다고 할 수 있다.

중국어의 주관화 현상에 대해서는 여러 학자들에 의해 연구되었다. 먼저 李明(2003)은 '謂·呼·言·云·說' 등의 소위 言說 동사들이 '以爲·認爲'등의 의미를 가지는 認知 동사로의 전이 현상을 사실성(敍實性: factivity)의 각도에서 다루었다. 먼저 아래의 문장을 보도록 하자.

(43) a. 我知道你錯了。
    나는 네가 틀렸다는 것을 안다.

---

[27] 原文(2005)에서는 '好a'는 '好1'에 해당하며, '好b'는 '好3'에 해당한다. 李晉霞(2005)는 통시적으로도 '好a'→'好b'로 파생되었다고 보았다.

b. 我認爲你錯了。

나는 네가 틀렸다고 생각한다.

c. 我以爲你錯了。 (李明 2003:351)

나는 네가 틀렸다고 여겼다.

예문 (43a)에서 '知道'류 동사가 서술하는 것은 사실이므로 사실적
(factive)이라고 하고, (43b)에서 '認爲'류 동사가 서술하는 것은 반드시
사실이 아니므로 비-사실적(non-factive)이라고 하며, (43c)의 '以爲'류 동
사가 서술하는 내용은 사실에 위배되므로 반-사실적(counter-factive)이라
고 할 수 있다.

李明(2003:356)은 言說 동사가 認知 동사가 되는 과정을 [言說의미 >
認爲의미(비 사실) > 以爲의미(반 사실)]로 묘사했는데, '以爲'로 구체적
인 예로 들어 보면 다음과 같다.

〈표 2-7〉 '以爲'의 변천 과정

	형식	예
①	以NP₁爲NP₂	'天將以夫子爲木鐸。' ≪論語·八佾≫ (하늘이 장차 선생님을 木鐸으로 삼으려는 것입니다.)
②	以NP爲VP	吾以女爲死矣。≪論語·先進≫ (나는 네가 죽은 줄 알았다.)
③	以爲NPVP	王公大人怠乎聽獄治政, 卿大夫怠乎官府, 則我以爲天下必亂矣。≪墨子·非命下≫ (임금과 장관들이 옥사를 처리하고 정사를 다스리는 일을 게을리 하고, 고관들이 관청 일을 다스리는 일을 게을리 한다면, 우리는 곧 천하가 반드시 어지러워지고 말 것이라고 여길 것이다.)
④	반 사실적인 '以爲'	(孟子)曰: "孔子爲魯司寇, 不用, 從而祭, 燔肉不至, 不稅冕而行。不知者以爲肉也, 其知者以爲無禮也。乃孔子則欲以微罪行, 不欲爲苟去。君子之所爲, 衆人固不識也。" ≪孟子·告子≫ ("공자께서는 노나라의 사구가 되셨으나, 중용되지 못하였으며,

임금을 따라서 제사에 참여하셨는데도 번육에 이르지 못하니, 면복도 벗을 겨를도 없이 떠나가 버렸다. 모르는 사람은 고기 때문이라고 생각하였을 것이고, 아는 사람은 무례했던 때문이라고 생각하였을 것이다. 공자께서는 변변치 않은 허물을 구실로 떠나가시려 한 것이며, 또 아무 이유 없이 구차하게 떠나시는 것도 원치 않았던 것이다. 군자가 행동하는 바를 衆人은 알지 못했다.")

위의 표에서 알 수 있듯이, '以爲'는 원래 '以NP₁爲NP₂'구문에 출현했다가(단계①), 여기에서 '以NP爲VP'구문이 형성되었으며(단계②), 다시 '以爲NPVP' 구문이 형성하게 된 것이다(단계③). 단계③에서 '以爲'는 화자의 생각을 서술하므로 이때의 '以爲'는 비-사실적인 '認爲'를 의미한다. 그러나 특정 언어 환경에서 이러한 비-사실적인 의미의 '以爲'가 반-사실적인 의미를 가질 수도 있다(단계④). 다시 말해 단계④의 ≪孟子≫의 예문에서 앞의 두 문장들만 본다면 '以爲'는 비-사실처럼 보이지만, 마지막 문장까지 고려해보면 반-사실적인 의미를 가지고 있음을 알 수 있다. 현대에 와서 '以爲'는 반-사실적인 의미만을 나타낸다.

李明(2003)은 '以爲'의 이러한 의미전환에서 주관화가 중요한 작용을 한다고 보았는데, 즉 '以爲'가 비-사실적인 의미로 쓰일 때에는 화자의 전제를 지니지 않지만, 반-사실적인 의미로 쓰일 때에는 화자의 주관 판단을 지니게 되는 것이므로 주관성을 띠게 된다는 것이다. 이러한 과정은 아래와 같이 나타낼 수 있다.

주관화

(44) 以爲₁(비-사실)   →   以爲₂(반-사실) (李明 2003:353)

方一新·雷冬平(2006)에 따르면 '看來'는 唐代에 '보다'라는 의미의 동사 '看'과 사건이 발생하여 완성되었음을 나타내는 事態助詞 '來'가 결합된 형식으로서, 唐代에 처음 출현했다고 한다.

(45) 樹深藤老竹回環，石碧重重錦翠斑。俗客看來猶解愛，忙人到此亦須閑。(白居易≪題岐王舊山池石壁≫)
석벽은 빽빽한 나무와 등나무, 대나무 숲에 둘러싸여 있고, 벽에 가로로 겹쳐진 비단 같은 이끼가 자랐다. 보통 사람이 (이 석벽을) 보아도 좋아할 것이고, 바쁜 사람도 이곳에 오면 역시 여유롭게 지낼 것이다.

'看來'는 또한 [X, NP(施事S)+看來+VP/SC](X는 하나의 사실, SC는 小句)에 많이 출현하는데, 예를 들면 다음과 같다.

(46) 亦有思歸客，看來盡白頭。(項斯≪蒼梧雲氣≫)
또한 고향을 그리워하는 그 사람들이 (이 蒼梧의 雲氣를) 보고 (우울해져서) 머리가 다 희어졌다/또한 고향을 그리워하는 사람들이 있었는데, 蒼梧의 雲氣를 봄으로써 머리가 다 희어졌다.

위의 예문 (46)은 의미상 "思歸客看來，思歸客盡白頭。(고향을 그리워하는 타향살이 하는 사람들이 蒼梧의 雲氣를 보고나서 그 사람들의 머리가 희어졌다)"를 표시하여 '盡白頭'는 施事를 향한 결과 상태를 나타낼 수 있다. 또한 이런 종류의 상태는 동작이 만든 결과일 수도 있는데, 즉 '盡白頭'는 '看來'와 연동 관계를 형성하여 양자 간에는 '看來'가 원인이 되고, '盡白頭'는 결과가 되는 인과 관계가 만들어진다.

이후 [X, NP(施事S)+看來+VP/SC]에서 '看'은 '認知'의미로 파생되며, VP/SC는 X가 도출한 결론을 나타낸다.

(47) 橫渠說天左旋，日月亦左旋。看來橫渠之說极是。

≪朱子語類≫

횡거 선생은 "하늘은 왼쪽으로 돌고, 해와 달 또한 왼쪽으로 움직
인다."라고 설명하였다. 횡거 선생의 설명을 살펴보니 가장 옳다.

추측부사 '看來'는 인지 주체가 생략되면서 宋代 이후에 현재의 모습을
갖추게 되었다.

(48) 看來大人只是這大人，無不同處。　　　　≪朱子語類≫
보아하니 이른바 '대인'은 '대인'일 뿐이고 아무런 다른 점이 없다.

(49) 南豊與兄，看來是不足。　　　　　　≪朱子語類≫
(내가) 보기에 증남풍(曾南豊)과 그의 형은 분명히 부족한 점을
가지고 있다.

여기서 주어 '南豊與兄(증남풍과 그의 형)'은 '看'의 주체가 아니며, '看
來'의 인지주체도 아니다. 따라서 '看來'는 술어 기능을 갖지 않으며, 일
종의 추측어기만 전달하게 되는 추측부사라고 할 수 있다.
　方一新·雷冬平(2006)은 추측 부사 '看來'의 형성 과정을 아래와 같이
나타내었다.

〈그림 2-13〉 '看來'의 주관화 (方一新·雷冬平 2006:26)

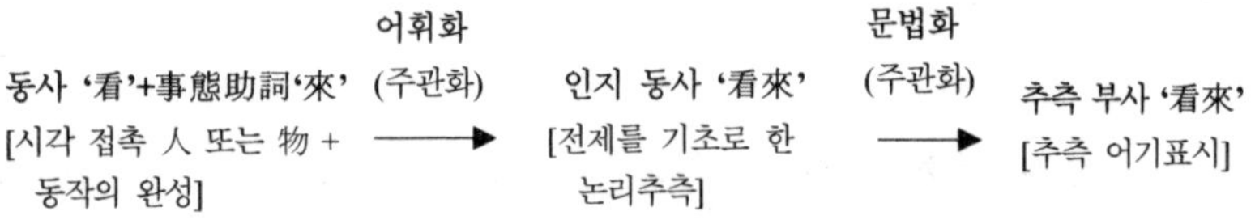

동사 '看'+事態助詞'來'	어휘화 (주관화)	인지 동사 '看來'	문법화 (주관화)	추측 부사 '看來'
[시각 접촉 人 또는 物 + 동작의 완성]	⟶	[전제를 기초로 한 논리추측]	⟶	[추측 어기표시]

위의 그림에서 알 수 있듯이 주관성이 강해질수록, 즉 주관화가 진행될수록 '看來'는 주어지향에서 화자지향으로 전환된다.

　지금까지 주관성과 주관화가 중국어의 각 품사의 의미변화에 커다란 영향을 미쳤음을 보았다. 구문들에 대한 이들의 영향은 다음 장에서부터 본격적으로 살펴볼 것이다.

2.5. 빈도성(frequency)과 고착화(entrenchment)

2.5.1 빈도성과 고착화의 정의

　마지막으로 구문의 빈도성(frequency)과 고착화(entrenchment)에 관하여 간단히 살펴보도록 하겠다. 구문에 있어서 빈도성 역시 중요한 요소라고 할 수 있다. 왜냐하면 비슷한 의미를 나타내는 두 구문에서 어떤 구문이 살아남고 사라지게 되었는가, 또는 하나의 구문에서 어떤 형식이나 새로운 의미가 주요 용법이 되고 나머지는 도태되었는지는 그 구문이 얼마나 많이 사용되고 덜 사용되었는지, 즉 빈도성에 달려있기 때문이다.

　빈도성과 밀접한 현상이 고착화인데, 이 '고착화'란 언어단위가 개별 언어 사용자의 마음속에서 인지적 패턴이나 상례로 확립되는 현상을 가리킨다(Evans 2007/2010:98).

　예를 들면 영어에서 과거시제를 나타내는 도식으로는 [V-ed]와 [XXew]가 있다. 전자의 경우는 'lapped', 'stopped', 'wiped'로 다양한 동사들의 이 도식의 실례인 반면, 후자의 경우인 'blew', 'flew' 등은 그다지 많이 사용되지 않으므로, 전자에 빈해 덜 고착화되었다고 말할 수 있다(Evans and Green 2006/2008:128).

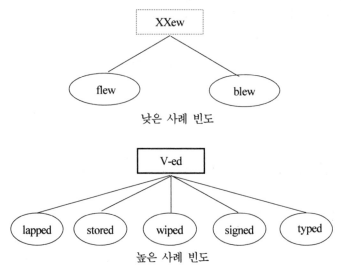

〈그림 2-14〉빈도 효과와 도식의 고착화(Evans and Green 2006/2008:128)

이와 같이 반복은 점점 더 강화되는 결과를 낳아서 사건이 계속된 반복에 의해 점점 더 깊이 고착된다(Langacker 1987/1994:106). 따라서 빈도성과 고착화는 동사와 구문의 새로운 의미를 생성하는데 중요한 역할을 한다.

Goldberg(1995)와 Langacker(2009)는 'send'·'kick'·'sneeze'로써 이러한 현상을 설명한 바 있다.

    (50) a. George sent Lily the tickets.
         조지는 릴리에게 티켓을 보냈다.
      b. George sent the tickets to Lily.
         조지는 릴리에게 티켓을 보냈다.

    (51) a. Pat kicked the wall.
         팻이 벽을 찼다.

b. Pat kicked the football into the stadium.

팻이 축구공을 경기장 안으로 찼다.

(52) a. Lily sneezed.

릴리가 재채기 했다.

b. Lily sneezed the napkin off the table.

릴리가 재채기를 해서 냅킨을 테이블에서 떨어지게 했다.

(Langacker 2009:251-255)

Langakcer(2009)에 따르면, 위의 세 동사 간에는 연속성이 존재한다. 다시 말해 예 (50)의 'send'는 동사 자체가 이동 의미를 포함하며, 'Lily'가 간접 빈어로 나타나든 전치사구로 나타나는지에 관계없이 이는 구문에서 고착화 되었다.

한편 'kick'이라는 타동사는 예 (51a)와 같이 원래는 동사 자체에 이동 의미가 내포되지 않았지만, 예 (51b)와 같은 이동구문에서 빈번하게 사용됨에 따라 이동의미와 상당히 자연스럽게 연결된다.

반면 자동사이면서 이동의미가 없는 동사인 'sneeze'는 예 (52b)와 같은 이동의미가 있는 타동 구문에 쓰였는데, 이러한 용법은 기존에 존재하지 않았던 새롭고 혁신적인 것이라고 할 수 있다.[28] 이러한 'send'·'kick'·'sneeze'와 이동의 관계를 그림으로 정리하면 다음과 같다.

〈그림 2-15〉 'send', 'kick', 'sneeze'의 관계

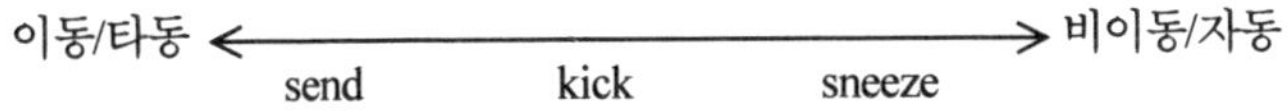

이동/타동 ←————————————————→ 비이동/자동
      send   kick   sneeze

---

[28] Goldberg(1995/2004:103)는 이를 '의미역 수의 불일치'로 파악하였다. 즉 동사 'sneeze'는 하나의 윤곽화된 참여자 'sneezer'만을 가진 반면, (52b)와 같은 이동구문에서는 'cause, goal, theme'이라는 세 개의 논항역을 가지므로 일치하지 않게 된다.

이렇게 동사 자체에는 없는 의미가 구문 안에서 생기는 현상은 사실 "구문 자체가 문장 안의 단어와 독립적으로 의미를 가진다."는 관점 (Goldberg 1995/2004:19)에서는 자연스러운 현상이며, 결국 이는 그것이 얼마나 실제 발화에서 관습적이며 고착화되었는지의 문제일 따름이다 (Langacker 2009:251).

2.5.2 빈도성과 고착화의 의의

한편 빈도성과 고착화는 구문의 원형을 찾는 데에도 유용한데, 여기에서 주의할 점은 이러한 문제들은 반드시 공시적과 통시적 - 두 방면에서 접근해야 된다는 것이다.

(53) a. 유형 A: 甲 + 乙 + 丙
b. 유형 B: 甲 + 乙
c. 유형 C: 甲 + 乙 + 丁

예를 들면 공시적으로 유형 C 구문이 가장 많이 쓰인다면 우리는 유형 C가 이 구문의 원형이라고 단정내릴 수 있다. 그러나 통시적으로 빈도성을 살펴보았을 때, 과거에 유형 C가 아닌 유형 A가 가장 많이 쓰였다면 이 구문의 원형은 바로 유형 A인 것이다. 따라서 당대의 언어자료에만 근거해서 유형 C에만 초점을 두고 유형 A나 과도기적인 유형 B를 경시한다면 그러한 설명이나 가정은 틀리게 되는 것인데, 실제로 이와 같은 오류를 범한 논문이 적지 않다. 예를 들면 뒤에서 살펴보겠지만 把字句의 경우 현대에는 결과보어가 쓰인 把字句가 주류를 이룬다. 따라서 이에 근거하여 '把'자는 동사 뒤의 빈어를 동사 앞으로 이동시킨다는 '빈어 전치설'이 오랫동안 유행하였다. 그러나 把字句의 변천 과정에 대한 연구가 이루어짐에 따라 빈어 전치설은 그 설득력을 잃게 되었는데, 왜냐하면 결과보어가 쓰인 把字句는 주로 宋代이후 많이 출현한 반면, 초기 把字句들은 연동문에서 파생되었기 때문이다. 이러한 把字句의 빈도성에 대한 공시적인 자료뿐만 아니라, 통시적인 자료가 정립됨에 따라 把字句 연구에 대한 새로운 지평이 열리게 되었다.

이와 같이 빈도성은 또한 구문의 특징과 변천 과정을 설명하거나 문법 현상에 대한 가정을 검증하는 데에도 유용한 도구이자 지표라고 할 수 있다.

지금까지 구문에 내포되어 있는 여러 가지 주요 성질들의 기본 개념과 정의를 살펴보았다. 한 가지 유의해야 할 점은 이러한 성질들이 구문에서 똑같이 작용하거나 나타나기 힘들다는 사실인데, 예를 들면 상성의 경우 把字句와 被字句에서는 현저하지만 다른 구문에서는 그다지 중요하지 않다. 도상성의 경우 구문 자체의 구조에 관하여 설명하는 경우도 있지만 주로 두 구문간의 차이점을 논할 때 적용되며, 유생성과 주관성 그리고 빈도성은 본고에서 살펴볼 구문들에서 동일하게 관찰할 수 있었다.

제3장

把字句*

　把字句가 중국 문법학계에서 가장 많이 논의된 구문이라는 점에는 아마도 이견이 없을 것이다. 이 구문이 이렇게 논의가 많이 되어 온 이유는 이 구문 자체가 다른 구문들과는 달리 중국어 특유의 독특함과 모호성을 담고 있기 때문이다.

　王力(1944/1985:125)는 把字句를 '處置式'이라 불렀으며, 또한 이 '處置式'에 대하여 "어떤 사람을 어떻게 안배하고, 시키고, 대했는지를 설명한다. 또 어떤 사물을 어떻게 처리하고, 어떤 사건을 어떻게 진행시켰는지를 말한다."라고 정의 내렸다.

　王力의 이러한 정의는 상당히 모호하기 때문에 많은 논란을 일으켰다. 그중에서 가장 큰 문제는 王力의 정의로는 설명할 수 없는 把字句들이 존재한다는 사실이다. 예를 들면 呂叔湘(1948/2002:171)은 모든 把字句가 반드시 處置를 나타내는 것은 아니며, 處置류 외에도 "把姑娘的東西丟了。"(≪紅樓夢·73回≫), "把日子誤了。", "把機會錯過。" 등과 같은 非處置류가 있다고 지적하였다.[1]

　이번 장에서는 이러한 非處置류(遭遇와 致使 把字句)와 處置류와의 관계를 살펴볼 것이며, 어떻게 이러한 非處置류가 處置류로부터 파생되

---

* 이 장은 조경환(2009, 2010c, 2011)을 수정·보완한 것이다.
[1] 王力 역시 ≪中國語法理論≫(1943/1984)에서 이러한 류의 處置式을 '繼事式'이라고 불렀으며, ≪中國現代語法≫(1944/1985)에서는 '處置式의 活用'이라고 하였다.

어 나왔는지에 관해서도 살펴볼 것이다.

이를 위하여 우선 把字句의 상성(aspectuality), 도상성(iconicity), 주관성(subjectivity)과 주관화(subjectification), 유생성(animacy)등을 차례대로 살펴 볼 것이며, 이들을 기반으로 處置와 非處置의 관계에 대하여 새로운 해석을 부여할 것이다.

3.1 把字句의 상성

3.1.1 把字句와 상황상

把字句의 상성(aspectuality)에 관한 연구는 크게 두 가지로 나눌 수 있다. 그 중 하나는 상황상(Situation aspect)에서 把字句의 상성을 분석한 연구이고, 다른 하나는 상황상과 완료상(Perfective aspect)에서 把字句의 상성을 분석한 연구인데, 이를 그림으로 나타내면 다음과 같다.

(1) a. 상황상 + 완료상 - Yang 1995, Liu 1997
　　 b. 상황상　　　　 - Yong 1993, Sybesma 1999,
　　　　　　　　　　　　　楊素英1998

먼저 상황상의 관점에서 把字句를 다룬 Yong(1993)의 견해를 살펴보도록 하자. Yong(1993:63)은 陳平(1988)의 분류에 근거하여 把字句의 상성에 관해서 把字句는 '경계 지어진 상황들(bounded situations)'[2]에서 발

---

[2] 본장에서는 'bounded situation'은 '경계 지어진 상황'으로, 'delimited situation'은 '제한된 사건'으로 번역한다. Yong(1993)은 시간 개념에 기초하여 'bounded situation' 이라는 용어를 사용한 반면, Tenny(1994)는 시공 개념에 기초하여 'delimited situation'이라는 용어를 사용하였다.

생한다고 주장하였다. 다시 말해 把字句는 완수·단순변화·복합변화의 상황유형에서 발생한다는 것이다.[3]

그러나 필자는 관점상 '了'가 상황유형에서 결정요소를 이루어 모든 형태의 '把-NP V了'를 정문으로 처리하는 그의 완수(accomplishment) 개념에는 다소 문제가 있다고 여겨진다. 예를 들면 "*他把房子造了。"와 같은 把字句는 일반적으로 성립이 되지 않는다. 물론 몇몇 '把-NPV了'는 성립하지만, 그 성립 이유는 Yong의 견해와는 다른 것이다. 예를 들면 "他把酒喝了。"와 같은 유형은 특수한 유형으로서 動相보어 '了'가 쓰인 것으로 본다(馬希文 1982, 木村英樹 1983). 즉 Yong(1993)은 관점상이 상황유형에 전적으로 영향을 미칠 수 있다고 보았고, Smith(1994:109)는 관점상이 상황유형을 모호하게 만들지 않는다고 하였지만,[4] 필자는 중간

---

[3] Yong(1993:48)은 상황의 경계와 관련하여, 중국어의 상황유형을 다음과 같이 구분하였다.

> **비경계(Unbounded) 상황** - 활동(Activity): 동사[행위]; 동사[반복]; 동사+명사[비지시적]
>
> **경계(Bounded) 상황** - 완수(Accomplishment): 동사+명사[지속/빈도/양]; 동사+명사[한정적]
>
> 단순변화(Simple change): 동사 복합물/동사[즉각적 변화]
>
> **복합변화(Complex change)**: 동사 복합물/동사[점진적 변화]

[4] Smith(1994)가 제시한 한 문장의 상적 정보에 대한 합성도식과정은 다음과 같다. (a)는 진행 관점(在)과 함께한 완수이다. (b)-(d)는 문장의 기초가 되는 시간적 도식을 나타낸다.
I, F는 상황의 시작과 최종 끝점들을 지시하며, 점들은 내재 단계들을 표시한다.

> a. 他們在造一所房子。
> b. I.............F   (완수 도식)   [他們   造   一所房子]
> c.   ...   (진행 도식)   [在]
> d. I../////..F   (합성 도식)   他們在造一所房子

Smith에 따르면 이 문장은 완수 사건이 초점 안에 있고, 오직 그것의 부분만이 의미적으로 가시적임(visible)을 수반하며 진행상 관점상 도식은 한 상황의 내재 단계들(internal stages)에 초점을 둔다. 합성 도식 (d)에서 슬래쉬는 의미적으로 가시적임을 표시하며, 'building a house'의 한 간격(an interval)은 그것의 시작점 또는 최종 끝점 모두를 포함하지 않는다.

자적인 입장에서(動相보어 성격이 있을 때에만) 부분적으로는 영향을 미칠 수도 있다는 입장을 취한다. 요컨대 Yong(1993)의 설명으로는 "*把書買了。"가 비문이 되고, "把書賣了。"가 정문이 되는 차이점을 설명하지 못하는데, 필자는 이 문제를 3.1.3에서 다루어보고자 한다. 위와 같은 문제점에도 불구하고, Yong의 把字句에 관한 분석은 이전의 부분적인 연구에서 벗어나 상황상의 개념을 이용하여 把字句를 본격적으로 분석한 최초의 연구라는 점에서 큰 의의가 있다.

3.1.2 把字句와 복합상[5]

이제 Yang(1995a)의 견해를 살펴보자. Yang(1995a)은 把字句의 기본 유형을 'NP+把-NPo+VF+XP'[6]로 제시하였고, 이를 다시 [VF+(XP)]의 유형에 따라 여섯 가지 종류로 나누었는데, 이것을 정리하면 다음과 같다.

첫째, "張三把李四殺了。"와 같이 형태적으로 단순동사가 쓰인 경우이며, 이런 유형에서는 완료상 '了'의 추가가 필수적이고, '愛'·'怕'··'恨'과 같은 심리 동사는 이런 유형에 출현하지 않는다.

둘째, "小弟弟把衣服穿好了。"와 "小弟弟把茶碗打破了。"와 같이 VF가 성취복합어(achievement compound)인 경우와 결과복합어(resultative compound)인 경우로 구분된다.

셋째, "張三把狗打得汪汪叫。"와 같은 'VF+得字句'인데, Yang은 把字句에서 결과보어 의미의 '得'자는 자유롭게 쓰일 수 있다고 하였다.

---

[5] 본고에서 말하는 '복합상'은 Yang(1995)이 제시한 용어는 아니며, 명칭의 중복을 피하기 위하여 본 논문에서 사용하는 용어이다. 실제로 지칭하는 것은 경계 지어진 상황(bounded situation)과 완료상(perfective aspect)이 결합된 상을 의미한다.

[6] NPo는 '把'자의 빈어이고, VF는 동사, XP는 기타성분을 의미하는데, 본고에서는 Yang(1995a)의 표기법을 그대로 따르도록 하겠다. 특히 VF에서 F는 '把'자 뒤에 '온다(follow)'의 의미이다.

넷째, 'VF+NPR' 형태로서, 여기서 NPR은 부분(소유)·양화·결과 등으로 이들은 사건을 제한하는 역할을 한다.

(2) a. 他把橘子剝了皮。
    그는 귤 껍질을 벗겼다.
   b. 他把門踢了兩脚。
    그는 문을 여러 번 찼다.
   c. 爸爸剩下的木塊搭了一間狗屋。
    아버지가 남은 나무토막으로 개집을 만들었다.

다섯째, 직접 빈어와 간접 빈어를 모두 수반한 쌍빈어(Double Objects) 구문으로, 목표논항은 항상 동사 뒤에 위치하여야 한다.

(3) a. 張三把書給了李四。
    張三은 책을 李四에게 돌려주었다.
   b. *張三把李四給了那本書。

여섯째, "把花揷在瓶子裏。"와 같은 'VF+장소구'의 형태이다.

Yang(1995a)은 Yong(1993)과는 달리 把字句의 사건성을 상황상과 관점상 두 층위 모두에서 파악하고자 했다. Yang(1995b:151)은 把字句에 출현하는 동사 배열(verb constellation)이 **[[+종결(Telic)] + [+완료상(Perfective)]]**의 자질을 가진다고 하였다. 즉 상황상이 관련되는 한 **[+종결]** 자질을 가진 제한된 사건이며, 관점상이 관련되는 한 **[+완료상]** 자질을 가진다는 것이다. Yang은 더 나아가 동사와 종결요소, 그리고 완료상 '了' 사이의 상호작용에 대하여 다음과 같은 규칙을 도출해 내었다.

(4)　a. [v±T]+[ele+T] = [vp+T & +Perf]

　　　[±종결동사]+[종결요소] = [종결이 있는 동사구 & +완료상]

　　b. [v+T & -Dur] + 了 = [vp+T & +Perf]

　　　[+종결동사 & -지속]+了 = [종결이 있는 동사구 & +완료상]

　　c. [v±T & +Dur] + 了 = [vp±T & -Perf]

　　　[±종결동사 & +지속]+了= [±종결이 있는 동사구 & -완료상]

(Yang 1995a: 23)

규칙(4a)는 동사범주에 상관없이 경계요소들(결과보어, NPR, 장소구등)이 동사 VF에 더해지면, 포함된 사건은 **[+종결]**이 될 것이며, 완료상을 지님을 의미한다. 규칙(4b)는 비지속적인 종결 동사(즉 성취 동사)에 '了'를 더한다면, 폐쇄적이고 완료상적인(closed and perfective) 사건을 만들어냄을 의미한다. 규칙(4c)는 지속 동사에 '了'를 첨가한다면, 일반적으로 **[-완료상]**해석이 만들어짐을 의미한다.

그러나 Yang(1995a)이 제시한 위의 규칙들은 두 가지 측면에 문제가 있다.

첫째, 규칙(4c)는 '造'와 같은 지속 동사에 완료상 표지 '了'가 첨가되더라도 완료상 해석을 갖지 않는다는 것을 의미하는데, Yang(1995a)은 같은 지속 동사이더라도 '了'와 함께 완료상 해석을 가질 수 있는 '제거류' 동사('吃')가 쓰인 경우는 단순히 예외적인 것으로 처리하였다. 필자는 '제거류' 동사가 쓰인 경우가 예외적이라기보다는 이 경우의 '了'는 動相보어 성질도 내포하기 때문에 일어난 현상이라고 여기는데, 이에 관해서는 3.1.3장에서 자세히 다루도록 하겠다.

둘째, Yang(1995a)은 관점상이 관련되는 한 把字句에는 완료상 '了'가 출현해야한다고 제시하였는데, 그러나 사실상 把字句에는 "把錢帶着。"와 같이 미완료상이 출현하는 경우도 있다. 물론 이러한 경우의 '着'도 결과보어 성질이 내재된, 즉 動相보어의 '着'라고 여겨진다. Yang(1995a)은 자신이 제시한 규칙들의 오류를 인식하여, 이 후의 논문(1998)에서는 상황상의 관점에서 把字句를 분석하였다.7

3.1.3 把字句의 상성 재해석

비록 학자들마다 견해의 차이는 있지만, Yong(1993)과 Yang(1995), 그리고 다른 학자들(Liu 1995, Sybesma 1998) 모두 把字句를 경계지어진 상황(bounded situation)을 나타낸다고 보았다. 이들 견해에 근거하여 필자는 把字句는 시공(時空) 영역에서 제한된 사건(delimited event)이라고 정의내릴 것인데 어떻게 把字句가 그러한 상적 성질, 즉 상성을 가지게 되었는지에 관하여 살펴보고자 한다.

전통적으로 끝점(endpoints)과 사건은 시간 영역에서 파악되어 왔지만, Van Voorst(1988:27)는 이러한 시간의 끝점들을 현실(reality)의 대상으로 해석할 것을 제안했다. 이는 사건에 대한 시간적인 분석이 공간적인 개념으로 대체되었음을 의미한다. 구체적으로 Van Voorst(1988:27)는 다음과 같은 예를 들어 설명하였다. "He ate an apple."과 같은 문장은 종결 구조인데, 주어인 'He'는 '기원(origin)대상'으로 작용하며, 목적어인 'an apple'은 '종결(termination)대상'8으로 작용한다. 그러나 "He is working." 과 같은 문장은 오직 기원 대상만을 가졌을 뿐, 종결 대상을 가지지는 않았으므로 비종결이 된다. 이러한 관계를 Van Voorst(1988:27)는 다음과

---

7 楊素英(1998)의 상황상 분류는 이후 Xiao & McEnery(2004)의 상황상 분류에 기초를 제공하고 있다.

8 학자에 따라 '종결(telic)'이라는 용어 대신 'terminative'를 사용하기도 한다. 실제로 Van Voorst(1988), Verkuyl(1999) 등은 'telic'보다는 'terminative'라는 용어를 사용하였다. 의미상의 차이는 없으므로, 본고에서는 설명의 편의를 위해 'telic', 'terminative'를 모두 '종결'로 번역하였다.

같은 그림으로 나타내었다.

<그림 3-1〉 종결 사건구조와 비종결 사건 구조 (Van Voorst 1988:27)

a. 종결 사건구조: "He ate an apple."

○------------------------------○
기원의 대상: 종결의 대상:
주어 NP   빈어 NP

b. 비종결 사건구조: "He is working."

○-----------------------------
기원의 대상:
주어 NP

위의 그림에서 알 수 있듯이 사건은 시간의 끝점이 아닌, 공간에서의 대상에 의해 제한된다. Van Voorst의 이러한 가정이 설득력 있는 이유 중의 하나는 이러한 공간적인 경계가 시간적인 경계보다 좀 더 기본적이라는 점이다. 즉 공간적인 경계가 시간적인 경계보다 좀 더 기본적이라는 사실은 공간적인 경계가 항상 시간적인 경계를 암시하지만, 시간적인 경계가 항상 공간적인 경계를 암시하지는 않는다는 점이다. 예를 들면 "他跑到學校。"는 공간적인 경계와 시간적 경계를 둘 다 포함하지만, "他跑了一個小時。"는 공간적인 경계를 포함하지는 않는다. Van Voorst(1988)는 끝점(end point)을 시간이 아닌 공간에서 해석할 것을 제일 먼저 제안한 학자로 여겨지는데, 그의 이러한 견해는 Tenny(1992)에 의해 한층 더 발전되었다.

Tenny(1994:25)는 시간과 공간의 경계가 많은 면에서 평행하다고 여김으로써 "공간적 경계와 시간적 경계는 두 가지의 다른 영역인 공간과 시간영역에서 같은 것이다."라고 하였다.[9] 예를 들면 'eat'와 같은 동사는 공

---

[9] "Spatial delimitedness and temporal delimitedness are the same thing in two

간적 경계를 시간적 경계로 전이시키는 능력을 가졌는데, 예를 들면 아래와 같다.

> (5) a. Chuck ate an apple (*for an hour/in an hour).
>   Chuck은 사과 하나를 먹었다.
>   b. Chuck ate apples (for an hour/*in an hour).
>   Chuck은 사과들을 먹었다.

위의 예 (5)에서 가산 목적어인 'an apple'은 어떤 고정된 양과 함께 공간적으로 경계 지어짐을 암시하는 반면, 원형 복수 명사구 'apples'는 공간적으로 고정된 범위를 가지지 않으므로 뒤에 부사구 'in an hour'를 첨가할 수 없다.

Tenny(1994:29)는 공간적 경계를 시간적 경계로 전이할 수 있는 것은 오직 '직접내재논항(direct internal argument)'뿐이라고 하였는데, '직접내재논항'이란 동사가 지시하는 사건을 상적으로 측정할 수 있는 논항, 즉 '동작 또는 변화과정을 측정하는 논항'이라는 의미이다.[10] Tenny(1994:167)는 또한 把-NP가 '직접내재논항(direct internal argument)'이라고 주장하였다. 그러나,[11] 필자는 把-NP의 이러한 사건 측정 능력은 '把'자 자체에 기인 한다기보다는 구문 자체에서 오는 것이며 把-NP의 보다 근본적인 성질은 종결(telic)이라고 여기는데, 그 이유에 관해서는 아래에서 살

---

different domains: the spatial and the temporal."

[10] Tenny(1994)는 이러한 직접내재논항을 비정태 경계 동사(non-stative delimting verbs)들인 증분대상(incremental theme)을 취할 수 있는 동사(소비 또는 생산의 의미를 지니는 동사), "The baseball cracked the glass."에서의 'crack'과 같이 상태변화(change of state)를 나타내는 동사, "Bill climbed the ladder."에서의 'climb'과 같이 경로(path) 빈어를 취할 수 있는 동사 등과 공기한다고 하였다.

[11] 이에 관해서는 Tenny(1994:167)의 주장에 근거하여, 楊素英(1998)에서 본격적으로 논의되고 있다.

펴보도록 하겠다.

이 문제에 관해서는 먼저 Ding(2001)의 견해를 살펴보도록 하자. Ding(2001)은 Maslov(1988)[12]의 의견을 받아들여 동사 자체가 내재적으로 가지고 있는 '결과 의미(resultative meaning)'에 주목하였다. 예를 들면 'hold'의 의미는 한편으로는 '실체가 있는(tangible) 개체를 쥔다'라는 의미에서 '실체가 없는 물체를 포함'하는 쪽으로 확대되고, 다른 한편으로는 'hold'[13]의 구체적 영역에서 '조작(manipulation)'이라는 추상적 영역으로 발전된다고 하였다. 또한 덜 구체적이거나 은유적인 의미는 두 번째 확대에 평행되는 영역의 전환이 추진되고 결국 결과 의미를 가지게 된다고 하였다.[14] 따라서 '把'자의 원래 의미인 어떤 물건을 '쥐어서' 누구에게 주거나 어떤 장소에 놓는 행위는 '장소의 변화' 또는 '소유의 이전' 등과 함께 어떤 조율의 조작을 나타내며, 더 나아가 의미확대가 일어남으로써 결과구문을 표시한다는 것이다.

Ding은 이러한 가정에 근거하여 '把'자의 변천에 있어서 두 가지 경로를 제시하였는데, 이를 그림으로 살펴보면 다음과 같다.

---

[12] "Maslov(1988)는 인도 유럽어에서 완료(perfect)의 형성 과정에서 결과(resultative) 또는 행위적 완료(actional perfect)의 단계가 존재함을 주목하였다." (Ding 2001: 112)

[13] 학자들마다 '把'자의 영어 번역이 다르기는 하지만, 이것은 큰 문제가 되지는 않는다. 왜냐하면 '把'자의 문법화 과정은 Heine(1997)의 행위도식(X takes Y)과 관련이 있기 때문인데, Heine에 따르면 이 행위도식에 출현할 수 있는 동사는 'take'외에도, 'seize', 'grab', 'catch', 'hold', 'carry', 'get', 'find', 'obtain', 'acquire', 'rule' 등이 있다.

[14] Ding(2001:113)은 이 과정을 아래와 같이 정리했다.

           ②
(a) 조작(manipulating) ⇐ 구체적인 물건을 쥠
(b) 결과적(resultative) ⇐ 추상적인 물건을 쥠 ↙ ①
           ③

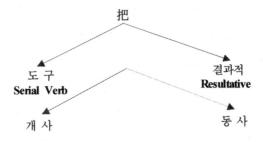

〈그림 3-2〉 '把'자의 두 가지 변천 경로 (Ding 2001:116)

위의 그림에서 알 수 있듯이 '把'자는 두 가지 경로로 나뉘어 변천하였는데, 하나는 탈 동사화된(deverbalized) 개사로 이끌어졌고, 그것의 기능은 도구로서 재해석되는 반면, 다른 하나는 근본적으로 의미적 변화를 나타내며, 범주적 변화를 겪지는 않았다.

그러나 필자는 '把'자가 직접 결과를 유도한다고 보는 Ding(2001)의 이러한 견해에는 동의하지 않으며, 그 보다 '把'자는 동사 자체에 어떤 대상을 소유한다는 의미를 내포함으로써 종결 빈어를 가지게 된다고 여긴다. 즉 필자는 탈색모형(bleaching model)과 참조점 모형(reference-point model)에 근거하여 '把'자가 '소유' 의미를 지니며 주어의 통제 영역을 나타낸다고 보았는데, 즉 Ding(2001)과는 달리 '把'자가 가져오는 상태는 결과보어의 상태가 아닌 손이 그 물체를 쥔 '소유' 상태라고 보았다. 이를 그림으로 나타내면 다음과 같다.[15]

----

[15] 이미 여러 학자들이 '把'자를 단순히 受事표지 또는 대격 표지로 여기기보다는 어떠한 의미적 자질이 남아 있는 것으로 보았는데, 예를 들면 王紅旗(2003)는 '把'자의 기능이 '통제'에 있다고 보았고, 劉培玉(2001)은 '把'자가 연동문에서 의미가 허화 된 후 '握·拿'의 의미를 상실했지만, 뒤의 빈어가 동사의 지배대상임을 표시하는 기능은 여전히 남아있다고 보았다.

〈그림 3-3〉 '把'자의 소유 영역[16]

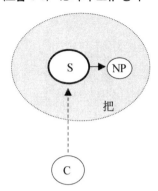

위의 그림에서 알 수 있듯이 화자(C)는 주어(S)를 참조점으로 하여 把-NP
가 주어의 통제 영역, 즉 '把'자의 소유 영역 안에 있음을 안다. 그 빈어가
주어의 영향권에 있는지는 화자에 의해 판단되므로, 把-NP는 최소한 특
정적(specific)이며 종결적이다.[17] 종결 빈어를 가진다는 것은 반드시 **[결
과]**를 유도하는 것은 아니며, 그것은 단지 **[결과]**를 유도할 수 있는 하나의
가능성만을 가진 것뿐이다. 이러한 가능성이 어떻게 실현되는가에 관해서
는 어휘 단계가 아닌 문장 단계에서 파악해야 할 문제이다.

다시 말해 결과 상태를 가져오는 것은 동사의 작용이며, 把字句에서
결과보어는 시간순서원칙(PTS)에 따라 그 동사의 뒤에 놓이게 된다. 예를
들어 "他把我氣得胃痛。"에서 '胃痛'의 결과 상태는 사건 '他氣我'를
경계 짓게 하고, 이는 사건의 결과로써 발생한 빈어 '我'의 상태변화를 지
시한다. 따라서 분개한 사건에 의해 그것은 전체적으로 빈어 '我'의 상태

---

16 필자는 위의 그림에서 설명의 편의를 위하여 술어동사와 결과보어는 생략했다.
17 이러한 견해는 동사와 보어가 융합된 뒤에 受事명사가 동사 앞으로 이동하며, 그
   과정에서 '把'자를 첨가하여 이 명사의 의미역이 受事임을 표시한다는 石毓智
   (2001, 2006)의 주장과는 다른 입장이다. 石毓智(2001, 2006)의 이러한 주장은 把
   字句의 초기 형태인 給與류·放置류(=廣義 處置式, 甲類)와 원형 동사가 쓰인
   류(=丙류)에 관해서는 설명할 수 없으므로 본고에서는 連動式 기원설을 따른다.

제3장_ 把字句 **71**

변화를 지시하게 된다. 결국 把-NP의 전체 피영향성(total-affectedness)은 '把'자뿐만 아니라 동사와 결과보어와의 관계까지도 고려해야 한다.

우리는 지금까지 把-NP가 '종결(telic)'요소임을 살펴보았다. 그렇다면 把-NP는 어떻게 Tenny(1994)의 주장처럼 사건을 상적으로 측정할 수 있으며, 또한 處置와는 어떠한 관계인가라는 문제에 대하여 살펴보기로 하자.

張伯江(2000)과 張旺熹(2001)는 把字句의 가장 큰 특징으로 '위치이 동성'을 들었다. 張伯江은 繆小放(1991)이 조사한 老舍의 작품에 출현한 1,619개의 把字句와 자신이 직접 조사한 王朔의 작품(4부)속의 614개의 把字句에 대하여 통계를 내었다. 그 결과 동추류(動趨類)가 가장 큰 비율(286개:48%)을 차지했으며, 張伯江(2000)은 이에 근거하여 '위치이 동성'을 把字句의 기본성질로 보았고, 동결류(動結類)·급여류(給與類)·동량류(動量類) 모두가 '공간의미'에서 파생되어 나온 것이라고 주장하였다. 張旺熹(2001) 역시 1996년 1분기 인민일보 기사에서 2,160개의 把字句를 수집하여 통계를 낸 결과, 방향보어와 개사구를 포함한 동사구 구문이 절반 정도를 차지하고 있음을 발견하였으며, '위치이동성'을 把字句의 기본성질로 보았다. 또한 崔希亮(1995:15)도 약 250년의 시간차가 있는 ≪紅樓夢≫과 ≪男人的一半是女人≫이라는 두 편의 소설에 출현한 把字句에 대해 통계를 낸 바 있는데, 방향보어와 개사구는 위의 두 편의 소설에서 결과보어에 비해, 전자는 두 배 정도(654>339) 후자는 세 배 정도(235>88) 더 많이 출현하였다. 또한 전체 수량에 있어서도 방향보어와 개사구는 전자는 거의 절반을 차지하였고, 후자는 절반 이상을 차지하였다. 필자는 이러한 把-NP의 위치이동성이 處置의 개념과 把字句의 사건성을 파악하는데 중요한 역할을 한다고 본다.

把-NP의 이러한 위치이동성을 시공영역에서 파악하기 위하여 필자는

Johnson(1987/1992)의 경로도식(path schema) 개념을 도입하였다.[18] 경로도식은 영상도식의 하위도식 중의 하나인데, 이 영상도식(image schema)은 Johnson(1987/ 1992)이 제시한 용어로서, 인간의 신체 움직임·사물의 조작·지각적 상호작용 안의 반복적인 패턴을 가리킨다. Ungerer & Shmid(1996/1998:242)는 영상도식을 우리가 세계와 일상적으로 상호작용함으로써 파생되는 간단하고 기본적인 인지구조로 추상적인 의미론적 원리가 아닌 구체적인 범주 및 원리보다 더 기본적인 정신적 그림으로 이해되어야 한다고 하였는데, 즉 영상도식은 본래부터 선 개념적이라고 할 수 있다. 또한 Pena(2003/2006:59)는 영상도식이 본질적으로 위상적인 사건 패턴이라고 하였다.

영상도식에는 기본적으로 용기(container)도식·힘(force)도식·밸런스(valance)도식·경로(path)도식·연결(link)도식·척도(scale)도식이 있는데, 이 중에서 把字句와 가장 밀접한 관계인 것이 바로 경로(path)도식이다.[19]

Johnson(1987/1992)은 인간의 생활은 공간과 공간을 연결하는 경로로 넘치고 있는데, 예를 들면 우리가 일어나서 침대에서 욕실로 가고, 다시 부엌으로 가고, 또 집에서 잡화점으로 가거나, 좀 더 광범위하게 지구에서 달로 가는 경로도 있다고 하였다. 이런 경로(path)의 모든 사례에는 3가지의 공통적인 요소인 출발점·도착점·출발점과 도착점을 잇는 일련의 인접하는 장소들을 발견할 수 있는데, 이것을 바탕으로 다음과 같은 경로도식을 그릴 수 있다.

---

[18] 필자(2005:69) 참조.

[19] Johnson(1987)과 Lakoff(1987)는 모든 영상도식이 동일한 개념화 층위에 해당한 것으로 본 반면, 이후 여러 학자들은 영상도식 간에도 위계가 존재함을 지적하였다. 특히 Pena(2003/2006)는 경로 도식·그릇 도식·부분-전체 도식을 기본적인 것으로 여기고, 그 외의 도식은 이 세 가지 도식의 부차적인 것으로 보았다.

〈그림 3-4〉 경로도식(path schema) (Johnson 1987/1992:200)

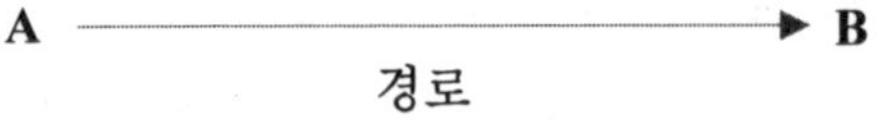

A ――――――――――――――→ B
경로

Johnson(1987/1992:200)은 이 경로도식의 전형적인 성질을 다음과 같이
제시하였다.[20]

(6) 경로 도식의 성질
① A와 B가 연속적인 위치들의 연쇄로 연결되어 있으므로, A를 떠
나 B에 도착한다는 것은 중간 지점을 모두 통과한다는 것을 의
미한다.
② 경로에는 방향성을 부과할 수 있다.
③ 경로는 시간적 차원으로 사상할 수 있다. 시간 T_1에 A점(출발점)에
서 출발하여 시간 T_2에 B점(도착점)에 도착한다.

위에서 언급한 첫 번째 성질인 A를 떠나 B에 도착했다는 것은 A가 출발
지이고 B가 목적지라는 것을 의미한다. 이런 출발지와 목적지는 은유적
으로 하나의 상태와 다른 상태를 나타낼 수도 있으며, **[변화는 이동]·[변화
전은 출발점, 변화 후는 도착점]**이라는 은유로 의미가 확대될 수도 있다.[21]

---

[20] Pena(2003/2006:263)는 Johnson(1987)의 경로도식이 반드시 끝점에 도착함을 함의
하지는 않는다고 언급하면서("I do not know which way to go."), 반드시 목표를
초래한다는 경로도식의 하위 도식인 '과정 도식'을 제시했다. Pena(2003/2006:267)
가 제시한 과정 영상 도식의 내적 논리는 다음과 같다.

① 당신이 경로를 따라 근원지에서 목적지로 간다면, 경로 위의 각 공간지점을 통
과해야 한다.
② 당신이 경로를 따라 더 멀리 있을수록, 출발 이후 더 많은 시간이 지나간다.
③ 경로를 따르는 이동은 반드시 목적지로 이어진다.

따라서 본고에서 말하는 '경로도식'은 실제로는 Pena(2003/2006)의 '과정 영상 도
식'이라고 할 수 있다.

[21] Lackoff(1993)의 사건구조은유는 근원영역을 공간으로, 목표영역을 사건으로 한

두 번째 성질은 경로 자체에는 고유한 방향이 없지만, 경로를 지나는 데에는 목적이 있기 때문에 방향성을 부과할 수 있다는 것을 의미한다. 세 번째 성질은 선으로서의 공간화가 시간성을 이해하는 데 중요한 방식임을 암시한다. 사람이 통로를 지나간다는 것은 시간이 걸리는 것이고 통로 상의 점은 시간의 흐름을 의미하게 되는데, 이 세 번째 성질은 공간적인 경계는 시간적 경계를 내포한다는 의미로도 이해할 수 있다.

把-NP의 위치이동성을 시공영역에서 파악하기 위하여, 경로도식과 Langacker (1991)의 무대모형에 근거하여 필자는 다음과 같은 모형을 제시하였다.

은유라고 할 수 있다(Kövecses 2000/2002:240-248). 즉 사건의 다양한 측면을 자신의 목표영역으로 갖는다. 사건의 측면들은 변화하는 상태, 변화를 일으키는 원인, 변화 그 자체, 행동, 행동의 목적 등을 포함한다. 이 사건의 이 다양한 측면들은 은유적으로 위치와 힘, 이동과 같은 물리적 개념에 의해 이해된다. 임혜원 (2004:115)은 Lackoff(1993)의 사건구조은유를 국어의 경우에 맞추어 좀 더 간략화 하였다.

1. [일은 장소] 시간적인 제약 때문에 <u>한국학 영역</u>은 많이 다루지 못하는 영역으로 이렇게 판단이 됐고.
2. [상태는 처소] <u>박사과정에 있다고</u> 얘기하고.
3. [변화는 이동] 남자 주인공이 어 갑자기 포도라는 말로 이렇게 <u>말을 건네서.</u>
4. [변화 전은 출발점, 변화 후는 도착점] 사정이 좀 복잡해서 <u>경영학과 하다가 사학과로 옮겼어요.</u>
5. [지향은 이동 방향] 앞으로의 올바른 <u>민간 교류 방향</u>은 무엇인가?
6. [과정은 경로] 근데 <u>그 과정을 거쳐</u> 갖고 간 사람들이잖아.
7. [태도는 이동 방법] 그 사람하고 관계된 것도 아닌데 너무 비약적으로 <u>끌어가는</u> 것 같애.

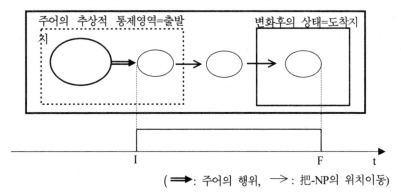

〈그림 3-5〉 把字句의 객관적 이동도식 (조경환 2005:75)[22]

(⟹: 주어의 행위, ⟶ : 把-NP의 위치이동)

위의 그림에서 큰 원은 주어이고, 작은 원은 '把'자의 빈어로서 영향을 받은 이동대상을 의미한다. 주어를 굵은 선의 원으로 처리한 이유는 주어의 현저성으로 인해 화자가 주어를 참조점으로 하여 '把'자가 나타내는 통제영역 안에 있는 빈어의 존재를 인식했기 때문이다. 점선의 큰 사각형은 '把'자의 통제의미가 나타내는 주어의 영향권이고 동작의 영향을 받기 전에 '把'자의 빈어는 항상 이 영향권에 나타난다. 위의 그림에서 알 수 있듯이 '處置'는 화자가 보기에 주어의 소유 영역에 있던 把-NP의 위치이동의 결과이며, 따라서 把字句는 시공 영역에서 잘 경계 지어지게 된다. 把-NP의 위치이동은 "他把鋼筆送給我了。"와 같이 객관적일 수도 있으며 "他把窗戶擦乾淨了。"와 같이 주관적일 수도 있는데, 把-NP의 주관적인 이동에 관해서는 3.3에서 자세히 살펴보도록 하겠다.

그림 〈3-5〉에서 알 수 있듯이 把-NP를 이동하는 객체(moving objects)로서 이해한다면, 이것은 자연스럽게 그것의 이동으로서 사건을 측정할 수 있다는 것을 알 수 있으므로 Tenny(1994)가 제시한 把-NP가 '직접내재논항'이라는 주장과 자연스럽게 연결된다.

---

[22] 설명의 편의를 위해 화자(C)는 생략하였다.

요컨대 把字句의 사건구조는 다음과 같은 순서로 도출된다.

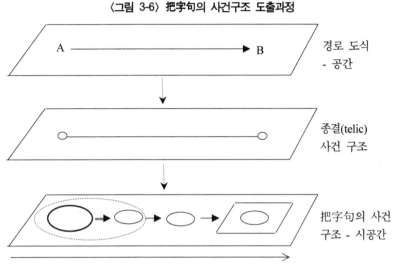

〈그림 3-6〉 把字句의 사건구조 도출과정

Van Voorst(1988)는 **[종결]**과 **[결과]**를 구분하지 않았으므로 그가 제시한
'종결 사건 구조'는 실제로는 사실상 시공영역에서 제한된 사건 구조를
나타낸다고 할 수 있다. 위의 그림에서도 알 수 있듯이 경로 도식·종결
사건 구조·把字句의 사건구조는 추상성과 구체화에 있어서 정도의 차이
일 뿐이다.23

 이와 같은 사실을 고려해볼 때 把字句는 시공간에서 제한된 사건을 나
타낸다는 점은 틀림없다. 그러나 이러한 사실은 把字句의 성질을 일부만
드러낼 뿐인데, 예를 들면 "他把杯子打破了。"와 "他打破了杯子。" 모
두 시공간에서 제한된 사건을 나타낸다는 점에서 같다고 볼 수 있으므로,

---

23 그림 〈3-6〉의 추상화와 구체화는 또 다른 함의를 내포한다. '경로 도식'은 개념적
 구조(conceptual structure)이며, '把字句의 사건구조'는 의미적 구조(semantic
 structure)에 해당된다.

把字句와 SVO句 사이의 차이점을 포착할 수 없다. 이를 해결하기 위해 우리는 도상성의 관점에서 把字句를 다루어 볼 것이다.

3.2 把字句와 도상성

언어적 도상성은 크게 구조 동형성과 도상적 동기화로 나눌 수 있다. 구조 동형성의 관점에서 구조가 다르면 의미도 다르다는 사실을 우리는 앞에서 살펴본 바가 있다. 이에 우리는 이제 도상적 동기화의 관점에서 把字句를 구체적으로 분석해보기로 하겠다.

3.2.1 把字句의 시간 도상성

시간 도상성, 즉 Tai(1985:50)의 '시간순서원칙(The Principle of Temporal Sequence: 이하 'PTS'라 칭함)'에 유념하면서 把字句를 살펴보도록 하자.

(7) a. *他把黑板上的字寫了。
    b. 他把黑板上的字擦了。
       그는 칠판 위의 글자를 지웠다.   (李英哲 1976/2000:38)

王還(1959)은 把-NP는 동작 이전에 존재해야 한다고 주장했는데, 이러한 관점에서 볼 때, 위의 예문(7a)에서 칠판 위의 글자는 그가 쓰기 전에는 존재할 수 없으므로 비문이 되고, (7b)에서 칠판 위의 글자는 그가 지우기 전에 이미 존재했던 것이므로 정문이 된다. 또 다른 예문 (8)을 살펴보도록 하자.

(8) a. 他把書賣了。

　　　그는 책을 팔았다.

　　b. *他把書買了。

위의 예문 (8)에서는 같은 'S把OV了' 형식이지만, (8a)는 정문이고, (8b)는 비문이다. 다시 王還(1959)의 방식으로 해석한다면, 把-NP인 '書'는 동작 이전에 존재해야 하므로 동사가 '賣'인 경우에는 把字句가 성립되고, 동사가 '買'인 경우에는 비문이 된다.

필자는 이러한 대조 현상은 동사의 의미뿐만 아니라, '把'자의 소유의미까지 고려해야만 이해할 수 있다고 본다. 즉 책을 팔기 위해서는 그 책이 나의 소유영역에 있어야 하는데, (8a)는 그러한 把字句의 PTS를 잘 반영하고 있다. 반면 (8b)에서는 책을 사기도 전에 이미 그 책이 나의 소유영역에 있는데, 이것은 把字句의 PTS에 부합되지 않으므로 비문이 된다.

그런데 여기에서 특히 주의해야 할 점은 이러한 '把'자의 소유 영역이 주어가 아닌 화자에 의해 이루어진다는 사실인데, 즉 이 말은 把-NP의 존재여부가 현실세계보다는 화자의 관념세계에서 결정된다는 의미이다.

(9) 我把你的介紹信寫了。

　　　나는 너의 소개장을 다 썼어.　　　(鄧守信 1975/1983:142)

위의 예문 (9)에서 '你的介紹信'은 현실 세계에서 동작 '寫' 이전에는 존재하지 않았으나, 화자인 '我'의 마음 속에 존재하므로 '我'의 소유영역에 속하게 된다. 따라서 이러한 '把'자의 소유영역의 설정은 소위 鄧守信(1975/1983:145)의 '把-NP'가 '실제적(actual)'이어야 한다는 말과 일맥상통하게 된다.[24] 즉 '실제적인' NP는 화자의 마음 속에서 특정 대상을 가져

---

[24] 이는 鄧守信(1975/1983:142)이 把-NP에 대해 내린 정의와 비슷한 면이 있다.

야 하는데, 그것의 존재는 현실 세계가 아닌 화자의 관념 세계 안의 존재로서 간주되어야만 한다. 반면 '가상적인(virtual)' NP는 화자의 마음속에서 이러한 특정 대상이 부족하므로 존재하지 않는다. 이러한 점에서 볼 때, 把字句의 시간 순서 역시 현실 세계와 직접적인 대응이 아닌, 화자의 관념 세계에서의 의미 구조와 형식 사이의 대응으로 보아야 한다. 따라서 예문 (8)과 (9)의 把字句 성립여부도 사실은 把-NP가 현실 세계에서 동작 이전에 존재했는지가 아니라, 화자에게 '실제적'인지의 여부에 달려있다고 할 수 있다.

그러므로 把字句의 시간구조 순서는 아래와 같은 그림으로 나타낼 수 있다.[25]

조건 [A]: NP₂는 청자와 화자 양측에 대해서 혹은 최소한 화자에게는 반드시 '실제적'이어야 한다.

조건 [B]: NP₂는 반드시 수사(patient)여야 한다.

조건 [C]: 자의적이고 완성적인 사건에서 NP₂는 발화의 시간에서가 아니라, 동작의 시간에서 '실제적'이어야 한다.

한편 鄧守信은 조건[C]가 조건[A]의 하위조건이라고 하였다. 이는 조건[C]에 위배되더라도, 조건[A]에만 부합된다면 정문이 된다는 말인데, 예를 들면 다음과 같다.

(예) 我把一件事忘了。

위의 사건은 비자의적으로 완성되었으나 말하는 시점에서는 '실제적'이므로, 조건 [A]에는 부합하지만 조건 [C]에는 부합되지 않는다. 鄧守信이 자의성을 기준으로 자의적일 때는 동작의 시점에서, 비자의적일 때는 발화시점에서 본 것과 비교해 볼 때, 자의적인 사건은 주어 위주의 객관적인 사건이며, 비자의적인 사건은 화자 위주의 주관적인 사건을 의미한다.

[25] 박건영(1994:145)은 "把字句에서 把-NP가 VP보다 선행한다는 것은 그것이 먼저 인지되었기 때문"이라고 하였다.

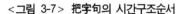

<그림 3-7> 把字句의 시간구조순서

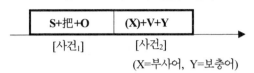

S+把+O	(X)+V+Y
[사건₁]	[사건₂]

(X=부사어, Y=보충어)

위의 그림에서 알 수 있듯이 把字句는 두 개의 연속된 사건으로 구성된 사건 구조를 가졌지만, 두 사건 사이의 경계선은 달라질 수 있다. 다시 말해 廣義 處置式에서는 두 사건의 경계가 비교적 뚜렷한 반면, 狹義 處置式에서는 사건₁보다는 사건₂가 더 부각되므로 두 사건의 경계가 모호해진다. 설령 그렇다 하더라도 만약 [사건₁]과 [사건₂]의 순서를 바꾸게 된다면, 把字句는 비문이 된다.

(10) a. 我把飯吃了。
　　　 나는 밥을 다 먹었다.
　　 b. *我吃了把飯。

위의 예문 (10a)에서는 비록 두 사건 사이의 경계가 모호하지만, 사건의 순서가 뒤바뀌게 된다면 그 把字句는 예문 (10b)와 같이 비문이 된다.

　한편 Tai(1993:160)는 "他從San Fransisco開汽車經過Chicago到New York。"이라는 문장에서 알 수 있듯이, 이러한 어순 동기화가 시간 순서뿐만 아니라 공간 배열 관계의 자연스러운 순서를 만들어낸다고 하였다. 이것은 공간과 시간이 밀접한 관계에 있으며, 많은 시간 표현들이 공간에서 문법화 되었기 때문인데, 이러한 현상은 把字句의 변천과정에서도 찾아볼 수 있는 현상이다.[26]

---

[26] Heine(1991)는 문법화에 "사람 > 물체 > 행위 > 공간 > 시간 > 질"의 추상화 경향이 존재한다고 하였고, 이성하(1998:224)는 이것을 우리말의 '뒤'에 적용하였

역사적으로 볼 때 '給與·放置'류 동사가 쓰인 廣義 處置式에서는 공간 배열순서가 돌출된 반면, 결과보어가 쓰인 狹義 處置式에서는 공간배열순서가 시간순서에 내포되어 있다. 왜냐하면 이때의 공간배열은 把-NP의 주관적 이동에 따른 가상적 배열이기 때문이다.

Tai(1985:63)는 중국어에서 PTS가 다른 언어에 비해 중시되는 까닭을 중국어는 굴절형태가 부족하기 때문이라고 하였다. 필자는 把字句를 연구하는데 있어 PTS가 중요한 이유가 바로 把字句가 연동문에서 유래되었다는 사실에 있다고 여기는데, 통시적인 각도에서 PTS와 어순과의 관계는 아래(3.3.2)에서 다시 다루도록 하겠다.

요컨대 把字句는 [S+把+O]라는 사건₁과 [(X)+V+Y]라는 사건₂라는 두 개의 연속된 사건으로 이루어졌음을 알 수 있다. 따라서 "李四把杯子打破了。"와 같은 把字句도 비록 '把'자의 동사 의미가 약화되었지만, PTS를 따르는 두 개의 사건으로 구성되었다고 보아야 한다. 이러한 설명은 把-NP가 전치된 빈어라는 주장에 반대하는 것이며, 또한 이는 SVO가 나타내는 의미는 把字句가 나타내는 의미와 다를 수밖에 없음을 천명한다. 다시 말해 SVO는 단일 사건인데 반해, 把字句는 여전히 복합 사건의 성질을 보유하고 있다.

3.2.2 把字句의 거리 도상성

陳忠(2005:618)은 把字句와 거리 도상성의 관계를 아래와 같은 네 가

는데, 예를 들면 다음과 같다.

ㄱ. 그 사람 뒤에 흙이 묻었다.　　　- 인체
ㄴ. 그 건물 뒤에 주차장이 넓다.　　- 공간
ㄷ. 한 시간 뒤에 만나자.　　　　　- 시간
ㄹ. 나는 수학에서 많이 뒤진다.　　- 질

지 유형의 문장으로 설명하였다.

(11) a. 花猫正在捉老鼠。
　　　얼룩 고양이가 쥐를 잡고 있다.
　　b. 花猫把老鼠捉到了。
　　　얼룩 고양이가 쥐를 잡았다.
　　c. 老鼠被花猫捉到了。
　　　쥐가 얼룩 고양이한테 잡혔다.
　　d. 那只老鼠花猫捉到了。
　　　그 쥐를 얼룩고양이가 잡았다.

(11a)에서 '花猫'와 '老鼠'는 '捉'의 양쪽으로 분리되어 있어 거리가 비교적 멀기 때문에 상호관계도 멀어지게 되므로 '老鼠'는 '花猫'의 지배와 處置를 받지 않는다. 그러나 (11b)·(11c)·(11d)에서는 '花猫'와 '老鼠'가 모두 동사 '捉' 앞에 출현했는데 거리가 비교적 가까우므로 '老鼠'는 '花猫'의 강한 지배를 받는다. 또한 그것들은 (11a)와 달리 '正在'를 수반할 수 없는데, 왜냐하면 S와 O의 거리가 서로 가까워서 동작의 결과를 부각시키기 때문이다. 그러므로 예문 (11b)·(11c)·(11d)에서 동사 뒤에 보어가 출현하지 않는다면 문장은 성립되지 않는데, 예를 들면 아래와 같다.

(12) a. *花猫把老鼠捉。
　　b. *老鼠被花猫捉。

陳忠(2005)은 把字句와 '被字句'에서는 S와 O가 서로 근접함으로서 강한 지배의미가 만들어지므로, 把字句와 '被字句'는 강제적으로 동사 뒤에 보충 성분을 요구한다고 보았다. 그러나 陳忠의 이러한 설명에는 다음과 같은 의문점이 제기될 수 있다. 만일 (11a)에서 '正在'를 제거한다면 "花猫捉老鼠了。"가 되므로, 실제로 (11a)와 (11b)에서 '花猫'와 '老鼠' 사이의 거리상의 차이는 아래의 예 (11'a)와 (11'b)에서 볼 수 있듯이 거의 없다.

(11') a. 花猫　　捉　　老鼠了。

(11') b. 花猫　　把　　老鼠　　捉到了。

陳忠(2005)의 설명에서 제기되는 더 심각한 문제는 아래와 같은 대조현상을 설명할 수 없다는 데에 있다.

(13) a. 我吃了飯了，可是沒吃完。
　　　　나는 밥을 먹었는데 다 먹지는 못했다.
　　 b. *我把飯吃了，可是沒吃完。

예문 (13a)와 (13b)에서 주어 '我'와 빈어 '飯'의 거리 차이는 그렇게 크지 않으므로 (13a)와 (13b)의 문법성 여부를 S와 O간의 거리 도상성으로만 설명하기에는 부족함이 있어 보인다.

陳忠(2005)과 달리 張伯江(2000)은 把字句의 거리 도상성을 V와 O 간의 거리로 보았다. 즉 V와 O간의 거리가 가까울수록, O에 대한 영향력이 커져 O가 완전히 영향을 받게 된다는 것이다. 또한 O가 V뒤가 아닌 V앞에 출현하는 이유는 V 뒤에는 '了/着/過'와 같은 상 표지가 있으므로 V에 최대한 근접하기 위해서는 V 앞에 출현할 수밖에 없다고 하였다.

여기에서 먼저 생각해 보아야 할 점은 왜 같은 거리 도상성의 원리인데, 陳忠(2005)은 把字句에 대해서 S와 O 사이의 거리로 보았고, 張伯

江(2000)은 V와 O 사이의 거리로 보았느냐 하는 점이다. 이 문제는 두 가지 관점에서 접근할 수 있다. 먼저 아래의 예문을 살펴보도록 하자.

(14) a. He sprayed the wall with the paint.
　　그는 벽 전체를 페인트 칠 했다.
　　b. He sprayed paint on the wall.

(Hopper & Thompson 1980:262)
　　그는 벽 일부를 페인트 칠 했다.

(14a)는 벽 전체를 페인트칠 한 것으로 빈어인 'the wall'이 더 높은 피영 향성을 받았다는 것을 의미하며, (14b)는 벽 전체가 아닌 일부만을 페인 트칠 했다는 것으로 (14a)보다 낮은 피영향성을 나타낸다.

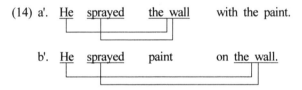

(14) a'. He sprayed the wall with the paint.

b'. He sprayed paint on the wall.

(14a)의 S 'He'와 O 'the wall' 또는 V 'spray'와 O 'the wall'의 거리가 모두 (14b)보다 가까움을 알 수 있는데, 이는 거리 도상성의 결과이기도 하다. 예문 (14)와 달리 把字句의 경우에는 S와 O간의 거리 근접성 또는 V와 O간의 거리 근접성으로는 강한 지배 의미를 판단하기 힘들다. 아마 도 이러한 연유로 陳忠(2005)은 (11a)의 SVO에 '正在'를 부득이 첨가했 는지도 모른다.

　필자는 S와 O의 강한 지배 의미는 바로 '把'자의 의미에서 온다고 여 긴다. 즉 '把'자의 추상적인 소유 의미 자체가 개념적인 근접 작용을 일으

킴으로써 S와 O의 관계를 더 가깝게 만든 것이며, 이는 즉 개념상의 근접성이 통사상의 거리를 압도한 경우라고 볼 수 있겠다.[27] 이에 대하여 박건영(1994)은 '把'자가 '관념상의 장악' 기능을 가졌다고 하였고, 張伯江(2000)은 '把'자가 處置의 대상을 확정하는 기능을 가졌다고 하였다. 한편 필자(2005)는 '把'자가 주어의 통제영역을 나타내어 전체 피영향성(total-affectedness) 작용을 한다고 보았으며, 이는 '보이지 않는 손의 작용'을 하는 것과 같다.[28]

다시 말해 把字句가 고 타동문(high-transitive sentence)인 이유는 S와 O가 형태적으로 근접하기 때문이 아니라 把字句가 본질적으로 일종의 이중 타동 구문(double-transitive sentence)이기 때문이다. 즉 把字句의 O는 '把'자에 의해 한 번 영향을 받게 되고(즉 화자가 보기에 주어의 통제영역 안에 들어가게 되고) 다시 V에 의해 영향을 받게 되므로, 당연히 SVO보다 타동성이 높을 수밖에 없다. 예를 들면 정지해 있는 과녁이 움직이는 과녁보다 맞추기가 쉽다는 것을 우리는 경험적으로 알고 있다.

또한 Haiman(2008)의 거리 도상성에 관한 새로운 설명 역시 필자의 주장을 지지해준다. 예를 들면 그는 형태적인 크기만이 양도 가능한 소유와 양도 불가능한 소유 사이의 개념적 대조를 표현할 수 있는 유일한 수단은 아니라고 하면서, 아래와 같은 소유자 인상을 예로 제시하였다.

(15) a. She patted his cheek.
    그녀는 그의 빰을 가볍게 쳤다.
    → She patted him on the cheek.
  b. She tapped his car.

---

[27] 그림 <3-3> 참고.
[28] '把'의 소유 의미 역시 정도의 차이가 있다. 즉 廣義 處置式에서는 '把'자의 소유의미가 강하지만, 狹義 處置式에서는 약해지는데, 특히 "他的話眞把我氣死了。"와 같은 致使 把字句에서는 그러한 소유 의미가 희미해져 버린다.

그녀는 그의 차를 가볍게 두드렸다.

↝ *She tapped him on the car. (Haiman 2008:37)

위의 예문 (15)에서 S(또는 V)와 O의 거리상의 길이는 같다. 그러나 (15a)에서의 신체 부분은 소유자 인상이 가능하지만, (15b)에서는 소유자 인상이 불가능한데, 왜냐하면 소유자 인상은 소유자와 소유물이 동일시 될 때에만 발생하기 때문이다.

요컨대 거리 도상성 원칙은 개념 자체의 불완전함으로 인해, 張伯江(2000)과 陳忠(2005)은 把字句에 관하여 각각 다른 분석을 제시하였다. 따라서 필자는 거리 도상성으로 把字句의 성질을 분석하는 데에는 그다지 찬성하지 않으며, 앞에서 논의한 PTS만큼 把字句에서 현저한 작용을 하지는 않는다고 보는 것이 타당하다고 여긴다.

3.2.3 把字句의 양 도상성

張伯江(2000:37)은 '양 도상성'의 관점에서 把字句의 동사 뒤에 기타 성분이 부가되어 복잡해지므로, 把字句가 나타내는 사건은 단순 동사가 나타내는 사건보다 더 복잡하다고 여겼다. 필자는 더 나아가 把字句에서 '把'자 역시 양 도상성 작용을 한다고 보는데, 예를 들면 다음과 같다.

(16) a. 我吃完飯了。
　　　나는 밥을 다 먹었다(밥을 먹는 동작을 마쳤다)
　　b. 我把飯吃完了。
　　　나는 밥을 다 먹었다(밥이 더 이상 남아 있지 않다.)

"我吃完飯了。"와 "我把飯吃完了。"는 모두 "나는 밥을 다 먹었다."로 해석될 수 있지만, 전자(SVCO)는 주로 "밥을 먹는 동작을 마쳤다."는 동작의 완성 의미를 함의하며, 후자(把字句)는 "밥이 이제 더 이상 남아있지 않다."라는 의미를 함의하는데, 필자는 이러한 의미적 차이를 야기하는 결정적인 작용을 하는 것이 바로 '把'자라고 여긴다.

'把'자의 의미적 작용에 관해서는 앞에서 이미 논의 되었으므로, 여기에서는 '把'자의 통사적 지위에 관하여 살펴보고자 한다.29 대부분의 학자들은 '把'자를 개사(介詞)로 여겨 왔다. 朱德熙(1980)는 '把'자가 단독으로 술어가 될 수 없으므로 개사에 포함시키고, 이것이 受事를 이끄는 기능을 가졌다고 여겼는데, 이는 다시 말해 '把'자를 동사적 기능이 남아 있는 다른 개사들(在, 到, 給, 比 등)과는 달리 완전히 문법화 된 개사로 본 것이다. 貝羅貝(1989), 吳福祥(2003) 등 여러 학자들의 견해에도 소소한 차이는 있지만, 把字句에서 개사로서의 '把'자가 빈어를 이끌거나 또는 대격을 표시한다고 주장하는 점에서는 크게 차이가 없다. 또한 아래와 같은 '把'자에 대한 동사 자질 실험에서도 알 수 있듯이 '把'자는 다른 개사들에 비해 동사 자질이 낮은 것으로 나타난다.

---

29 이러한 접근은 Bybee(1994)에 의해 제시된 '단일 방향성 가설(unidirection hypothesis)'에 근거하고 있다. '단일 방향설 가설'이란, 문법소의 변화방향은 단일 방향성을 띤다는 가설인데, 즉 의미는 구체적인 것에서 추상적인 것으로, 음운은 자립적인 것에서 의존적인 것으로, 범주는 어휘적인 것에서 문법적인 것으로 변한다는 것이다. 통시적으로 볼 때, 이 세 가지 측면의 변화는 평행성을 보이는데, 즉 하나의 어원어가 의미상 구체성을 잃어버리고 추상적으로 변한다면, 이러한 과정에서 그 어원어는 음운상 주변 환경에 더 의존적이 되어가며 결국 그 어휘적이었던 어원어는 범주상 문법기능을 담당하는 문법소로 변한다는 것이다(이성하 1998:193-194 참조). 필자(2005:21)가 '把'자의 통사적 지위를 순수한 개사가 아니라고 언급한 것은 결국 '把'자의 어휘적 의미가 완전히 소멸되지 않았다는 가정의 기초가 되는 것이다.

동사자질	把	예
-着	-	*你把着書給我。
-過	-	*你把過書給我。
-了	-	*你把了書給我。
-起來	-	*你把起來書給我。
把+一+把	-	*你把一把書給我。
不+把	+	他不把書給我。
把+不+把	?	*你把不把書給我? 我要去告訴老師看你把不把書還給我?
행위 수반	-	*他把那只鋼筆。

위와 같은 결과에도 불구하고 여전히 '把'자를 동사로서 규정하거나 동사
적 성질을 가졌다고 주장하는 학자들도 있는데, 예를 들면 龔千炎
(1988/2000:115)은 "현대 중국어의 '把'자는 일종의 약화된 동사인데, 그
것의 의미는 충분히 실제적이지 못하므로 술어 안에서 주요 성분으로 작
용할 수 없으며, 동시에 항상 하나의 빈어를 지닌다. 또한 '把'자와 같이
약화된 동사에는 '使, 讓, 叫, 請' 등이 있다."고 하였다.

그렇다면 어떠한 근거로 '把'자를 동사로 여길 수 있는가? 전통적으로
V-not-V 형태로 출현할 수 있거나, 상 표지를 취하는 능력은 동사의 특별
한 자질이라고 여겨져 왔다(Li & Thompson 1980, 范曉 1994). 먼저
V-not-V 형태와 관련하여 '把'자는 '把-不-把'형태로 나타낼 수 없으므로
'把'자를 개사로 본다는 성급한 결론을 내릴 수도 있다.

(17) *老師把不把學生嗎?

그러나 Yang(1995)은 '不' 대신 '沒'를 쓰면 아무런 문제가 없음을 지적

---

[30] 표 <3-1>은 Chang(1974)의 표를 '把'자 위주로 수정한 것이며, '?' 표시는 경우에
따라 쓰일 수도 있음을 의미한다.

하였을 뿐만 아니라 실제로 '把-不-把'형식을 사용할 수 있는 把字句도 존재한다고 하였는데, 예를 들면 다음과 같다.

    (18) a. 老師把沒把門關上?

         선생님께서 문을 닫으셨니? 안 닫으셨니?

       b. 把不把門關上?

         제가 문을 닫을까요? 말까요?

표 <3-1>에서 알 수 있듯이, Chang(1977) 역시 '把+不+把' 형식이 경우에 따라 쓰일 수 있음을 제시하였다.

  Yang은 또한 把字句에서 '把'자 뒤에 상 표지를 취하지 못하는 것은 사실이지만("*他把了門關上。"), 사역동사 역시 상 표지를 취하지 못한다는 점을 지적하였다("*李四叫了我吃飯。").

  한편 Ding(2001)은 '把'자의 동사로서의 지위에 대한 증거로 개사구는 문장의 의미에 있어 현저한 변화 없이 삭제될 수 있는 반면, 把字句에서 '把-NP'의 생략은 원래 문장의 의미와는 전혀 다른 의미로 바뀌는 현상을 지적하였다. 예를 들면 다음과 같다.

    (19) a. 你剛才跟他說甚麼?

         너는 방금 그와 무슨 말을 했니?

     a'. 你剛才說甚麼?

         너는 방금 뭐라고 했니?

      b. 張三把李四急死了。

         장삼은 이사를 매우 초조하게 만들었다.

     b'. 張三急死了。

         장삼은 매우 초조했다.

Ding은 또한 '把'자와 다른 동사와의 자연스러운 대체성도 증거로 제시하였는데, 예를 들면 아래와 같다.

(20) a. 那些小孩子　　把　　　他快樂了。
　　　　　　　　　讓
그 아이들은 그를 즐겁게 만들었다.
b. 妹妹　　　把　　桃子　　畫得像蘋果一樣。
　　　　　　　　畫
여동생이 복숭아를 사과같이 그렸다.

박건영(1994)은 개사와 동사를 비교하는 근본적인 이유를 개사가 동사와 같이 빈어를 가지며 대부분의 개사가 동사로부터 변천해 오는 등 개사와 동사 사이의 명확한 구분이 어렵기 때문이라고 여겼다. 그러나 위의 증거들을 고려해 볼 때 '把'자를 대격표시나 빈어 전치 같은 기능을 가진 단순한 개사로 보는 것은 확실히 무리가 있다.[31]

그러나 설령 '把'자를 개사범주에 포함시킨다 하더라도, 王紅旗(2003)는 동사 '把'가 개사로 허화된 후에도 그 어휘의미는 완전히 소실되지 않았다고 보았다. 이 같은 견해는 '把'자를 똑같이 개사로 여겼지만, '把'자를 단순개사로 여긴 朱德熙의 견해와는 차이가 있음을 보여준다. 즉 王紅旗(2003)는 '把'자가 '在·給·到'만큼은 동사적 의미와 기능이 남아있지는 않지만 추상적 의미는 여전히 존재한다고 보았다.

만일 '把'자를 개사범주에 포함시킨다고 하더라도 그것의 기능이 (단순한 빈어 전치 또는 대격표지가 아닌) 우리가 생각하는 것 이상이라는 점을 기억해야 하는데, 만일 이를 동사범주에 넣는다면(次動詞·介動詞·前

---

31 '把'자의 통사적 지위에 관한 보다 심도 있는 논의는 박건영(1994), Bender(2000)를 참조 바란다.

他動詞), '把'자의 동사적 의미를 강조한 셈이 된다. 본고에서는 '把'자를 단순개사로 본 전통적인 의견에 동의하지 않으며, 상대적으로 동사적 의미를 강조하기 위하여, '把'자를 '특수동사(次動詞)'로 본 丁聲樹(1961)·박건영(1994)의 견해를 따르기로 한다.

따라서 '把'자의 품사가 완전히 문법화 된 개사가 아니라, 여전히 동사적인 성질을 지니고 있다는 사실은 더 나아가 '把'자가 주어의 소유 영역을 표시한다는 사실은 우리에게 把字句에서 '把'자의 존재를 경시해서는 안 된다는 것을 시사해준다.

도상성은 우리들에게 把字句와 다른 구문들 간의 차이가 존재한다는 사실을 알려주지만, 도상성은 왜 把字句가 이렇게 변천했는지에 관해서는 알려주지 않는다. 이에 관해서는 주관성과 주관화의 관점에서 把字句를 살펴볼 필요가 있다.

3.3 把字句의 주관성과 주관화

3.3.1 把字句의 주관성

把字句와 주관성을 처음으로 연결시킨 이는 沈家煊(2002)이다. 沈家煊(2002)은 우선 '處置'를 크게 '客觀處置'와 '主觀處置'로 구분하였다. '客觀處置'는 甲(施事)이 의식적으로 乙(受事)에 대해 모종의 실제적인 處置를 하는 것을 의미한다. 이에 반해 '主觀處置'는 甲(반드시 施事인 것은 아님)이 乙(반드시 受事인 것은 아님)에 대해 모종의 處置(꼭 의식적이고 실제적인 處置인 것은 아님)를 했음을 화자가 인정하는 것이라고 하면서 네 가지 상황을 제시하였는데, 이를 살펴보면 아래와 같다.

〈표 3-2〉 沈家煊(2002:338)의 主觀處置와 客觀處置

	현실 세계	화자의 입장	예
a	객관적으로 甲이 乙을 처치함.	화자는 단지 이 처치를 객관적으로 말할 뿐임.	"他喝了一碗酒。"
b	객관적으로 甲이 乙을 처치함.	화자는 甲이 乙을 처치했음을 주관적으로 인정함.	"他把那碗酒喝了。"
c	객관적으로 甲이 乙을 처치하지 않음.	甲이 乙을 처치했음을 화자가 주관적으로 인정함.	"他把大門的鑰匙丟了。"
d	객관적으로 甲이 乙을 처치하지 않음.	甲이 乙을 처치했음을 화자가 주관적으로 인정하지 않음.	"他丟了大門的鑰匙。"

위의 표에서 알 수 있듯이 객관적으로 甲이 乙을 처치했느냐에 상관없이 화자가 처치를 주관적으로 인정하기만 한다면 把字句(b와 c)를 사용하고, 화자가 처치를 주관적으로 인정하지 않는다면 SVO(a와 d)를 사용하였다.[32] 즉 沈家煊은 把字句의 어법의미를 '주관 처치(主觀處置)'라고 보았으며, 또한 Finegan(1995)의 의견에 근거하여 이 '주관성'을 화자의 정감·시각·인식 등의 세 가지 방면으로 나누어 把字句를 고찰하였는데, 아래에서는 이들을 간단하게 살펴보기로 하겠다.

먼저 '화자의 정감(affect)'은 언어학에서 주로 '감정이입(emphaty)'과 연관되어 논의되어 왔다.[33] '감정이입'이란, 화자가 관점에 있어 자신을 문장에서 기술하는 사건에 참여하는 사람과 동일시하는 현상인데,[34] Kuno(1977)는 감정이입의 정도를 나타내는 예로 아래와 같은 문장을 제시하였다.

(21) a. John hit Mary.

---

[32] 이러한 현상에 대하여 Langacker(1991:287)는 "어떤 상황을 기술하는 언어 표현의 의미를 결정하는 것은 객관적 실상이 아니라, 상황이 어떻게 개념화되는가라는 사실이다"라고 언급한 바 있다.

[33] Kuno(1977) 참조.

[34] Kuno(1977:628)는 '감정이입'을 '카메라 앵글(camera angle)'에 비유하였는데, 예를 들면 카메라가 John에 더 가까이 놓이면, 화자는 John에 감정이입을 한 것이다.

John이 Mary를 때렸다.

   b. John hit his wife.

     John이 그의 아내를 때렸다.

   c. Mary's husband hit her.

     Mary의 남편이 그녀를 때렸다.

   d. Mary was hit by John.   (Kuno 1977:625)

     Mary는 John에게 맞았다.

위의 예문 (21)의 모든 문장은 남편인 'John'이 아내 'Mary'를 때리는 사건을 묘사하고 있지만 감정이입의 정도에는 차이가 있다. 예문 (21a)는 화자가 'John'과 'Mary' 두 사람 모두에게서 일정거리를 둠으로써 사건을 객관적으로 묘사하고 있으며, (21b)에서는 'John'에 감정이입을 하여 'Mary'를 'his wife'라고 불렀다. (21c)에서는 'Mary'에 감정이입하여, 'John'을 'Mary's husband'라고 불렀으며, (21d)와 같은 피동화는 주어의 지시대상(John)보다 빈어의 지시대상(Mary)에 감정이입을 했다는 것을 화자가 묘사하고자 할 때 사용한다.

沈家煊(2002:389)은 把字句가 감정이입을 통해서 화자의 정감을 표현한다고 하였는데, 이는 즉 把-NP를 동정의 대상으로 본 것이다. 예를 들면 아래와 같다.

  (22) a. 這是書誤了他, 可惜他也把書糟蹋了。[35] ≪紅樓夢·42回≫

      그건 책이 사람을 못 쓰게 만든 게 아니라, 사람이 책을 저버린 거야.

---

[35] 어떤 책에서는 이 문장을 "這并不是書誤了他, 可惜他也把書糟蹋了。"로 쓰기도 한다(沈家煊 2002:389). 청년사(1990) 번역본 역시 이 해석을 따르는데, 그 이유는 앞의 문장이 "讀了書倒更壞了。"이므로, 문맥상 이러한 해석이 더 자연스럽다고 여겨지기 때문이다.

b. ?這是把書誤了他, 可惜他也糟蹋了書。

　　그건 책이 사람을 못 쓰게 만든 게 아니라, 사람이 책을 저버
　　린 거야.

위의 상황은 대옥이 이전에 ≪牡丹亭≫·≪西廂記≫의 글귀로 주령(酒
令)에 대답한 일을 보채가 알게 된 후에 보채가 대옥을 부드럽게 설득하
는 장면이다. 沈家煊은 이런 상황에서 (22a)문장만 가능하고 (22b)문장이
어색한 이유를 화자인 보채가 애석하게 여기는 것이 '책'이기 때문이라고
하였는데, 이는 곧 화자의 주관적 판단이 '把'자의 사용조건에 반영된다
는 것을 의미한다.

　　두 번째, '화자의 시각(perspective)'은 화자의 객관적인 상황에 대한 관
찰각도를 더하는 것으로 이에 대한 전형적인 예는 '상(aspect)'에 관한 것
이다.[36]

(23) a. John is gone.

　　 b. John has gone.　　　　　　　　　　　　(沈家煊 2001:269)

위의 예문 중에서 (23a)는 단지 과거에 발생한 하나의 동작과 그 결과를
객관적으로 말할 뿐이고, (23b)는 과거 동작 및 결과를 표시할 뿐만 아니
라 '현재'와도 관련이 있어 화자의 시각에 관련된다.

　　沈家煊(2002:391)은 把字句가 '주관량(主觀量)'과 '상'을 통해 화자
의 시각을 표시한다고 보았다. 소위 '주관량'이라는 것은 화자가 受事量
에 대하여 주관적인 판단을 하는 것인데, 예를 들면 "看把個大小伙子傷
心得!"와 "把個小處長樂得屁顚屁顚的!"와 같이 '把'자 뒤에 출현하는
'大·小'자는 명확하게 주관적인 인정을 나타낸다. 把字句와 상(aspect)의

---

[36] 沈家煊(2002)이 여기서 말하는 '상'은 '관점상(viewpoint aspect)'을 의미한다.

관계를 살펴보면 아래와 같다.

(24) a. *我吃了野菜。
　　 b. 我吃過野菜。
　　　　나는 산나물을 먹었었다.
　　 a'. 我把野菜吃了。
　　 b'. *我把野菜吃過。
　　　　나는 산나물을 다 먹었다.

'V了'는 항상 현재와 관련되며 과거사건을 진술하는 동시에 화자의 시각을 표시하는 반면, 'V過'는 객관적으로 하나의 사건("我吃過野菜。")이 이미 발생했었음을 나타낼 뿐이다. 따라서 沈家煊은 'V了'는 'V過'보다 주관성이 강하므로 把字句에 사용될 수 있다고 하였다. 그러나 필자는 沈家煊(2002)의 이러한 설명에 완전히 동의하지는 않는데, 왜냐하면 앞 (2.4)에서 이미 살펴보았듯이 '把-NP V了/過' 문제는 주관성보다 상성의 관점에서 먼저 분석할 필요가 있기 때문이다.

　　마지막으로 '화자의 인식'은 주로 언어의 양상(modal)과 관련이 있으며 이를 '인식양상(epistemic modal)'이라고 부르는데, 沈家煊(2002)은 화자의 인식과 관련하여 把字句가 '의외성'이라는 함의를 지니는데, 이러한 함의는 把-NP의 비한정성에 기인한다고 보았다.

(25) a. 我要向他借支鋼筆，他却把一支鉛筆遞給了我。
　　　　나는 그에게 펜을 빌려 달라고 했는데, 그는 뜻밖에 내게 연필을 건네주었다.
　　 b. 忽然，哐當一聲，不知是誰把個凳子給撞翻了。
　　　　갑자기 쾅하는 소리가 났는데, 누가 걸상을 쓰러뜨렸는지 모르겠다.

위의 예문 (25)의 '却'·'忽然'은 '의외성'을 좀 더 분명히 나타내고 있다.

沈家煊(2002)이 가장 먼저 주관성의 개념을 把字句 연구에 도입했다는 점은 높이 평가할 만하다. 그러나 Verhagen(1995)이 지적했던 것처럼 주관적 용법과 객관적 용법은 서로 대립되는 개념이 아니라 정도의 개념이다. 다시 말해 객관적 용법과 주관적 용법은 모두 주관성의 특징을 공유하는 것이며, 여기에서 객관적 용법은 단지 주관성이 부족한 것뿐이다. 즉 SVO의 客觀處置는 把字句의 主觀處置보다 상대적으로 주관성이 부족한 것뿐이다.

또한 沈家煊(2002)은 把字句가 '主觀處置'를 나타낸다고 하였는데, 이러한 정의만으로는 把字句간의 주관성 정도의 차이를 포착할 수가 없다. 예를 들면 아래의 예들은 비록 통사 구조는 같지만(즉 모두 '把個V了'이다), 엄연히 이들 간에는 주관성의 차이가 존재한다.

(26) a. 他把個犯人放了。

그가 범인을 풀어주었다.

b. 他把個犯人跑了。

그가 범인을 놓쳤다.

c. 她年輕輕的，就把個丈夫死了。　　　　　(黃錦章 2007:8)

그녀는 이렇게 젊은데, 남편이 벌써 죽었다.

위의 예문 (26a)에서 (26c)로 갈수록 '把'자의 통제의미와 동사의 자주성이 감소되는데(즉 2價에서 1價로), 특히 (26c)의 把字句는 화자가 '의외성(出乎意料)'을 강하게 드러내므로 다른 把字句에 비해 주관성이 강하다고 할 수 있다. 필자는 이러한 유형의 把字句가 나타내는 '의외성'은 바로 '個'자와 타동사의 자동화 이 두 방면에서 온다고 여긴다. 그렇다면 '個'자의 작용을 좀 더 살펴보도록 하자.

杉村博文(2002)은 把字句에서의 '個'자의 작용을 자세하게 논의했다 (이후 '個'자가 쓰인 把字句는 把個句라고 칭함).[37] 杉村博文(2002:22) 은 이러한 把個句의 화용상의 특징은 바로 NP와 V 사이에 존재하는 '의 미상의 굴곡 관계(語義上的扭曲關係)'에 있다고 보았는데,[38] 예를 들면 아래와 같다.

> (27) 朱盛那自鳴得意的樣子，把個愁眉苦臉的許明輝都逗笑
> 了，……　　　　　　　　　　　　　　　　(杉村博文 2002:22)
> 朱盛의 그렇게 우쭐한 모습은 수심이 가득 찬 許明輝조차도 웃
> 게 만들었다.

위의 예문 (27)에서 화자는 '個'자를 붙여 '許明輝'이 웃은 사건이 '의외' 임을 표시하였다. 필자는 이러한 遭遇 把字句가 이후 출현하는 致使 把 字句와 밀접한 관계가 있다고 여기는데, 이 문제에 관해서는 다음 절에서 자세히 논의하도록 하겠다.

把字句의 주관성은 크게 두 가지 층위에서 실현된다.[39] 하나는 개념적

---

37 한편 "您剛才是叫我？她把個手指戳在自己的胸前。(杉村博文 2002:23)"에서 처럼 모든 把個句가 '의외'를 나타내는 것은 아닌데, 杉村博文(2002)은 이렇게 施事의 자주적인 동작행위를 나타내는 把個句를 예외적인 경우로 다루었다.

38 陶紅印·張伯江(2005:332)에 따르면 초기 把個句의 주관성은 그다지 강하지 않았 으나, 후기로 갈수록 점점 강해졌다고 한다. 즉 14C 문헌들(≪水滸傳≫)에서는 '把一個句(把+一+個+VP)'와 의미상의 차이가 없었으나, 근대(18C)에 들어 ≪紅 樓夢≫등에 출현하는 把個句는 상당히 강한 주관성을 표시한다고 한다. 특히 이 시기에 출현하는 把個句의 가장 큰 특징은 바로 주어가 없다는 점인데, 이렇게 주 어가 없는 把個句는 ≪紅樓夢≫과 ≪兒女英雄傳≫에서 70%이상을 차지한다 고 한다. 陶紅印·張伯江(2005:335)의 통계에서 알 수 있듯이, 현대한어에서 把個 句는 거의 소멸되었다고 볼 수 있는데, 이는 '把一個句'의 10%에도 못 미치는 실 정이다.

39 이 말은 절대적인 구분이 아니라, 상대적인 구분이라는 의미이다. 다시 말해 개념 적 층위에서는 통사적 변화보다는 주관성의 개념적 변화가 더 중시되며, 통사적 층 위에서는 주어와 빈어간의 위치 변화, 그리고 '個'자의 출현, 동사의 결합가 변화

층위에서 주관성이 실현되는 것인데, 이는 주어의 구체적인 행위를 나타내는 '把'자가 점차 추상적인 소유 영역으로 의미 탈색되는 것인데, 이러한 영역(domain)의 설정은 바로 화자에 의해서 이루어진다. '把'자의 이러한 의미 탈색과 동시에 把-NP는 주어에 의한 객관적인 이동으로부터 화자에 의한 주관적인 이동으로 전환되는데, 이러한 把-NP의 주관적인 이동은 소위 결과보어와의 결합에 의해서 이루어진다. 두 번째 층위는 화자의 주관성이 통사적 층위에서 실현되는 경우인데, 把個句등의 遭遇 把字句처럼 '個'자가 첨가되는 등의 把字句의 통사 구조에 변화가 생기는 것이다. 이 두 번째 층위의 대표적인 경우인 遭遇 把字句는 이미 앞에서 논의되었으므로, 필자는 아래에서 첫 번째 개념 층위에서의 把字句간의 주관성 차이를 살펴보고자 한다.

그렇다면 廣義 處置式의 把字句들은 다른 把字句(狹義 處置式이나 致使 處置式) 간에 존재하는 주관성의 차이를 어떻게 파악할 수 있는가? 필자는 이러한 주관성의 차이를 '이동'의 개념에서 고찰하고자 하는데, 이 '이동'의 개념은 주관화에서도 중요하며, 把字句에서도 중요하기 때문이다. Radden(1996:423)은 '이동'이 우리의 지각적 조직과 언어의 사용을 통한 현실(reality)에 대한 개념화에서 중요한 역할을 담당하며 추상적 경험에 대해 응집적이며 일관된 패턴을 부여한다고 하였다. 이러한 이동은 크게 '객관적 이동'과 '주관적 이동', 그리고 중간 형태인 '은유적 이동'으로 나눌 수 있다(Langacker 2006:25).

(28) a. The balloon rose quite slowly. [객관적·사실적 이동]
   b. Last year the price of coffee rose steadily. [은유적(객관적) 이동]
   c. The trail rises simply near the summit. [주관적·가상적 이동]

등 통사적인 변화가 더 현저하다는 것이다.

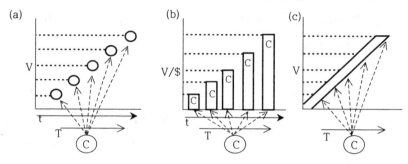

〈그림 3-8〉 객관적 이동·은유적 이동과 주관적 이동 (Langacker 2006:25)

예문 (28)과 위의 그림 〈3-8〉를 함께 살펴보면, (a)의 'rise'는 주어에 의한 실제적 이동을 나타낸다. 즉 탄도체인 'the balloon'은 시간(t)을 따라 수직 축(V)에 대해 연속적으로 더 높은 위치를 차지하는 공간적인 이동을 진행하며 화자는 'the balloon'의 공간적인 이동을 따라 심적으로 주사할 따름이다.

(b)의 'rise'는 커피 가격의 인상을 은유적으로 나타낸다. 커피 가격(tr)은 수직축을 따르는 그것의 이동에서 여전히 객관적으로 해석된다. 수직 축이 가격($)이라는 범주와 합쳐서 일어난다는 점을 제외하고는 은유적 이동과 객관적 이동은 유사하다. 즉 은유적 이동과 객관적 이동의 'rise' 모두 주어에 의해 일어난다.

(c)의 'rise'는 가상적·주관적 이동을 한다.[40] 탄도체는 여전히 수직축을

---

[40] 임지룡(1998:188)은 '주관적 이동'을 다시 화자의 이동에 의한 상대적 이동과 화자의 시선에 의한 심리적 이동으로 구분하였다.

   ① 화자의 이동에 의한 상대적 이동 (예) 창밖에는 여전히 옥수수 밭이 지나가고 있었다.
     a. 현실적 상황: 대상 - 고정, 화자 - 이동
     b. 언어적 상황: 대상 – 이동
   ② 화자의 시선에 의한 심리적 이동 (예) 백운산 어름에서 큰 산맥 하나가 백두대간과 갈라져 서쪽으로 뻗어 간다.
     a. 현실적 상황: 대상 - 고정, 화자 – 고정

따라 연속적으로 더 높은 점들을 차지하며 동시에 공간적으로 확장된 물체가 되었다. 화자는 물체의 이러한 공간적 배열을 따라 심적으로 주사한다.

이러한 '이동'개념은 把字句에서도 중요하다. 왜냐하면 이러한 '위치이동성(位移性)'이야말로 把字句의 가장 기본적인 성질이라 할 수 있기 때문이다. 이에 필자는 '處置'를 이동의 개념으로 간주하여 把-NP가 이동한 결과 把字句는 時空영역에서 잘 제한된 사건이 된다고 보고,[41] 영상도식과 당구공 모형에 근거하여 把字句의 객관적 이동도식과 주관적 이동도식을 제시하였는데, 이를 정리하면 다음과 같다.

〈표 3-3〉 把-NP의 객관적 이동도식과 주관적 이동도식

把-NP의 객관적 이동	把-NP의 주관적 이동
영상도식	
① [把+DO+V(給與)+(給)+IO] 他們把身上的血賣給了李血頭，從李血頭手裏拿過來錢以後，就來到	[把+O+V+RVC] "我就把身上的力氣賣光了，只剩下熱氣了，前天我在林浦賣了兩碗，

b. 언어적 상황: 대상 – 이동

①에서는 화자의 이동에 의한 상대적 이동으로 우리가 기차 안에서 창밖을 볼 때, 옥수수 밭이 지나가고 있는 상황을 뜻한다. 옥수수 밭은 실제로 움직이고 있지는 않지만, 마치 우리에게 달려들듯이 지나가고 있다. ②에서는 말 그대로 화자의 시선에 따라 현실세계에서는 고정된 대상이 마치 이동하는 것처럼 보이고 있는 심리적 이동을 말한다. 본고에서 말하는 '주관적 이동'은 심리적 이동을 의미한다.

[41] 필자(2005:75) 참조. 필자(2005)는 '실제적(actual) 이동'과 '가상적(virtual) 이동'이라고 하였으나, 본고에서는 객관적(objective)이동과 주관적(subjective) 이동이라는 용어를 사용할 것인데, 의미상의 차이는 없다.

	了胜利飯店。≪許三觀賣血記:97≫ (이혈두에게 피를 팔아 넘겨받은 돈을 들고 그들은 승리반점으로 갔다.)	今天我又賣了兩碗，就把剩下的熱氣也賣掉了。”≪許三觀賣血記:226≫ (“난 그렇게 몸속의 힘을 싹 팔아 버리고 몸에는 그저 온기만 남았는데, 그저께 임포에서 두 사발을 팔고 오늘 다시 두 사발을 팔았으니 온기마저도 다 팔아 버린 셈이지요.”)
②	**[把+O+V(放置)+在/到+Pw]** (PW는 처소사) 他不放心，把車子停在路邊上，也跟着她走下車。≪金盞花:147≫ (그는 마음이 놓이지 않아 차를 길가에 세우고, 그녀와 함께 차에서 내렸다.)	**[把+O+V+DVC]** 一個頭髮蓬亂的姑娘穿着睡裙迷迷糊糊從厠所出來，看我一眼，進了隔壁房間用力把門摔上。≪過把癮就死:6≫ (헝크러진 머리의 아가씨가 졸린 채로 잠옷을 입고 화장실에서 나와, 나를 한 번 보더니, 옆방으로 문을 꽝 닫고 들어가 버렸다.)
③	**[把+O₁+V+成·爲·作+O₂]** “沒你這樣愛的。你該把我當一個人愛，不能像愛件東西，這樣你只能失去我。”≪過把癮就死:52≫ (너처럼 이렇게 사랑하는 사람은 없다. 너는 나를 한 사람으로 사랑해야 되지, 물건같이 사랑해서는 안 돼. 그러면 나를 잃게 될 꺼야.)	**[把+O+V+得+RVC]** 他把她調查得一淸二楚，她不像是來接接‘家敎’工作，倒像是來參加特務訓練一樣。≪金盞花:24≫ (그는 결국 그녀에 대한 조사를 주도면밀하게 한 것이었다. 그녀는 가정교사라는 일을 맡으러 온 것이 아니라, 무슨 특수훈련에 참가하기 위해 온 듯한 느낌이었다.)
④		**[把+O+V+了/着/過]** “他自己把心關着，唯恐別人看見他的秘密……”≪家:48≫ (그는 자신의 비밀이 탄로날까봐 다른 사람에게 속마음을 드러내지 않는다.)

把-NP의 객관적 이동 도식에는 給與류(把+DO+V+給+IO), 放置류(把+O+V+在/到……+Pw), 當作류(把+O₁+V+成/爲/作……+O₂) 把字句가 속한다. 把-NP의 객관적 이동은 주어에 의해 이루어지며, 화자는 그 사건

을 단순히 주사할 뿐이다.

이중에서 주목해야 할 구문이 바로 當作류이다. 張伯江(2000:33)과 張旺熹(2001:6)는 모두 이 문형을 放置류의 은유확장도식으로 보았다.[42] 그 근거는 '把+O₁+當作+O₂'가 모두 심리공간에서의 판단을 의미하는 것으로, 이는 물질공간의 이동이 심리공간에서의 이동으로 은유·확장된 것이기 때문이다. 吳福祥(2003:6)은 통시적으로 當作류가 狹義의 處置式과 역사적인 연결고리가 없다고 주장하였다. 왜냐하면 當作류에서 O₁과 V 사이에는 전형적인 지배관계가 성립되지 못했을 뿐만 아니라 형식상 이러한 유형의 구문에서는 V에는 특정 동사만이 출현할 수 있었기 때문이다. 따라서 필자는 이러한 유형을 객관적 이동도식의 파생, 즉 把-NP의 은유적 이동(그림 <3-8b>)으로 간주한다.[43]

한편 把-NP의 주관적 이동에서 큰 원은 역시 주어를 의미하고, 작은 원은 '把'자의 빈어를 의미한다. 위의 작은 원은 흐린데 반해, 아래의 작은 원이 진한 이유는 객관적 이동과는 달리 주관적 이동에서는 전체과정보다는 '把'자의 빈어가 속하는 최종 단계가 부각됨을 나타내기 때문이다. 진한 색깔의 마름모는 **[상태는 처소]** 은유[44]에 의해서 처소 지위를 가지는 결과적인 상태를 의미하며 이것 역시 부각되어 있다. 점선의 화살표

---

[42] 張旺熹(2001:6)는 이것을 '등가(等價)도식'이라 불렀으며, 張伯江(2000:34)은 이것을 '물질공간의 자리매김(定位)에서 심리공간의 자리매김(定位)'으로의 투사과정이라고 하였다.

[43] 그리고 이 두 개의 이동도식 사이에는 객관적 이동도식이나 주관적 이동도식과는 달리 그 결과가 명백하지 않고 모호하다는 특징을 가지는 중간 범주의 把字句들이 존재하는데, 예를 들면 "一個老幹部嫌醫院對他的病不重視, 把院長, 政委臭罵一頓, 還給後勤首長打了電話.≪過把癮就死:49≫"와 같은 '把+O+V+Q(Q는 동량사)'와 "許三觀把自己冰冷的脚往小猪身上放了放, 剛放上去, 那頭小猪就吱吱的亂叫起來.≪許三觀賣血記:227≫"와 같은 '把+O+VV'가 있다.

[44] **[상태는 처소]**은유에 따르면, 사건의 상태는 대상의 처소와 관련지어 개념화된 것으로써 이동성이 없는 정지된 개념과 관련지을 수 있다. 예를 들면 "박사과정에 있다"라는 말이 있는데, 박사과정에 있는 것은 '박사과정생'의 상태에 있음을 의미한다. 把字句에서 결과적인 상태를 표시하는 보어는 일종의 처소로 처리될 수 있다.

는 객관적인 이동이 아니라, 일종의 주관적인 이동이 일어났음을 의미하는데, 把-NP의 이러한 이동은 주어가 아닌 화자에 의해 가상적으로 일어난다. 그런데 [把+O+V+DVC]류에 관해서는 좀 더 설명할 필요가 있다. 만일 방향보어(DVC)가 방향의미로 쓰인다면 把-NP는 객관적인 이동에 가까워 보이지만, 필자는 張伯江(2000)의 주장에 근거하여 把字句에 쓰이는 방향보어의 중심 의미는 결과라고 여긴다. 이는 일반적으로 방향보어가 把字句에서 결과보어와 공기할 수 없기 때문인데, 예를 들면 아래와 같다.

(29) 馬林生坐正, 把剩下的煙蒂掐滅。
　　　馬林生은 바로 앉으며, 남은 담배꽁초를 비벼서 껐다.
　　→ *把剩下的煙蒂掐滅到煙缸裏去。　　　　(張伯江 2000:34)

방향보어가 把字句에서 결과보어가 공기할 수 없는 현상은 사실상 방향보어가 결과보어와 같은 작용을 하기 때문이다. 비록 [把+O+V+DVC]류가 모호한 성질을 지니지만, 이러한 사실에 근거하여 필자는 이러한 유형의 把字句를 把-NP의 주관적 이동류에 두었다.

把-NP의 주관적 이동이 Langacker(1999)의 주관적 이동과 다른 점은 경로도식의 수직화에 따른 공간지향성이 부과되었다는 것인데, 여기에는 두 가지 의미가 있다.

첫째, 이러한 지향적 은유는 이런 종류의 把字句가 단순히 명제적인 사실을 전달하거나 객관적인 보도를 한다는 것이 아니라 화자의 평가·인식이 증가되었음을 의미한다.[45] 다시 말해 把字句는 '뜻밖에'라는 함의

---

[45] Lakoff & Johnson(1980/1995:34-41)은 지향적 은유, 즉 위-아래 공간화 은유를 다음과 같이 제시하였다.

[행복은 위, 슬픔은 아래] I'm feeling *up*. (나는 기분이 좋다)

또는 "把這個誓忘記了那麽多年。"과 같이 '책임추궁' 등의 여러 가지 화용적인 의미가 강화된다는 것이다(張伯江 2000:36). 이것은 Traugott (1995:31)가 제시한 '주관화'란 화용적-의미적 과정에 의해 의미가 명제 내용에 대한 화자의 신념·태도에 기초하게 되는 것이라는 것과 의미가 상통한다. 이 문제에 관해서는 把字句의 주관화에서 다시 다루도록 하겠다.

둘째, 주관적 이동에서 필수적인 경로 자질이 표현된다(Matsumoto 1996).[46] 주관적 이동의 경로는 일반적으로 동사에 포함되거나(30), 부사 또는 후치사구에 의해 표현되어야만 하는데(31c), 예를 들면 아래와 같다.[47]

[의식은 위, 무의식은 아래] He *sank* into a coma. (그는 혼수상태에 빠졌다.)
[건강과 삶은 위, 아픔과 죽음은 아래] He's at the *peak* of health.
(그는 건강이 절정에 있다.)
[통제를 하거나 힘이 있는 것은 위, 통제나 힘에 따르는 것은 아래]
I have control *over* her. (나는 그녀를 위에서 통제한다.)
[많은 것은 위, 적은 것은 아래] My income *rose* last year.
(지난해 내 소득은 높아졌다.)
[예측 가능한 미래 사건은 위(와 앞)] What's coming *up* this week?
(이번 주에 무슨 일이 예정되어 있어?)
[높은 지위는 위, 낮은 지위는 아래] He has a *lofty* position.
(그는 높은 지위에 있다.)
[좋은 것은 위, 나쁜 것은 아래] Things are at all-time *low*.
(상황이 최저 상태이다.)
[미덕은 위, 타락은 아래] She is *upright*. (그녀는 고결하다.)
[이성적인 것은 위, 감정적인 것은 아래] He *couldn't rise* above his emotions. (그는 자신의 감정을 극복할 수 없었다.)

[46] Matsumoto(1996:194)는 주관적 이동에 관해서 다음과 같은 조건을 제시했다.

a. 경로 조건: 이동 경로의 자질은 표현되어야만 한다.
b. 태도 조건: 이동의 어떤 자질을 표현하지 않는 한, 이동의 태도는 표현될 수 없다.

[47] 한국어의 예는 다음과 같다.

a. 소년이 (남쪽으로) 달리고 있다.
b. ?고속도로가 달리고 있다.
c. 고속도로가 남쪽으로 달리고 있다. (임지룡 1998:7)

(30) The road began to {ascend/descend/curve}.

(31) a. John began to run.

　　b. *The road began to run.

　　c. The road began to run {straight/along the shore}.

(Matsumoto 1996:195)

위의 표 <3-3>에서 볼 수 있듯이 把-NP의 객관적 이동에서는 그 경로가 분명하지만, 把-NP의 주관적 이동에서는 경로가 명확해 보이지 않는다. 그러나 필자는 경로도식이 수직도식으로 전환됨에 따라 把-NP의 주관적 이동의 경로가 표현된다고 보는데, 다시 말해 把-NP의 주관적 이동의 경로는 결과보어 또는 부사 등과의 결합에 의해 표현된다.

요컨대 沈家煊(2002)과는 달리 필자는 把字句를 연속선상에서 파악하였는데 把-NP의 이동은 객관적인 이동에서 점차적으로 화자에 의한 가상적이고도 주관적인 이동으로 전환되었다고 본다. 또한 화자의 주관성이 점점 강해짐에 따라 把個句와 같은 일반적인 把字句와 통사적으로 다른 把字句도 출현하게 되었다.

지금까지 우리는 把字句간에 주관성의 차이가 존재함을 살펴보았는데, 다음 절에서는 통시적인 관점에서 주관성 강화의 과정, 즉 把字句의 주관화를 살펴보도록 하겠다.

3.3.2 把字句의 주관화

필자는 앞에서 이미 把字句의 주관성이 개념적 층위(廣義處置 把字句 → 狹義處置 把字句)와 통사적 층위(狹義處置 把字句 → 遭遇 把字句 → 致使 把字句) 두 방면에서 실현되었다고 하였다. 주관화는 주관성 강화의 과정이므로, 把字句의 주관화 과정도 이 두 가지 층위에서 살펴 볼 것이다. 이를 위해서는 먼저 把字句의 변천 과정을 살펴 볼 필요가 있다.

把字句의 역사적 변천에 관해서는 여러 가지 견해가 있다. 크게 나누어 보면 以字句에서 把字句가 변천해 나왔다는 Bennett(1981)의 설과 把字句가 唐代에 기원했다는 祝敏徹(1957)·王力(1980/1997)의 설 그리고 이 두 가지 견해를 종합한 梅祖麟(1990)의 설이 있다. 이후 梅祖麟(1990)의 의견을 발전시킨 吳福祥(2003)은 以字句와 把字句를 포함한 '處置式'이 일반적으로 [連動式 > 工具式 > 廣義 處置式 > 狹義 處置式 > 致使 處置式]의 변천경로를 따른다고 주장하였다.[48]

그러나 劉子瑜(2002)와 蔣紹愚(2008)는 吳福祥(2003)의 주장에 대해 以字句와 把字句가 다른 구문임을 강조하였는데, 그 이유를 살펴보면 다음과 같다.

첫째 '以'자는 동사 앞에 또는 동사 뒤에 놓일 수 있는 반면 '把'자는 반드시 동사 앞에 놓여야만 한다.

(32) 子路, 人告之以有過, 則喜。≪孟子·公孫丑上≫
子路는 다른 사람이 그에게 허물이 있다고 말해주면 기뻐했다.

둘째, '以'자의 빈어는 생략될 수 있으나, '把'자의 빈어는 생략될 수 없다.

---

[48] 梅祖麟(1990)은 [甲>乙]로 보고 丙을 변천과정에서 제외시켰으나, 吳福祥(2003)은 [甲>丙>乙]로 연속선상에서 파악하였다. 여기에서 廣義處置式은 甲류(給與류·放置류·當作류)에 해당되며, 狹義 處置式은 乙류(동사 전후로 기타 성분이 있음)와 丙류(단순 동사가 쓰임)를 포함한다.

(33) 小人有母，皆嘗小人之食矣，未嘗君之羹，請以遺之。

≪左傳·隱公元年≫

소인에게는 어머니가 계신데, 모두 소인이 먹는 것만 맛보셨지,
아직 군주가 드시는 이 같은 고깃국은 맛보신 적이 없습니다.
청컨대 (이 고깃국을) 어머니께 갖다 드리고자 합니다.

셋째, 때때로 以字句의 동사는 생략될 수 있으나, 把字句의 동사는 생략
될 수 없다.

(34) 書曰'崔氏'，非其罪也; 且告以族，不以名。≪左傳·桓公10年≫
춘추에 '최씨'라고 쓴 것은 그에게 죄가 없는 데다, (제나라에서
이 사실을 알릴 때), 그의 족명만 알리고 이름을 밝히지 않았기
때문이다.

이로 볼 때 把字句가 以字句에서 변천했다는 어휘 대체설은 설득력이
낮아 보이며, 處置式의 변천 과정을 통합적으로 설명한 吳福祥(2003)의
견해 역시 수정될 필요가 있다.

蔣紹愚(2008:35)는 以字句와 把字句의 변천이 다름을 구체적으로 제
시했는데, 즉 廣義 處置式의 以字句는 吳福祥의 설명대로 工具式으로
부터 변천되었다.

(35) 王瑤宋大明三年，在都病亡。瑤亡後，有一鬼細長黑色，
袒著犢鼻裈，恒來其家。或歌嘯或學人語，常以糞穢投人
食中。又於東鄰庾家犯觸人，不異王家時。庾語鬼："以土
石投我，子非所畏，若以錢見擲，此眞見困。"
鬼便以新錢數十，正擲庾額。庾復言："新錢不能令痛，唯
畏烏錢耳!" 鬼便以烏錢擲之，前後六七過，合得百餘錢。

왕요는 송나라 大明 3년(459)에 도성에서 병으로 죽었다. 왕요가 죽은 후 호리호리하고 검은 몸에 독비곤(짧은 바지)을 입은 귀신 하나가 늘 그의 집을 찾아 왔는데, 어떤 때는 노래를 부르기도 하고, 어떤 때는 사람의 말을 흉내 내기도 했으며, 늘 오물을 음식에 던지곤 했다. 또 동쪽 이웃인 유(庾) 아무개의 집에서 사람들을 괴롭혔는데, 왕요의 집에 있을 때와 다름이 없었다. 유 아무개가 귀신에게 말했다. "흙과 돌을 나에게 던져 봤자 나는 전혀 무섭지 않다. 만일 동전을 나에게 던진다면 그건 정말 소름 끼치는 일이야." 그러자 귀신은 곧바로 새 동전 수십 개를 유 아무개의 이마를 맞췄다. 유 아무개가 다시 말했다. "새 동전은 날 아프게 할 수 없어. 나는 오직 때 묻은 동전만 무서워한다." 그래서 귀신은 때 묻은 동전을 그에게 던졌다. 유 아무개는 이렇게 6-7번을 계속하여 모두 100여 냥을 얻었다.

이 문장에는 모두 5개의 以字句가 있는데 '以土石投我'·'以錢見擲'·'以烏錢擲之'는 O_1과 O_2가 다르므로 工具式이다. 그러나 '鬼便以新錢數十, 正擲庾額'의 '額'는 受事로도 볼 수 있고, 처소로도 볼 수 있으므로 工具式과 處置式이 둘 다 가능하다. 그리고 '以糞穢投人食中' 역시 같은 이유로 工具式과 處置式으로 볼 수 있다.

그러나 將·把字句는 以字句와 달리 連動式에서 바로 處置式으로 변천했으며, 工具式은 나중에 출현하였다. 蔣紹愚(2008)에 따르면 '將'자 廣義 處置式은 西晉시기에 출현했으며, 工具式은 六朝시기에 출현하였다.

(36) 將一大牛, 肥盛有力, 賣與城中人。　　≪生經·第三卷≫
　　　큰 소가 견실하고 힘이 있어 성 안의 사람에게 팔았다.

(37) 雁持一足倚, 猿將兩臂飛。(庾信≪和宇文內史春日游山詩≫)
　　　기러기는 한쪽 발로 기대고, 원숭이는 양팔로 난다.

'把'자 廣義 處置式은 初唐시기에도 이미 있었으나, 工具式은 中唐시기에 이르러서야 비로소 출현하였다.

(38) 輕將玉杖敲花片, 旋把金鞭敲柳絲。　　(張祜 ≪公子行≫)
　　　막대기로 가볍게 두드리고, 금 채찍으로 버드나무 가지를 두들긴다.

따라서 吳福祥(2003)의 주장은 다음과 같이 수정될 필요가 있다.[49]

〈그림 3-9〉 **處置式의 변천과정**

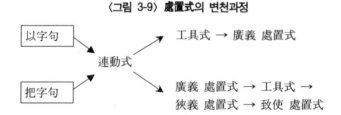

劉子瑜(2002)와 蔣紹愚(2008)의 주장처럼 將·把字句의 廣義 處置式은 以字句와 달리 工具式이 아닌 連動式에서 바로 변천되어 왔으나, 廣義 處置式에서 致使 處置式까지의 변천과정에 대한 吳福祥(2003)의 주장은 여전히 유효하므로 그의 견해를 계속해서 살펴보기로 하겠다. 連

---

49 劉子瑜(2002:152)는 '將'·把字句의 변천과정을 다음과 같이 묘사했다.

　① V(將)+O+Pw → P(將)+O+Pw - 處置式의 맹아(Pw는 위치사)
　② V(將)+O₁+V+O₂ → P(將)+O₁+V+O₂(之) - 재분석
　③　　　　　　　　└ P(將)+O+V - O₂(之)의 탈락
　④　　　　　　　　└ P(將)+O+X+V+Y - 구조 복잡화

動式·工具式 이외의 處置式의 정의와 특징에 관한 吳福祥(2003)의 견해를 정리하면 다음과 같다.

〈표 3-4〉 廣義 處置式에서 狹義 處置式으로의 변천과정[50]

	형식	의미	예문
廣義 處置式	甲류: P(把)+O₁+V+O₂	V는 給·到·作류로 구분됨	把舜子頭髮懸在中庭樹地 ≪變文≫
狹義 處置式	P(把)+O₁+V+之	대명사화(O₁=O₂)	師 便 把 枕 子 当 面 抛之。 ≪祖堂集≫
	丙류: P(把)+O+V	V 전후에 기타성분이 없음	仰山便把茶樹搖。 ≪祖堂集≫
	乙류: P(把)+O+X+V+Y	구조 복잡화	圖把一春些占斷。 (秦韜玉詩)
致使 把字句	P(把)+S+V+Y	'把'자의 O는 의미상 동사의 受事가 아니라, 施事이거나 當事임.	把衆人都笑了。 ≪金瓶梅≫

廣義 處置式의 동사는 3價 동사로서 주로 수령자와 처소인 O₂는 끝점으로 작용한다. 梅祖麟(1990)이 狹義處置式에서 乙류만 주요한 형식으로 보고, 丙류는 부차적인 형식으로 본 반면, 이후의 학자들(蔣紹愚 1994·劉子瑜 2002·吳福祥 2003)은 오히려 丙류가 乙류의 발전에 있어서 중요한 발전을 했다고 보았다. 그들의 공통된 견해는 바로 '把+O+V+之'에서 '之'자가 생략되고 그 빈 공간에 보어 성분이 들어가게 되는데, 그 과도기적인 과정에 있는 것이 바로 '把+NP+V'라는 것이다.

이 문제에 관해서는 孫朝奮(2008)의 견해를 좀 더 살펴보도록 하자. 孫朝奮(2008)은 다른 학자들과는 달리 把字句의 변천과정에서 [把

50 吳福祥(2003)은 주로 '將'자를 가지고 설명하였는데, 위의 표에서는 '把'자로 수정하였으며, 예문 역시 把字句를 주로 인용하였다.

+(NP)+來/去]를 중시하였다. 孫朝奮(2008:384)에 따르면 이 구문은 中古시기에 처음 출현했으며, 近代로 갈수록 그 숫자가 줄어들었다.[51] 孫朝奮(2008:385)은 이러한 '來/去'식의 소실은 '把'자의 문법화와 관련이 있다고 하였는데, 필자는 이러한 현상이 '把'자의 통제의미와 관련이 있다고 여긴다. 다시 말해 '把'자의 동사의미가 약해질수록 주어의 통제력도 약화되고 결국에는 '來/去'식이 소실된다는 것이다. '來/去'식이 동사의 자주성을 판단하는 기준으로 쓰였다는 사실 또한 이러한 주장을 지지해 준다(馬慶株 1985/2004:16).[52]

孫朝奮(2008:386)은 또한 [把+(NP)+來/去+VP]구문이 인과 관계를 형성한다고 보았다.

(39) a. 須是把他去量度。　　　　　　　　≪朱子語類≫
　　　 반드시 그것을 가지고 평가해야 한다.[53]
　　b. 把那蒲葉兒來作席子。　　　　　　≪朴通事諺解≫
　　　 그 부들 잎을 가지고 돗자리를 만들었다.

孫朝奮은 위의 예문에서 '把'자는 동사로 사용되어 결과를 표시하며, '來/去'는 원인·목적을 표시한다고 여김으로써 두 개의 VP가 병렬구조를 이룬다고 보았다. 이러한 구문은 이미 개사화된 以字句의 영향을 받아, 즉 유추 작용으로 인하여 행위의 결과를 표시하는 '把'자는 동사 의미가 사

---

[51] 孫朝奮(2008:385)의 통계에 따르면, [把+(NP)+來/去]구문은 ≪朱子語類≫에서는 19개(17%), ≪老乞大諺解≫에서는 9개(11%), ≪兒女英雄傳≫에서는 1개(1%)가 쓰였다.

[52] 예를 들면 자주 동사인 '看'은 '看來', '看電視來', '來看電影來' 등으로 쓰일 수 있는 반면, 비자주동사인 '憧'은 '*憧來', '*憧技術來', '*來憧技術來' 등으로 쓰일 수 없다.

[53] 孫朝奮(2008)의 설명대로 해석한다면, (39a)는 "평가하기 위해서는 반드시 그것을 잡아야한다."로, (39b)는 "돗자리를 만들기 위해 그 부들 잎을 잡았다."로 해석되어야 한다.

라지게 되며 결국 把字句에는 원인·목적만 남게 된다. 그러나 인과 관계를 유지하려는 把字句의 특성으로 인하여 자체적으로 인과 관계를 포함하는 複合謂語가 把字句에 출현하게 되는데, 이는 즉 元·明이후 결과보어를 지니는 把字句의 출현이 급격히 증가하였음을 보여주는 것이다.

비록 필자는 결과가 원인보다 먼저 나온다는 孫朝奮(2008)의 견해에는 동의하지 않지만, 把字句가 인과 관계를 유지하려는 속성을 갖는다는 견해에는 기본적으로 동의한다. 孫朝奮(2008)의 이러한 주장은 본 논문의 제2장에서 언급했던 把字句가 시공 영역에서 제한된 사건을 나타낸다는 주장과 일맥상통하기 때문이다.

그러나 孫朝奮(2008:389)은 把字句와 주관화의 관계에 대해서는 명확하게 언급하지 않았다. 다만 "文王以民力爲臺。"와 같은 處置(作)류(=當作류)가 화자의 관점이나 태도를 반영하므로 비교적 높은 주관성을 가진다고 하였는데, 이러한 설명은 너무 단편적이라 把字句의 주관화가 어떻게 진행되었는지를 설명하기는 힘들다. 또한 孫朝奮(2008)은 以字句와 把字句를 연관시켜 설명했지만, 이미 앞의 劉子瑜(2002)와 蔣紹愚(2008)의 설명에서도 보았듯이 以字句와 把字句는 비록 廣義 處置式이라는 공통점을 갖고는 있으나, 결국 다른 특징들을 가진 별개의 구문들이다.

狹義 處置式에서 致使 處置式까지의 변천 과정은 아래에서 다시 다루도록 하고, 우리는 먼저 지금까지 살펴 본 견해에 근거하여 개념적 층위에 해당하는 把字句의 주관화 과정을 살펴보도록 하겠다.

우리는 앞 절에서 객관적 이동도식과 주관적 이동도식을 살펴보았는데, 객관적 이동도식은 廣義 處置式에 대응되며, 주관적 이동도식은 狹義 處置式에 대응된다. 필자는 먼저 객관적 이동도식과 주관적 이동도식, 그리고 중간 이동도식을 그려보고자 하는데, 여기에서는 설명의 편이를 위

해 탄도체·지표·'把'자의 소유영역·시간축을 생략한 이동도식의 형태로
만 나타내도록 하겠다.

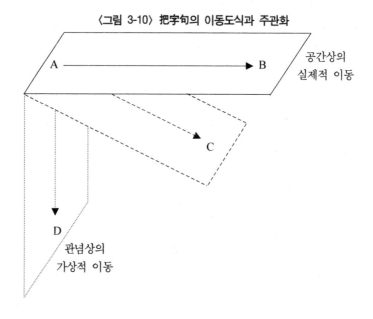

〈그림 3-10〉 **把字句의 이동도식과 주관화**

A-B는 施事인 주어에 의한 把-NP의 객관적인 이동으로서 廣義 處置式
에 해당된다. A-C는 과도기적인 중간 이동으로서 동사 뒤에 동량사가 있
거나 동사 중첩이 쓰인 把字句들이 해당되는데, 甲류나 乙류에 비해 끝
점 자체의 구체성이 떨어진다. 보어 성분이 없는 丙류는 바로 B-C 사이에
존재하는데, 이에 관해 祝敏徹(1957:25)은 處置式에서 보어 성분이 부족
한 것은 處置가 부족한 결과 때문이라고 하였다. A-D는 把-NP가 실제적
이동을 하지는 않았지만 화자에 의해 가상적인 이동을 한 것으로 해석되
는 주관적 이동으로서 乙류에 해당된다. **[상태는 처소]** 은유에 의해서 결
과적인 상태 역시 끝점으로 작용한다. 把字句의 변천과정은 A로부터 차
례대로 B·C·D로의 확대라고 할 수 있는데, 여기에는 주의해야 할 세 가

지 사실이 있는데, 이를 살펴보면 다음과 같다.

첫째, 把-NP의 객관적 이동으로부터 주관적 이동으로의 전환으로 인하여 경로 도식이 수직적으로 바뀐다는 사실은 영상도식 사이에도 위계가 있다는 사실과 관련된다. 즉 수직적 영상도식은 경로 도식에서 파생되어 나왔다는 것이다. Johnson(1987/1992)이 경로 도식과 수직 도식을 관련이 없는 각각의 독립된 영상도식으로 본 데 반해 Pena(2003/2006)는 Johnson (1987/1992)과 달리 영상도식들 간에도 위계가 존재함을 지적하였는데, 다시 말해 다른 도식들보다 그릇·경로·부분-전체 도식은 기본적이고 수직적 도식은 경로 도식의 하위 유형이며, 위-아래 방위가 있는 경로 영상도식의 일종이라고 보았다.54 따라서 A-B의 경로도식에서 A-D의 수직 도식으로의 주관화는 경로도식에서 하위 유형인 수직도식으로의 전환이다.55

둘째, 주관적 이동범주 내에서도 구분이 있다는 것인데, 즉 의도적인 處置류에서 비의도적인 處置류가 생겨났다.56 왜냐하면 의도는 주어의

---

54 그 근거를 제시하면 다음과 같다. 첫째, Johnson(1987/1992:122)의 수직 도식에 고정된 방향성이 있는 반면, 경로 도식에는 방향성이 없다고 여겼으나, Pena(2003/2006:283)는 경로 도식에는 고정되지는 않았지만, "I do not know which way to go(나는 어떤 길로 가야할지를 모르겠다)."처럼 방향성을 부여할 수 있음을 지적하였다. 둘째, Johnson(1987:122)이 경로도식은 수직 도식에 부여되어 있는 누적적 특징이 없다고 하였으나, Pena(2003/2006:284)는 '만일 당신이 경로를 따라 15킬로미터를 걸어갔다면, 당신이 10킬로미터를 이미 이동한 것'이라면서 경로 도식도 누적적 특징이 있음을 제기하였다. 셋째, Johnson(1987)의 주장과는 달리 경로도식도 "She went into a depression after her father died(그녀는 아버지가 돌아가진 뒤에 의기소침해졌다)."처럼 규범적인 특징을 가질 수 있다. 요컨대 Johnson(1987)의 주장과 달리 Pena(2003/2006)는 수직 영상 도식이 경로 도식으로부터 기본 논리를 계승했음을 지적하였다. Evans & Green(2006/2008:196) 역시 영상도식이 도식성의 정도가 서로 다를 수 있으며, 더 근본적인 영상도식으로부터 더 특정한 영상도식이 발생할 수 있다면서, 그릇 도식으로부터 밖(Out)의 도식이 파생된다고 하였다.

55 Pena(2003/2006:289)는 경로도식에 부차적인 도식으로 수직 도식 외에도 힘 도식·과정 도식·앞-뒤 도식·원 도식·가까움-멂 도식을 제시하고 있다.

56 Chappell(1991)은 狹義 把字句(乙형)는 중립적임을 제시했는데, 즉 수혜적이거나 ("馬麗把飯碗修好了。") 반의적일 수 있다("小李把弟弟揍了一頓。").

통제력, 즉 '把'자의 통제의미가 여전히 강함을 의미하고, 주어의 통제력이 약해지고 화자의 영향력이 강해짐에 따라 '비의도류'가 자연스럽게 출현했을 것이기 때문이다. 예를 들면 "張三把汽車洗乾淨。"과 같은 把字句에서는 '張三'의 통제력이 여전히 강하므로 의도적인 處置라고 할 수 있다. 그러나 "我把花瓶弄破了。"와 같은 把字句는 의도적인 處置와 비의도적인 處置라는 두 가지 의미를 가질 수 있다.[57] 의도적인 處置로 본다면 '施事인 '我'는 특정한 꽃병을 부순 것'이며, 비의도적인 處置로 보다면, 施事인 '我'는 특정한 꽃병을 염두에 두고 부순 것이 아니다.[58] 주관화가 더 진행됨에 따라 "偏又把鳳丫頭病了。"와 같은 遭遇류 등의 非處置류가 출현하게 된다.

處置에서 非處置로의 출현은 본고의 모형에서 영상도식의 공간 지향 은유로 설명될 수 있다. 의도적인 處置에서는 [**통제를 하거나 힘은 있는 것은 위, 통제나 힘을 따르는 것은 아래**]와 같은 은유가 현저하며, 점차 [**좋은 것은 위, 나쁜 것은 아래**]라는 은유가 현저해지다가, 결국 非處置에서는 [의식은 위, 무의식은 아래]와 같은 은유가 현저해지게 된다.[59] 여기에서 무의식, 즉 '의외의 遭遇'라는 것은 화자가 느끼는 '의외'를 의미한다는 것에 유념해야 한다. 예를 들면 "他三歲上把爹娘沒了。"라고는 말할 수 있어도 "*他六十歲上把爹娘沒了。"라고는 말할 수 없는데, 이는 60세에 부모님이 돌아가시는 것은 매우 일반적인 상황이기 때문

---

[57] 鄧守信(1975/1983:)은 이를 각각 자의적인 사건과 비자의적인 사건으로 보았다.

[58] 邵敬敏(2005:14) 역시 비슷한 점을 지적하였는데, 예를 들면 "他把我吵醒了。"와 같은 把字句에서 의도적인 處置는 '그가 떠들어서 나를 깨웠다.'는 의미이며, 비의도적인 處置는 '그가 다른 사람과 떠들다가 본의 아니게 나를 깨웠다.'라는 의미이다.

[59] 역사적으로 Xu(2006:169)는 결과보어의 형성이 원래 전쟁·재난 등 부정적인 의미를 표현하는 단어와 관련이 깊다고 하였다. Xu(2006:169)는 ≪史記≫·≪論衡≫의 V1V2에서 V2는 공통적으로 부정적인 의미를 지니며, 何樂士(1992:74)는 결과보어의 형성은 전쟁·재해 등을 표시하는 동사들과 깊은 연관이 있다고 하였다.

이다.60

요컨대 把字句의 변천 동기는 주관성의 강화, 즉 '주관화'에 있다고 할 수 있다. 다시 말해 把字句는 행위자 중심과 화자 중심의 두 가지 성격을 모두 가지게 되는데, 把-NP의 객관적인 이동인 廣義 處置式은 행위자 중심의 이동이며, 주관적 이동인 狹義 處置式은 화자 중심의 이동이다. 이러한 把-NP의 이동이 행위자 중심에서 화자 중심으로 변해감에 따라 즉 주관화가 진행됨에 따라 把字句도 자연스럽게 변천하게 된다.61

狹義處置 把字句에서 致使 把字句까지의 변천에 있어서는 遭遇 把字句를 致使 把字句와 동일 유형으로 보느냐 또는 따로 구분하느냐의 문제가 존재한다. 실제로 致使 把字句와 遭遇 把字句는 공통점이 많으므로 동일한 유형으로 취급되기도 하지만(Chappell 1991, 吳福祥 2003), 그럼에도 불구하고 필자는 여전히 遭遇 把字句와 致使 把字句는 구분해야 한다고 여기는데, 예를 들면 "她把個丈夫死了。"와 같은 遭遇 把字句와 "這件事把她的丈夫氣死了。"와 같은 致使 把字句간에는 여전히 미세한 의미상의 차이가 존재하기 때문이다. 遭遇 把字句에서 '她'는 비록 주어자리에 있지만 사건의 施事라고는 보기가 힘들며, '把'자의 통제 의미 또한 상당히 약화되었다고 할 수 있다. 한편 致使 把字句에서는 致事인 '這件事'와 '她的丈夫'간에 인과 관계가 명확히 나타나는데, 把-NP인 '她的丈夫'는 '氣死'를 겪는 경험자라고 할 수 있다. 요컨대 遭遇 把字句의 주어는 대개 생략되지만 설령 출현한다 하더라도 施事의 성격이 강하지 않은 반면 致使 把字句의 주어는 사건을 나타내는 致事이며 把-NP가 경험자 성격을 가지게 된다.

---

60 劉一之(2000:170) 참조.
61 沈家煊(2002) 역시 連動式에서 處置式으로의 변천과정을 '주관화'현상으로 보았는데, 이는 그가 處置式의 발전을 동사의 복잡화와 관련이 있다고 보았을 뿐, 근본적으로 廣義 處置式(甲)과 致使 處置式을 고려하지 않았기 때문이다.

주관화의 관점에서 處置·致使·遭遇의 관계를 논의하기 전에, 우리는 먼저 여러 학자들의 遭遇 把字句에 관한 견해를 살펴볼 필요가 있다. 王力(1980/1997)은 이런 把字句가 元·明 이후 處置의 범위를 벗어나 일종의 불행 또는 불쾌한 사건을 표시하는 것이라고 하였고, 張伯江(2001:36)과 沈家煊(2002:393)은 주어가 없이 문장에 대한 화자의 '의외성'을 나타낸다고 하였다. 王紅旗(2003)는 이러한 把字句가 受事에서 施事로 바뀌는 중간의 변이 把字句로 元代에 발생했다고 주장하였으며, 徐丹(2004) 역시 이런 류의 把字句는 해방(1949)이후 출생한 중국인 화자에게서는 거의 찾아 볼 수 없는 예라고 하였다.

위에서 논의된 학자들의 견해를 종합해보면 이런 遭遇 把字句의 특징은 크게 두 가지로 요약할 수 있다.

첫째, 주어가 없는 경우가 많다. 이는 把個句의 특징이기도 하며 把個句가 遭遇류의 하위 유형에 속하기 때문에 자연스러운 현상이라고 할 수 있다. 여기에서 주의해야 할 점은 "她把個丈夫死了，可是不久又嫁了個丈夫。"[62] 또는 "小張把個孩子生在火車上了。"와 같이 지금까지도 존재하는 把個句는 근대 중국어의 把個句와는 달리 주어도 출현하며, 把-NP도 사람 이름과 같은 고유 명사가 아니라는 점이다.[63] 把字句의 주관성의 경우는 공시적인 각도에서 접근하므로, 현대 중국어의 把個句가 문제가 되지 않지만, 把字句의 주관화는 통시적인 문제이므로, 근대 중국어의 把個句를 기준으로 삼아야만 한다.

둘째, V가 1價이거나 2價이며, 비자주적이다. 의도적인 處置에서는 주어의 통제력이 강하지만, 점차 주어의 통제력이 약해짐에 따라 화자의 영향력이 강해지며 동사의 자주성도 감소되어 '遭遇'와 같은 非處置류가

---

[62] Chao(1968/2004:360)의 예문 인용.
[63] 陶紅印·張伯江(2000:444) 참조.

출현하게 된다. "這一句話可把和尙氣急了。"와 같은 문장에서도 알 수 있듯이 致使 把字句의 주어는 일반적으로 사물(사건)이고, 把-NP는 施事(또는 當事)이며, V 역시 비자주성의 1價인 경우가 많다.

그렇다면 遭遇 把字句와 致使 把字句는 어떻게 구분할 수 있는가? 비록 명확한 구분은 힘들지만 필자는 주어의 출현여부가 큰 단서를 제공한다고 본다. 즉 狹義 把字句에서 주어 자리에 있던 施事는 '把'자의 의미탈색에 따라 施事는 점점 통제력을 잃게 되며 이후 把-NP 자리로 강등되는데, 그 중간의 과도기 단계가 바로 주어가 일반적으로 삭제된 遭遇 把字句이다. 이후 주어 자리에는 원래 把-NP 자리에 있던 사물(사건)이 인상되어 致使 把字句가 되는데, 이 과정을 그림으로 나타내면 아래와 같다.

〈그림 3-11〉 **處置·遭遇·致使의 변천과정**

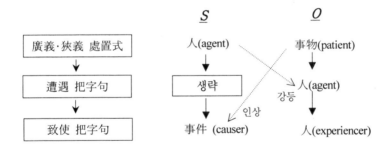

위의 그림에서 알 수 있듯이 '人'은 주어 자리에서 빈어 자리로 강등된다. 한편 빈어 자리의 事物은 주어 자리로 옮겨지면서 受事에서 致事(causer)로 바뀌게 되는데, 이 과정에서 바로 **[부분으로 전체를 나타낸다]**는 환유작용이 일어나 하나의 사건을 나타내는 것이다.[64] 그런데 그림 〈3-11〉

---

[64] 王紅旗(2003)는 이러한 유형의 把字句의 출현에 대해 '은유'와 '환유'로서 설명하였다. 예를 들면 어떤 사람이 국수를 좋아해서 즐겨 먹었는데, 자주 먹다보니까 이

에서 구분의 기준으로 삼은 把字句는 원형적인 경우로서, 변천과정 중간중간에 서로 구분하기 어려운 과도기적인 把字句들이 존재한다는 사실을 유념해야 한다.

결국 遭遇 把字句는 廣義·狹義 處置式과 致使 把字句의 매개적인 유형으로서, 致使 把字句의 초기 형태라고도 볼 수 있다. 지금까지 명맥을 유지해 온 遭遇 把字句에서의 대표적인 유형이 바로 앞에서 소개한 把個句라고 할 수 있다. 把字句의 주관화 과정을 吳福祥의 견해와 비교하여 표로 정리하면 아래와 같다.

〈표 3-5〉 把字句의 주관화 과정과 의미

필자	吳福祥(2003)
객관화: 把-NP의 객관적 이동	廣義 處置式
주관화(I): 把-NP의 주관적 이동	狹義 處置式
주관화(II): 遭遇 把字句 → 致使 把字句	致使 處置式

廣義 處置式에서 把-NP의 객관적 이동은 주어에 기원하며 화자는 단지 이러한 이동을 심리적으로 주사할 뿐이다. 동사 '把'의 통제가 약해지고 把-NP가 화자에 의한 주관적인 이동으로 전환됨에 따라 개념적인 주관화 (I)이 형성된다.[65] 또한 이러한 狹義 處置式에서 非處置류인 遭遇 把字句와 致使 把字句가 파생됨에 따라 통사상의 변화를 야기하는 주관화 (II)가 형성된다.

제는 국수 먹는 것이 지겹다고 느끼게 된 상황을 가정하자. 화자는 국수를 먹음으로서(吃面條) 그 지겨움이 발생했다고 판단하므로 이 상황은 把字句를 써서 "吃面條把他吃煩了。"로 표현하게 되는데, 이것이 바로 '은유'라고 할 수 있다. '吃面條'는 다시 '面條'를 사용해 가리킬 수 있게 되고(환유) 그 상황은 결국 "面條把他吃煩了。"로 표현될 수 있다.

[65] Langacker(1990/2005:256)는 "비의지적 해석의 가능성은 타동성이 줄어듦에 따라 증가하며, 또한 화용적인 견지에서 타당성과 더불어 증가한다"고 하였다.

만일 遭遇가 致使 把字句의 초기형식이라면, 致使 把字句 역시 화자의 주관성과 관련이 있어야만 하는데, 사실 致使 把字句는 주관성보다는 주관화와 좀 더 관련이 있어 보인다. 또한 위의 표 <3-5>대로라면 致使 把字句의 주관성이 가장 강해야 하겠지만, 실제로는 遭遇 把字句와 주관성에 있어서는 확연한 차이가 있다고 말하기가 어렵다. 비록 모든 致使 把字句가 그런 것은 아니지만 대부분의 致使 把字句들이 부정적이고 바람직하지 못한 상황을 나타낸다는 점에서 확실히 遭遇 把字句와 致使 把字句의 관계가 밀접하다는 것을 알 수 있으므로 필자는 이를 동일한 단계의 주관화 과정(주관화 II)에 놓았다.[66]

그럼에도 불구하고 필자는 여전히 遭遇 把字句가 致使 把字句보다는 먼저 출현했다고 여기는데, 그 이유는 다음과 같다. "偏又把鳳丫頭病了。", "她把個丈夫死了。"와 "小張把個孩子生在火車上了。" 같은 把個句에서는 주어와 把-NP 간에는 소유 관계가 존재한다. 즉 "偏又把鳳丫頭病了。"에서 '大夫人(왕부인)'과 '王熙鳳' 간에는 친족 관계, "她把個丈夫死了。"에서 '她'와 '丈夫' 간에는 부부 관계, "小張把個孩子生在火車上了。"에서 '小張'과 '孩子'간에는 부모-자식 간의 관계가 존재한다. 이에 반해 "這件事把他氣死了。"와 같은 致使 把字句에서 '這件事'와 '他' 사이에는 把個句와 같은 양도 불가능한 소유 관계가 존재하지 않으므로, 把個句등의 遭遇 把字句가 致使 把字句 보다는 주어의 통제성과 '把'자의 소유 의미가 강하다고 볼 수 있다.

이러한 현상은 사람 施事가 把-NP 자리로 강등(demote)된다는 것과 事物의 빈어가 주어 자리로 인상(raising)되는 통사적 층위에 반영된다. 주어와 빈어의 이러한 자리바꿈은 자연스럽게 동사의 결합가(valency)의

---

[66] Chappell(1991:580)은 遭遇와 致使 把字句를 굳이 구분하지는 않았지만, 이러한 유형의 把字句들이 과도할 정도의 경험을 한 느낌(또는 감각)이 경험자에게 바람직하지 못한 상태를 야기하는 것으로 이해하는 것이 중요하다고 보았다.

변화 [3價 → 2價 → 1價]를 가져온다. 이로 볼 때 吳福祥(2003)이 把字句의 변천 기제를 [3價 → 2價 → 1價]로의 동사의 결합가 변화로 본 것은 정확한 판단이라고 할 수 있다.

요컨대 把字句의 변천과정 [**處置 → 遭遇 → 致使**]는 주관화의 과정이며 변천과정의 동기는 '주관성'의 강화에 있다.

3.4 把字句의 유생성

유생성의 변화는 구문의 통사적인 변화뿐만 아니라 態의 변화도 가져오는데, 먼저 대표적인 處置(disposal) 구문인 把字句가 어떻게 致使(causative) 의미를 띠게 되었는지에 대해 살펴보도록 하자. 把字句의 유생성은 기본적으로 '把'의 의미와 구문에 기인한다. 다시 말해 '把'자의 원래 의미는 '어떤 물건을 잡다'이며, 초기 把字句는 '어떤 물건을 어디에 두거나 누구에게 준다'(소위 廣義處置式 또는 甲류)이므로, 주어 논항은 有生적이지만, 把-NP는 無生적인 사물이라고 할 수 있다. 이후 '주어(施事)가 어떤 물건이나 사람을 어떠한 영향을 미쳐 변화를 발생시켰다.'라는 소위 狹義處置 (또는 乙류)의 把字句는 주어 논항은 여전히 有生적이나, 把-NP는 有生과 無生일 수 있다. 마지막으로 非處置를 나타내는 遭遇 把字句와 致使 把字句가 출현하게 되는데, 이때 주어 논항과 빈어 논항은 커다란 변화를 겪어 處置 把字句와는 극명한 대조를 이루게 되는데, 이를 그림으로 나타내면 다음과 같다.

〈표 3-6〉 把字句의 파생 과정에 따른 주어·빈어·동사의 변화

	의미	형식	주어	빈어	동사
①	廣義	S把OV在處所/S把OV給人	人	事物	3價

	處置	例:把舜子頭髮懸在中庭樹地。≪變文≫ 舜의 머리채를 앞 뜰 나무에 매달았다.			
②	狹義 處置	S把OVR 例:今看來反把許多元氣耗卻。≪朱子語類集 略≫ 이제보니 오히려 허다한 원기를 소모해버 렸다.	人	事物 人	2價
③	遭遇	把(個)OV了 例:偏又把鳳丫頭病了。≪紅樓夢·76回≫ 하필이면 또 희봉이 계집애까지 병이 났어.	없음	人	1價
④	致使	C把OVR (C=致事(cause)) 例:許三觀的吼聲把外面的人全嚇了一跳。≪ 許三觀賣血記≫ 허삼관의 청천벽력 같은 호령 에 구경온 사람들이 깜짝 놀랐다.	事件· 事物	人	1價

이와 같이 把字句의 주어와 빈어의 유생성 변화는 동사의 價(valency) 변화뿐만 아니라, 결과적으로 把字句가 處置범주로부터 致使범주로의 전환을 이끌어내는데, 把字句의 변천 과정에서 유생성의 변화는 다음과 같이 진행된다.

첫째, 把字句에서의 유생성의 변화는 통사 층위에서보다 의미 층위에서 먼저 포착되며, 이러한 현상은 주어 통제성의 약화, 즉 주관화(subjectification)와 관련이 깊다.[67] 이러한 현상은 급격하게 일어나는 것이 아니라 점진적인 변화를 거쳐 나타나는데, 이는 다음과 같은 狹義 把字句에서 먼저 출현하기 시작하였다.

(40) 他把瓶子打破了。　　　　　　　　　　(Teng 1975:30)
　　 ① 그는 (화가 나서) 그 병을 부셔버렸다　-의도적인 處置

---

[67] 예를 들면 "Sam is going to mail the letter."가 주어(Sam)에 의한 물리적이고 객관적인 이동이라면, "It's going to be summer before we know it."과 같은 경우에 주어(it)는 어떠한 역할을 수행하지 못하는 단계에 이르게 된다(Langkacker 1999: 159).

② 그는 (어떤 일을 하다가 실수로) 병을 부셔버렸다.

- 비의도적인 處置

(41) 他把我吵醒了。 (邵警敏 2005:14)

① 그가 떠들어서 나를 깨웠다. -의도적인 處置

② 그가 다른 사람과 떠들다가 본의 아니게 나를 깨웠다.

-비의도적인 處置

(40)의 ①해석에서 주어 '他'는 施事이나, (40)의 ②해석에서 주어 '他'는 실제로는 '他跟別人的吵。'라는 하나의 사건을 나타낸다.[68] 즉 주어가 **[부분이 전체를 나타낸다]**라는 환유작용[69]으로 인하여 인간 施事로부터 사건으로 변했음을 알 수 있다. 즉 이러한 주관화가 진행됨에 따라 把字句의 주어는 순수한 施事(agent)가 아닌 일종의 약화된 施事(弱施事)로 변하게 된다(張伯江 2009:43).

또한 같은 비의도류 處置라고 하더라도 유생성의 관점에서 엄밀히 구분하자면 예문 (40) "他把瓶子打破了。"가 예문 (41) "他把我吵醒了。"보다 먼저 만들어진 유형이라고 할 수 있다. 왜냐하면 "他把瓶子打破了。"의 경우에는 處置 把字句와 마찬가지로 有生 주어와 無生 빈어가 쓰인 반면, "他把我吵醒了。"의 경우에는 有生 주어와 有生 빈어가 쓰인 것(의도적인 處置)으로 볼 수도 있지만, 비의도적인 處置에서 有生

---

[68] 邵警敏(2005:14) 참조.

[69] '환유'는 근접성의 연상에 입각해서 어떤 것을 다른 것으로 지시하는 인지 과정을 의미한다 (Lackoff 1981/1995:63). 환유의 예들을 보면 다음과 같다.
- **[부분이 전체를 대표한다]** We don't hire *long hairs*.
  (우리는 장발(의 사람)을 고용하지 않는다.)
- **[제조자가 제품을 나타낸다]** I hate to read *Heidegger*.
  (하이데거(의 저서)는 읽고 싶지 않다.)
- **[용기가 내용을 나타낸다]** I ate *a whole plate*.
  (나는 한 접시(의 요리)를 다 먹었다.)

주어인 '他'는 '他跟別人吵鬧。'라는 사건을 나타내는 致事로도 볼 수 있으므로 이는 기본적으로 致使 把字句의 유생성 배열과 일치하기 때문이다.

둘째, 의미 층위에서의 변화가 숙성되면 통사 층위에서의 변화가 생기게 된다. 施事 주어의 통제력 약화 현상이 더욱 심화되어 짧은 기간이지만 施事 주어가 생략된 "偏又把鳳丫頭病了。≪紅樓夢·76回≫", "先把太太得罪了。≪紅樓夢·74回≫"와 같은 遭遇 把字句가 출현하는데, 이러한 把字句들은 발생한 사건이 갑작스럽고 뜻밖이라는 遭遇 의미를 전달한다.70 이후 無生 주어인 致事가 주어 자리를 차지하고, 把-NP 뒤에는 有生 빈어가 오게 되는 致使 把字句가 출현하여, 處置를 나타내는 把字句와 주어와 빈어간의 유생성간의 첨예한 대립을 이루게 된다.71

마지막으로 把字句에서 주어와 빈어의 이러한 변화에 따라 술어의 타동성이 감소하게 되며, 타동사 역시 자동사화 되었다. 이에 관하여 Chappell(1991:582)은 "我把鑰匙丟了。" 또는 "小鈴把事情忘了。"와 같은 把字句에서 비록 '忘'과 '丟'는 원래 타동사이지만 이 문장에서는 그다지 타동적이지 않으며, "把一個孩子跑掉了。"와 같이 '사라짐(disappearance)'을 나타내는 把字句와 같이 자동적이라고 하였다. 陶紅印·張伯江(2005:328)은 ≪儒林外史≫·≪紅樓夢≫의 把個句에 쓰이는 '氣', '唬', '嚇', '樂'등과 같은 심리 상태·정서 변화를 나타내는 자동사들은 자주 及物과 상태의 기능을 겸한다고 하였다.

(42) 平兒……便一五一十的告訴了。把個劉姥姥也唬怔了，等

---

70 이러한 遭遇 把字句는 주어(受事)에만 영향을 미치는 상태변화를 강조하며 이참여자 사건이 일참여자 사건으로 변하는 '中間態(middle voice)' 구문(Maldonado 2007/2011:975)과 공통점이 존재한다는 사실은 매우 흥미롭다.
71 조경환(2009:138) 참조.

了半天，忽然笑道……。　　　　　　　≪紅樓夢·119回≫

평아는 ……자초지종을 들려주었다. 유노파도 크게 놀라며 한
동안 멍해있었다. 한참 만에 갑자기 웃으며 말하길 …….

다시 말해 '氣', '唬', '嚇', '樂'등의 동사들은 외부 사물이 주체 자신의
변화를 야기할 수도 있으며, 또한 주체 자신의 정서 상황이 만들어낸 상
태에 대한 묘사일 수도 있다는 것이다.

　결국 把字句는 [의도적인 **處置** → 비의도적인 **處置** → **遭遇** → **致使**]로
변함에 따라 동사의 결합가도 [3價 → 2價 → 1價]순으로 변하게 되었다.
그러나 이러한 변화는 표 <3-6>과 같이 유생성의 변화에 따른 주어와 빈
어의 위치 변환에 따른 종속적인 현상이라고 볼 수 있다.

제4장

使字句*

使動(Causative)과 處置(Disposal)는 관련이 깊은 개념으로서 양자는 자주 함께 논의되어 왔는데, 심지어 일부 학자들은 양자를 동일시하기도 한다. 이에 본장에서는 使動과 處置 두 개념이 비록 관련이 깊지만 개념적으로는 오히려 상극을 보인다고 주장할 것인데(물론 부분적으로는 공통점이 존재하기도 하지만), 이를 위해 使動의 대표적인 구문이라고 할 수 있는 使字句와 앞장에서 논의한 處置의 대표적인 구문이라고 할 수 있는 把字句와의 비교 연구를 진행하고자 한다. 使字句는 여러 使動 구문들 중에서 가장 오래 된 것들 중의 하나로 알려져 있으며(BC 4C), 被動 의미를 동시에 나타낼 수 있는 讓字句, 叫字句등과 달리 순수하게 使動만을 나타낸다는 점에서 전형적인 使動 구문이라고 할 수 있다(馮春田 2000, Xing 2003, Xu 2006).[1]

4.1 使字句와 把字句에 대한 기존 연구의 문제점

우선 使字句와 把字句의 기존 연구의 문제점을 살펴보도록 하자. 使

---

* 이 장은 조경환(2010b, 2012)을 수정·보완한 것이다.

[1] 다른 使動 구문, 예를 들면 "我叫他去，但他沒去。"와 같이 叫字句가 반드시 결과를 야기하지는 않는다는 점에서 전형적인 使動 구문으로 볼 수 없다.

字句와 把字句의 구조는 아래와 같이 간단하게 나타낼 수 있다.

(1) a. 使字句: S + 使 + O + VP
　　 b. 把字句: S + 把 + O + VP

두 구문 간에는 구조적인 유사성이 존재할 뿐만 아니라, VP안에 항상 결과요소를 포함한다는 점 또한 일치한다.

또한 使動이 기본적으로 두 개의 사건(致事 사건 causing event: E_1과 被事 사건 caused event: E_2)을 포함한다는 점도 把字句와 흡사한데, 심지어 葉響蘭(2004:28)은 예 (2)와 같이 把字句가 포함하는 두 사건이 의미적으로 使動 관계를 가진다고 보아, 把字句의 기본 의미를 使動(좀 더 정확하게는 致使)이라고 정의내리기도 하였다.[2]

(2) 他把菜炒咸了。

$$E_1(致使사건): (他)炒(菜) \xrightarrow{導致} E_2(被使사건): (菜)咸$$

이와 같이 處置를 使動과 동일시하거나 하위 개념으로 보는 견해(薛鳳生 1987, Sybesma 1998, 王紅旗 2003, 葉響蘭 2004)가 있는 반면, 處置와 使動을 분리하는 견해(吳福祥 2003, 劉培玉 2001, 張豫峰 2006)도 존재한다.

이렇게 의견이 분분하게 된 근본적인 원인은 處置와 使動의 정의가 불분명하기 때문인데, 예를 들면 王力(1944/1985:125)은 把字句를 '處置式'이라 불렀으며, 또한 이 '處置式'에 대하여 "어떤 사람을 어떻게 안배하고, 시키고, 대했는지를 설명한다. 또 어떤 사물을 어떻게 처리하고, 어

---

[2] 4.3.1에서 본격적으로 살펴보겠지만 致使(causative)는 使動(Causative)의 하위 개념이다.

떤 사건을 어떻게 진행시켰는지를 말한다."라고 정의 내렸다. 그러나 이러한 정의만으로는 "她把個丈夫死了。"와 "這件事把他氣死了。"와 같은 류의 把字句를 설명할 수 없다는 한계가 있다. 이러한 문제점을 해결하기 위하여 여러 학자들이 處置를 재정의 하고자 시도하였고, 결국에는 處置를 使動과 동일시하거나 處置를 使動의 하위 범주에 두는 견해까지 등장하게 되었다.

그러나 만약 處置를 단순히 (2)와 같은 작용-반응 관계의 使動으로 간주한다면 다음과 같은 몇 가지 문제에 직면하게 된다. 첫째, 使動설은 여전히 "她把個丈夫死了。"와 같이 使動 관계가 존재하지 않는 비의도적인 把字句, 소위 遭遇 把字句의 존재와 출현 원인을 설명할 수 없다.[3] 둘째, 使動설은 把字句의 시간순서원칙에도 위배된다. 이는 把字句가 비록 두 개의 사건으로 구성되었다고는 하지만, (2)와는 달리 'S+把+O'라는 E_1과 'O+VP'라는 E_2로 구성된 연동문(廣義處置 把字句, 甲類)에 기원하기 때문이다. 셋째, 만일 把字句가 표현하는 사건이 (2)와 같이 구성되었다고 본다면, 把字句에서 '把'자는 아무런 작용을 하지 않는 의미 없는 표지일 뿐이다. 그러나 이렇게 의미 없는 표지인 '把'자가 쓰인 把字句가 천 여년 넘게 존속되어 왔으며, 어떻게 중국어의 대표적인 특수문의 지위를 유지할 수 있었는지에 관해서는 답할 수가 없다.

중국어의 使動 범주 역시 복잡한데, 이에 관해서는 아래에서 자세히 다루도록 하겠다. 또한 본고에서 말하는 致使는 이러한 '작용-반응'의 廣義의 使動 의미가 아닌 좀 더 특정적이며 협의(狹義)적인 것인데, 즉 致使는 使動의 하위 범주이자 致事(cause)가 致使力을 통하여 被事(causee)로 하여금 변화를 야기하는 것을 의미한다(周紅 2005:108).[4] 본고

---

3 필자(2008)는 이러한 遭遇把字句의 출현을 주관화(subjectification)과정에서 발생한 과도기적인 유형이라고 보았다.
4 비록 周紅(2005)의 使動에 관한 정의는 葉向蘭(2004)보다 정교하지만, 그 역시 把

에서는 이러한 使動 범주의 대표적인 구문이라고 할 수 있는 使字句와 把字句 간에는 비대칭성이 존재하며, 이러한 비대칭성은 결국 使動과 處置 두 범주의 원형 의미로부터 온다는 것을 살펴볼 것이다.

4.2 使字句와 把字句의 비대칭성

4.2.1 주어와 빈어의 비대칭성

여러 학자들(範曉 2000a, Takayuki 2005 등)의 연구에 따르면 使字句의 원형적인 주어는 사건(事件)이다. 특히 Takayuki(2005:90)는 王朔·陳建功·劉恒·王小波 등의 소설들을 조사하여 使字句의 원형적인 주어와 비원형적인 주어를 다음과 같이 구분하였다.[5]

(3) 使字句 주어의 원형과 비원형   (Takayuki 2005:90)

원형 ① 절 + 使~

微微的凉風吹在身上，使我感到非常舒服。

(시원한 잔 바람이 나를 매우 편안하게 해주었다.)

字句의 의미핵심을 '使動'라고 보았다. 그러나 뒤에서 논의되고 있듯이 把字句와 使字句간의 주어·빈어·술어의 비대칭성과 '把'자와 '使'자간의 의미 차이를 고려한다면 把字句의 의미핵심을 處置가 아닌 '致使'로 보는 것에는 문제가 있다.
[5] Takayuki(2005:84)의 구체적인 통계 결과는 아래와 같다.

	使字句의 총수
[A] 인간(명사구, 인칭 대명사)	58
[B] 인간의 특징을 표현하는 명사구	27
[C] 명사구	173
[D] 동사구, 형용사구	87
[E] 절	191
[F] 지시적인 대명사	73
[G] S가 없는 문장들	101

② **VP + 使~**

這次到各地參觀，訪問，使我更進一步了解了中國。

(이번 각지를 참관·방문함은 나로 하여금 중국을 더 잘 이해하게 해주었다.)

③ **행위를 표현하는 NP + 使~**

母親的微笑使孩子感到溫暖。

(어머니의 미소가 아이로 하여금 편안함을 느끼도록 했다.)

④ **사물(thing)을 표현하는 NP + 使~**

這個電影使我想起了童年時代的生活。

(이 영화는 나로 하여금 어린시절의 생활을 상기시켜 주었다.)

⑤ **인간의 특징을 표현하는 NP + 使~**

他的話使我吃了一惊。

(그의 말은 나를 놀라게 하였다.)

비원형 　⑥ **인간(NP, 인간대명사) + 使~**

他使我感到失望。

(그는 나를 실망시켰다.)

즉 使字句의 원형적인 주어인 절은 하나의 사건을 가장 잘 나타내는데, 그런 점에서 인간 주어는 使字句에서 가장 비원형적인 주어라고 할 수 있다. 설령 使字句의 주어가 인간이라고 하더라도 그것은 그 사람 자체보다는 그 사람의 어떤 행위를 나타낸다(苗延昌 1997:55). 이러한 점은 아래의 예문 (4)와 같이 인간 주어가 의지를 나타내는 부사와 공기할 수 없다는 사실에서 잘 알 수 있다.

(4)　*小明堅決地使他放弃了原來的計划。　(Takayuki 2005:82)

이와 같이 使字句의 인간 주어는 소수인 반면, 使字句의 빈어는 대부분이 사람이며 일부 소수의 예들에만 無生의 사물이 쓰인다.

Takayuki(2005)는 使字句의 주어에 대한 통계결과만 제시했을 뿐, 使字句의 빈어에 관해서는 조사하지 않았다. 이에 필자는 餘華의 세 편의 장편 소설 ≪活着≫·≪許三觀賣血記≫·≪在細雨中呼喊≫에서 使字句의 빈어를 조사하여 다음과 같은 결과를 얻었다.

〈표 4-1〉 **使字句의 원형 빈어와 비원형 빈어**

빈어유형	수	예문
인간	232	每一張新的臉都會使我興致勃勃。≪活着:36≫ 각각의 새로운 얼굴들은 모두 나를 흥미진진하게 만들 수 있었다.
인간의 신체	15	這種灼燙的感覺使我的手如同在被鋸斷一樣疼痛。≪在細雨中呼喊:253≫ 내 손은 눈덩이의 차가움으로 인해 오히려 뜨겁게 달아올랐고, 그것은 마치 손목이 잘리는듯한 고통 같았다.
인간특징을 표현하는 NP (감정·행위)	25	突如其來的事實使他的微笑還沒有收斂就在臉上僵直了。≪在細雨中呼喊:149≫ 갑작스러운 사태에 얼굴의 미소가 채 가시기도 전에 표정이 굳어져갔다.
동물·식물	3	淸晨那場暴雨使街道旁的樹木挂滿雨水。≪在細雨中呼喊:222≫ 새벽에 내린 비로 나무는 잔뜩 물을 머금은 상태였다.
사물	12	許三觀繪聲繪色做出來的淸炖鯽魚，使屋子里響起一片呑口水的聲音。≪許三觀賣血記:124≫ 허삼관이 눈에 선하게 만들어 낸 붕어찜은 방안 가득히 침 넘어가는 소리를 자아냈다.
추상 명사	7	我突然發現了逃跑的意義，它使懲罰變得遙遠，同時又延伸了快樂。≪在細雨中呼喊:207≫ 난 그때 별안간 도망치는 재미를 발견했다. 도망치면 맞거나 벌받을 일도 없었고 또 즐거움이 연장되는 효과도 있었다.
총	294	

위의 표 <4-1>에서도 알 수 있듯이, 使字句에서 가장 원형적인 빈어는 인간(경험자)이며, 가장 비원형적인 빈어는 통계상으로는 동물·식물이나, 동물·식물이 생명이 있는 개체인 점을 고려한다면, 생명이 없는 개체인 사물과 추상명사를 비원형적인 빈어로 보아야 마땅하다.

만약 위의 표 <4-1>를 인간과의 관련 유무에 따라 나눈다면 비율은 12.4:1(273/22)이 된다. (3)과 표 <4-1>의 결과에 근거하면 가장 비원형적인 使字句는 인간 주어와 사물이나 추상 명사가 빈어로 쓰인 使字句일 것이다. 이러한 使字句는 존재하기가 매우 힘든데, 이는 이러한 배열의 使字句는 使動 의미를 나타내기가 힘들기 때문이다.[6]

한편 把字句는 이미 3장에서 살펴 본 바와 같이 크게 廣義 處置式(甲류), 狹義 處置式(乙, 丙), 致使 把字句로 나눌 수 있는데, 廣義 處置式은 급여류 동사가 쓰인 把字句(甲류)이며, 狹義 處置式은 보어가 쓰인 류(乙류)와 단순 동사가 쓰인 류(丙류)이다. 이 세 가지 유형의 把字句에서 주어와 빈어의 관계를 살펴보면 아래의 그림과 같다.

〈그림 4-1〉 把字句의 주어와 빈어

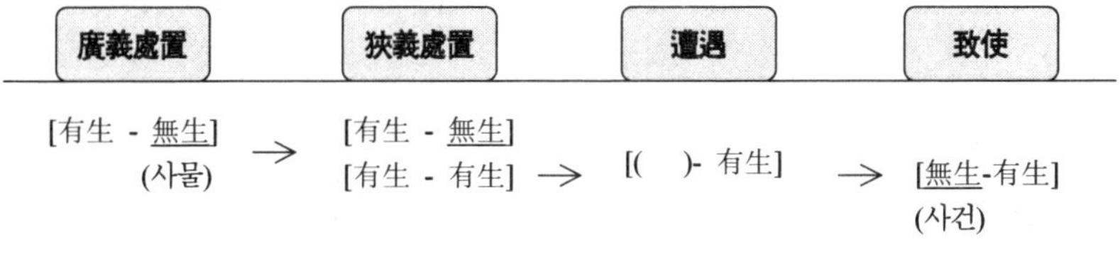

廣義處置	狹義處置	遭遇	致使
[有生 - 無生] (사물) →	[有生 - 無生] [有生 - 有生] →	[( )-有生] →	[無生-有生] (사건)

위의 그림 <4-1>에서도 알 수 있듯이 處置를 주로 나타내는 廣義·狹義 處置式의 주어는 인간 施事이다. 그러나 "偏又把鳳丫頭病了。"와 같이 중간에 주어가 출현하지 않는 중간 단계의 遭遇 把字句가 출현하였으며,

---

[6] 필자가 餘華의 소설 ≪許三觀賣血記≫·≪活着≫·≪在細雨中呼喊≫을 조사한 결과 이러한 예는 발견되지 않았다.

결국 "這件事把他氣死了。"와 같이 주어가 사건인 致使 把字句가 출현하게 되었다. 廣義와 狹義 處置式 대부분을 차지한다는 점에서 把字句의 원형적인 주어는 사람이며, 빈어는 사물이다.

把字句에 대하여 여러 학자들이 이미 통계를 낸 바 있는데, 소소한 차이는 있겠지만 그 결과는 기본적으로 같다고 할 수 있다. 일부 통계 결과를 정리하면 아래의 표 <4-2>와 같다.

〈표 4-2〉 把字句의 분포

把字句	≪紅樓夢≫	≪男人的一半是女人≫	≪王朔小說≫	≪許三觀賣血記≫
廣義處置 (甲류)	251(20%)	152(42%)	93(15%)	160(37%)
狹義處置 (乙류)	847(66%)	183(51%)	428(70%)	227(52%)
과도기	167(14%)	26(7%)	92(15%)	48(11%)

≪紅樓蒙≫과 張賢亮의 소설 ≪男人的一半是女人≫에 대한 통계 결과는 崔希亮(1995)의 것이며, 王朔의 4편의 소설에 대한 통계 결과는 張伯江(2000)의 것이다.[7] ≪許三觀賣血記≫는 필자가 낸 통계 결과이다.[8] 이 세 가지의 통계 결과를 보면 분명한 경향이 존재함을 알 수 있다.

위의 표 <4-2>에서 볼 수 있듯이 명확한 끝점(endpoint)을 포함하는 廣義處置 把字句와 狹義處置 把字句가 대부분(85-93%)을 차지하는 반면, 동사 중첩·동량사 또는 동사가 단독으로 쓰여 끝점이 불분명한 과도기적 把字句는 전체 비중에서 소수(7-14%)를 차지할 뿐이다. 게다가 위에서 인용한 학자들의 통계에서는 遭遇 把字句나 致使 把字句는 누락되어 있는

---

[7] 王朔의 4편 소설은 ≪我是你爸爸≫·≪過把隱就死≫·≪永失我愛≫·≪動物凶猛≫이다.

[8] 본 통계에서는 將字句와 致使 把字句가 제외되었으며, 處置와 '致使'의 구분이 모호한 경우에는 소설의 맥락에 근거하여 致使 把字句인지를 판단하였다.

데, 이는 실제로 遭遇 把字句와 致使 把字句가 把字句 전체에서 차지하는 비중이 극미하기 때문이다. 실제로 필자가 조사한 ≪許三觀賣血記≫에서도 致使 把字句는 겨우 14개가 출현하였는데, 그 비중은 3%(14/449개) 정도밖에 되지 않으며, 그 중의 일부를 소개하면 다음과 같다.

(5) a. 許三觀的吼聲把外面的人全嚇了一跳。

≪許三觀賣血記:37≫

허삼관의 청천벽력 같은 호령에 구경 온 사람들이 깜짝 놀랐다.

b. "你一天接着一天的哭，都把我煩死了。"

≪許三觀賣血記:57≫

"당신이 하루 종일 울고 있으니까 짜증나 죽겠어."

이러한 사실에도 불구하고 우리는 致使 把字句의 존재를 경시해서는 안되는데, 왜냐하면 致使 把字句가 把字句의 변천과정을 완성시켰을 뿐만 아니라, 使動 범주의 교차점(즉 致使)을 이루기 때문이다.

致使 把字句의 주어로 쓰이는 致事(cause)를 좀 더 살펴보도록 하자. 施春宏(2008)에 따르면, 致使 把字句의 주어로 쓰일 수 있는 致事는 隱性致事·外在致事·活動致事로 구분할 수 있는데, 이를 정리하면 다음과 같다.

〈표 4-3〉 致事 유형과 의미관계[9]

致事 유형	예문	의미 관계
隱性致事	這種書把孩子讀傻了。	[(孩子)讀(這種書)] 致使 [(孩子)→傻了]
外在致事	這一句話可把和尙氣急了。	[(有人說)這一句話] 致使 [(急了]
活動致事	讀書把眼睛讀近視了。	[(孩子) 讀書] 致使 [(眼睛)→近視了]

---

[9] 본고에서는 위의 세 가지 유형의 致事외에도 '致事화된 施事(causatived agent)' 역시 경우에 따라서는 致使 把字句의 致事로 쓰일 수 있다고 본다.

모든 致事는 본질적으로 사건성을 가진다는 공통점이 있다. 즉 隱性致事가 쓰인 "這種書把孩子讀傻了。"에서 '這種書'는 실제로 "孩子讀這種書。"라는 사건을 나타내며, 단지 受事인 '這種書'가 윤곽 부여되었을 뿐이다. 外在致事가 쓰인 "這一句話可把和尙氣急了。"에서 '這一句話'는 사실 '(有人說)這一句話'라는 사건을 나타낸다. 즉 명사성 성분이 致事로 쓰였으나 실제로는 일종의 사건을 나타내며, 여기에서는 특히 '환유'가 중요한 작용을 하고 있음을 알 수 있다. 活動致事는 앞의 두 경우가 명사성인 것에 반해 동사성이라는 특징을 가진다.

요컨대 使字句의 원형적인 주어는 사건이며, 원형적인 빈어는 사람이다. 반면 把字句의 원형적인 주어는 사람이며 빈어는 사물이다. 다만 致使 把字句의 경우 주어가 사건이며 빈어가 사람이라 부분적으로 致使 의미를 갖게 되는데, 이러한 경우는 전체 把字句의 소수일 뿐이다.

4.2.2 술어의 비대칭성

使字句에 쓰이는 술어의 공통적인 특징은 비자주·비의지 자질을 가진다는 점이다(苗延昌 1997).

(6) a. 可是疼痛使我喪失了全部的智力，除了像動物那樣發出
喊叫，我又能表達甚麼呢？   ≪在細雨中呼喊:138≫
하지만 고통으로 인해 아무 생각도 없는 와중에 동물처럼 신
음을 내뱉는 것 말고 내가 무엇을 표현할 수 있었을까?

b. 到了医院，來喜和來順先是臉血，他們兄弟倆也是O型
血，和許三觀一樣，這使許三觀很高興，他說： "我們
三個人都是圓圈血。"   ≪許三觀賣血記:238≫
병원에 도착하여 래희와 래순은 먼저 혈액형 검사를 받았는

데, 공교롭게도 두 사람 모두 허삼관과 같은 O형이었다. 이
사실은 허삼관을 기쁘게 했는데, "우리 세 사람 모두 동그라
미 피야."

(6a)는 비자주적인 동사 '喪失'이 쓰인 경우이며, (6b)는 형용사 '高興'이
쓰인 예이다.10

　비록 동사 단독으로는 자주적이지만, 使字句에서는 비자주적으로 바
뀌게 된다.

　　(7) a. 公司使他去不了中國。
　　　　 회사측이 그를 중국에 갈 수 없게 했다.
　　　 b. *公司使他去中國。　　　　　　　　　　(苗延昌 1997:145)

苗延昌(1997:145)에 따르면 '去'는 자주적인 동사이지만, (7a)에서처럼
'去不了'와 같은 가능식 술보구로 쓰인다면 '갈 수 없다'라는 비자주적인
동사구가 된다. 만약 자주적인 동사를 비자주적으로 바꾸지 않는다면
(7b)의 경우에서처럼 비문이 되게 된다. 요컨대 使字句의 술어는 줄곧 비
자주·비의지적인 특징을 지닌다.

　반면 3장에서 살펴보았던 것처럼 일반적으로 把字句의 술어는 자주
적·의지적인 특징을 지닌다. 즉 把字句의 원형이라고 할 수 있는 廣義·
狹義處置 把字句에는 대부분 자주 동사가 쓰인다. 물론 非處置(遭遇·
致使)를 나타내는 把字句의 경우에는 동사가 비자주적일 수 있지만 이
역시 일부일 뿐이다.11

---

10 苗延昌(1997:147)은 성질 형용사가 나타내는 성질은 모두 타의적으로 형성되었으
　므로, 비자주적이라고 보았다.
11 把字句의 동사의 자주성 문제에 관해서는 3.4장 참조바람.

4.2.3 '使'자와 '把'자의 품사와 기능

3장에서 살펴본 바와 같이 把字句에서 '把'자의 통사적 지위에 대해서는 지금까지도 논란이 되고 있는데, 이는 크게 두 가지 견해로 나눌 수 있다. 첫째, '把'자를 개사(介詞)로 간주하는 것으로 소소한 견해 차이는 존재하지만, 朱德熙(1980/1997:395), 貝羅貝(1989), 吳福祥(2003)등은 기본적으로 '把'자의 기능을 기본적으로 빈어를 이끌거나, 대격을 표시한다고 보았다. 반면 '把'자의 문법지위에 관하여 '把'자를 동사로 규정하거나, 동사적 성질을 가졌다고 주장하는 학자들도 있었다(龔千炎 1988/2000:115).[12]

여기에서 흥미로운 점은 把字句에 적용되었던 동사성(verbhood) 테스트를 '使'자 역시 통과하지 못한다는 사실이다. 즉 '使'자는 상 표지를 취할 수 없고, A-not-A 형태를 취할 수 없으며, 질문에 대하여 단독으로 대답할 수도 없다.

> (8)　a. 他使你很快了。
> 　　　그가 나를 행복하게 만들었다.
> 　　b. *他使了你很快了。
> 　　c. *他使／沒使你很快了?
> 　　d. *(沒／不)使　　　　　　　　(Huang & Li & Li 2010:164)

이와 같은 사실에도 불구하고 대부분의 학자들이 '把'자와 달리 '使'자를 동사라고 여기는 데에는 이견이 없어 보인다.

使字句와 把字句의 원형이 비록 비대칭적이기는 하지만 교차점도 존재할 수 있는데, 가령 다음과 같은 두 가지 조건을 충족하게 된다면 두

---

[12] '把'의 품사 지위에 관한 좀 더 심도 있는 논의는 3.2.4장 참조바람.

구문은 서로 전환될 수 있다.

첫째, 주어 자리에는 致事가 오며, 把-NP 자리에는 주로 施事(또는 경험자)가 출현한다. 둘째, 把字句의 동사가 [-의지]·[-구체적인 행위]의 '추상적인 행위'이어야 한다. 이 두 가지 조건들이 바로 致使 把字句의 특징이라고도 할 수 있는데, 간혹 아래의 예문 (9)와 같이 구분하기 힘든 경우도 있다.

(9) 許三觀看淸了這孩子是一樂以後，就罵了起來："他媽的，你把你媽急了個半死，把我嚇了個半死，你倒好，就坐在鄰居家的門口。"　　　　　　　≪許三觀賣血記:144≫
　　허삼관은 일락이라는 것을 확인하고는 꾸짖기 시작했다. "이런 젠장, 네 엄마를 초죽음을 만들어 놓고……, 나도 얼마나 놀랐는지 아니? 잘 한다, 남의 집 대문 앞에 앉아서."

앞에서 이미 언급했듯이 이러한 把字句의 주어는 중의적일 수 있다. 그러나 만약 맥락을 살펴본다면 사실상 이 문장에서 주어는 '你' 자체, 즉 施事라기보다는 '허삼관의 아들인 일락이가 친아버지인 하소용을 찾아간 일'을 의미한다. 즉 [一樂, 你去找何小勇]이라는 사건에서 환유작용으로 주어인 '你'가 윤곽부여 되었으며, 그 사건이 허삼관과 허옥란을 애태우게 만든 것이다. 따라서 (9)의 '你'는 일종의 사건을 나타낸다는 점에서 施事라기보다는 致事로 보는 것이 타당한데, 본고에서는 이를 '致事化된 施事(causatived agent)'라고 부른다.

또 한 가지 중요한 사실은 두 구문이 서로 전환될 수 있다고 하더라도 두 구문이 동일한 의미를 표시하지는 않는다는 것이다(範曉 2000b, 劉培玉 2001, 張豫峰 2006).

(10) a. 這頓飯使大家撐死了。

　　　이 밥이 모두를 배터지게 했다.

　　b. 這頓飯把大家撐死了。

　　　이 밥이 모두를 배터지게 했다. 　　　　　　(張豫峰 2006:152)

즉 예문 (10)에서 제시된 두 문장의 의미 초점은 다른데, (10a)와 같은 使字句는 '大家撐死'의 致使 원인이 '這頓飯'에 있음을 강조한 것이며, (10b)와 같은 把字句는 '把'자 자체가 강렬한 영향력과 지배력을 가졌음을 함의하며 '大家撐死'를 강조한다.[13]

4.2.4 使字句와 把字句의 의미 구조

이미 1장에서 언어는 사람들의 개념 구조(conceptual structure)를 직접 반영하기 보다는 의미 구조(semantic structure)를 통해 통사 구조(syntax structure)로 반영된다고 언급한 바 있다(Croft 2001). 개념 구조와 의미 구조의 차이는 동일한 대상에 대한 언어 간의 대조적인 명칭에서도 알 수 있다. 예를 들면 우리나라에서는 '휴대폰'이나 '핸드폰'이라고 불리지만, 미국에서는 내부의 세포구조(cellular system)가 강조되므로 'a cellular phone'이라 불리며, 영국에서는 이동성(movable quality)을 강조하므로 'a mobile phone'이라고 불린다(Dirven & Vespoor 1997/1999:69).

또한 비록 개념 구조가 같다고 하더라도 언어마다 그러한 개념 구조는 다른 방식으로 부호화되는데, 예를 들면 영어의 "I am cold"는 불어에서는 "J'ai froid(문자적인 해석: "I have cold")"라는 표현으로, 히브리어에

---

[13] 範曉(2000b:179)는 把字句·被字句·SVO등과 달리 使字句는 사물 또는 사건이 또 다른 사물에 일정한 영향 작용을 했음을 강조하며, '使'자는 이러한 '致使'의미를 분명하게 표시한다고 하였다.

서는 "Kar l-i(문자적인 해석:"It's cold to me")"로 다른 의미 구조를 가지게 된다(Croft 2001:111).

요컨대 통사 구조는 개념 구조와 직접 대응되는 것이 아니라, 개념 구조를 해석한 의미 구조와 대응되는 것이라고 할 수 있다. 지금까지 살펴본 사실을 종합해 보면 使字句와 把字句의 의미 구조(semantic structure)는 다음과 같이 나타낼 수 있다.

〈그림 4-2〉 使字句와 把字句의 의미 구조[14]

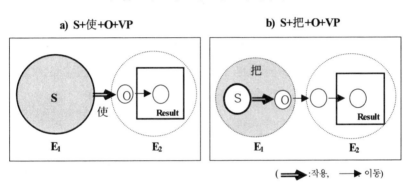

a) S+使+O+VP

b) S+把+O+VP

(⟹ :작용, ⟶ 이동)

위의 그림 〈4-2〉에서 S는 주어이고, O는 빈어이며, E는 사건을 나타낸다.

위의 그림〈4-2a〉에서 보이는 것처럼 使字句의 경우 주어는 하나의 사건(E_1)으로 '使'자를 통해 빈어에 영향력을 행사한다. 여기에서 우리는 把字句의 빈어는 E_1의 영역에서 E_2의 영역으로 이동하지만, 使字句의 빈어는 E_2 영역 안에서 상태 변화를 함에 유의해야 한다.

반면 그림 〈4-2b〉는 把字句가 연동문으로부터 기원한 두 개의 사건으로 구성된 복합사건이자 제한된 사건(delimited event)이라는 점과 **[사건₁]**

---

[14] 使字句의 의미 구조는 Takayuki(2005:79)에 근거하여 필자가 재구성한 것이며, 把字句의 의미 구조는 필자(2008:37)의 그림을 수정한 것이다.

과 [사건₂] 간의 시간적 연속성을 강조하고 있는데, 즉 [사건₁]은 반드시 [사건₂] 전에 발생해야만 한다. 把字句에서 주어(보통 施事)는 빈어에 직접 영향을 가해 어떤 결과를 이끌어낸다. '把'자는 단지 주어의 빈어에 대한 영향권만을 설정할 뿐 어떠한 영향도 미치지 못한다.

使字句와 把字句의 의미 구조에 근거한다면 왜 사람들이 그렇게 使動 개념과 處置 개념을 혼돈하였는지에 관해서도 설명할 수가 있다. 초기 把字句(廣義處置 把字句·甲類)나 使字句는 모두 '위치 이동'을 표시하였다. 그러나 자세히 관찰해보면 미묘한 차이가 있다는 것을 알 수 있는데, 설령 같은 '위치 이동'이라 할지라도, 把字句에서는 '把'자가 아닌 '給'·'放'과 같은 뒤에 수반되는 동사에 의해 빈어의 위치이동이 일어나는 반면, 使字句에서는 바로 '使'자 자체에 의해 빈어의 위치이동이 일어난다('使役' 표지). 또한 이 후, '使'자는 직접적으로 '致使'를 표시하는 '致使' 표지(causative marker)가 되었고, '把'자는 致使 보다는 추상적 소유의미를 지녀 주어의 통제영역을 표시하게 되었다. 다시 말해 '使'자는 자체가 '致使' 의미를 지니지만, '把'자는 그림 <4-1>과 같은 복잡한 과정을 거쳐야만 비로소 把字句가 致使性을 띠게 된다. 이는 즉 모든 것이 '使'자와 '把'자의 원래 의미와 관련이 깊다고 할 수 있다. '使'자는 원래 주어가 어떤 사람을 보내는 권한을 가졌음을 의미하는데 반해, '把'자는 이미 앞에서 살펴본 바와 같이 '소유'의미를 내포한다.

4.3 使字句의 주관화

4.2장의 공시적인 자료 조사(Takayuki 2005, 조경환 2010)를 통해 使字句의 경우 "微微的涼風吹在身上，使我感到非常舒服。"와 같이 원형

적인 주어는 事件이고, 원형 빈어는 인간이며, 동사 또한 使字句의 경우 비자주 동사가 원형적으로 쓰임을 밝혔다.

흥미로운 점은 使字句 역시 생성 초기에는 지금의 使字句와는 대조적으로 "秦王使人謂安陵君曰。"와 같이 有生 주어가 쓰였으며, 동사 역시 자주적이었다는 사실이다. 이에 본장에서는 통시적인 자료 조사를 통해 使字句의 변천 과정을 살펴볼 것이며, 또한 把字句의 주관화와의 비교를 통해 使字句의 특이성을 고찰해 보고자 한다.

4.3.1 使動의 분화

우리는 본격적인 논의에 앞서 먼저 '使動(Causative)' 범주와 개념을 명확히 할 필요가 있다. '使動(Causative)'이란 사역주(causer)가 피사역주(causee)로 하여금 어떤 일이나 행위를 하게 만드는 태(voice)의 일종으로, 일반적으로 'S(사역주) + CV(使動詞) + N(피사역주) + VP' 형식을 취한다(연재훈 2011:89, Grifffiths 2006/2010:117).[15] 이러한 '使動(Causative)'은 '使役' 또는 '致使'로 번역되기도 하며, 양자를 구분 없이 사용하기도 한다. 그러나 使字句의 통시적인 연구에서도 알 수 있듯이 使動을 '使役'과 '致使'로 구분할 필요성이 제기되었는데, 예를 들면 李佐豊(1990/2004:133)은 使動을 '意使'와 '致使'로 구분하였다.

(11) 意使: ① 주어가 빈어에게 의도를 알리는데, 주어와 빈어는 사람과 국가이며 사물 또는 행위가 아니다.
② 빈어는 주어의 의도에 따라 어떤 행위를 독립적으로 완성한다.

---

[15] 使動句의 유형은 크게 어휘 使動, 통사 使動, 형태 使動으로 구분되는데, 使字句는 통사 使動에 속한다.

(12) 致使: ① 주어가 사람 또는 국가의 행위이다.

② VP가 나타내는 행위는 빈어가 독립적으로 완성하거나 그러하기를 원하는 행위가 아니다.

李佐豊(1990/2004)은 ≪左傳≫의 使字句에 대하여 통계를 제시하였는데, 使字句는 총 1,170여개가 사용되었으며, 이 중에서 意使는 약 1100여개의 예가 출현하여 93%를 차지하였으며, 致使는 80여개가 출현하여 7%를 차지하였다.[16]

본고에서는 李佐豊(1990/2004), 馮春田(2000)과 張麗麗(2005)의 견해에 근거하여 使役(shiyi)과 致使(causative)를 구분할 것이며, 편의상 이 양자를 포괄하는 개념은 이들의 상위 개념으로서 使動(Causative)이라 칭할 것이다. 李佐豊(1990/2004)의 意使는 使役에 대응되며, 致使는 3장에서 논의되었던 바와 같이 有意와 無意로 구분된다.[17]

〈그림 4-3〉 使動(Causative) 범주의 분화

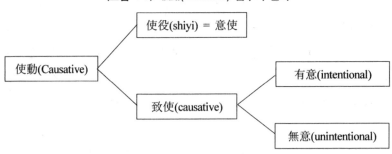

---

[16] Xu(2006:123)는 ≪左傳≫은 줄곧 어휘 使動을 이용하며 ≪史記≫는 통사 使動을 이용한다고 보았다. 그러나 李佐豊(1990/2004)의 통계에서도 알 수 있듯이 ≪左傳≫에는 이미 1170여개의 使字句가 출현하므로 Xu(2006)의 이러한 견해에는 문제가 있다고 여겨진다.

[17] 馮春田(2000:613)은 '具體使役'과 '抽象使讓'으로 구분하였는데, 이들을 각각 본고에서 말하는 '使役'과 '致使'에 해당한다.

使役이나 意使의 초기용법에서 '使'자는 구체적인 동작의미가 여전히 남아있어 '보내다' 또는 '사신으로 가다'라는 의미를 지니게 되는데, 예를 들면 다음과 같다.[18]

(13) a. 秦景公使其弟鍼來求成。　　　　　　　　≪國語·晉語≫
　　　　진경공은 아우 침을 보내 진나라와 화해를 이루도록 하였다.
　　 b. 齊王使使者問趙威後。　　　　　　　　　≪戰國策·齊策≫
　　　　제나라 왕은 사신을 조나라에 보내 조나라 위후에게 문안편
　　　　지를 올렸다.
　　 c. 於是高後患之，乃使使召周昌。　　≪史記·張丞相列傳≫
　　　　이때 고후가 이를 염려하여 사자를 보내 주창을 불렀다.

李佐豊(1990/2004)의 통계와 4.4장에서 살펴보게 될 통계 결과에서도 알 수 있듯이 ≪左傳≫, ≪國語≫, ≪戰國策≫, ≪史記≫에서 이러한 使役 용법이 주를 이루며 풍부하게 사용되었다. 그럼에도 불구하고 위의 초기 문헌 속에서도 '使'자의 구체적인 의미가 점차 허화되고 있음을 보여주는 使字句들도 발견된다. 즉 '使'자는 종종 어휘적 내용을 나타내는지 추상적 내용을 나타내는지 모호한 경우들이 있는데, 아래와 같이 동사 '聘'이 쓰인 경우를 비교해 보면 더욱 그러하다.

(14) a. 鄭伯歸自晉，使子西如晉聘。　　　　　≪左傳·襄公26年≫
　　　　정간공은 진나라에서 돌아온 뒤 자서를 보내(시켜) 진나라를
　　　　방문하게 하였다.
　　 b. 我戍未定，靡使歸聘。　　　　　　　　　≪詩經·菜薇≫
　　　　우리 싸움 정처 없으니, 사람을 보내어(시켜) 문안을 드릴 수

---

[18] 본고에서는 기본적으로 필자가 찾은 예문들을 주로 인용할 것이며, 다른 학자들이 인용한 예문들은 따로 표시할 것이다.

도 없네.

　　c. 盧襄公使叔孫穆子來聘。　　　　　　　≪國語·晋語≫
　　　　노양공이 숙손목자를 보내(시켜) 진나라에 방문하게 하였다.

사실 '보내다'라는 구체적인 의미 속에는 '시키다'라는 추상적인 의미가 함의되어 있으므로, 이러한 현상은 자연스러운 결과라고 볼 수 있다.

　물론 '使'자의 구체적인 어휘 의미를 거의 찾을 수 없는 예들도 발견할 수 있는데, 즉 아래의 예 (15)와 같이 '보내다'라는 의미보다는 '~로 하여금 하게 하다(시키다)'라는 의미로 쓰인 경우들이며, 이는 이미 '使役'보다는 '致使' 범주에 속한다고 볼 수 있다.

(15) a. 齊侯使崔杼爲大夫, 使慶克佐之, 帥師圍盧。
　　　　　　　　　　　　　　　　　≪左傳·盧成公17年≫
　　　　제영공이 최저를 대부로 삼은 뒤 경극에게 최저를 도와 노
　　　　땅을 포위하게 했다.

　　b. 平公射鶉, 不死, 使豎襄搏之。　　　　≪國語·晉語≫
　　　　평공이 메추라기를 쏘았으나 잡지 못하자, 소신 양으로 하여
　　　　금 이를 잡도록 하였다.

　　c. 王使子誦。　　　　　　　　　　　≪戰國策·秦策≫
　　　　왕(孝文王)이 그(子楚)에게 책을 읽어보라고 했다.

　　d. 齊威王使大夫追論古者司馬兵法而附穰苴於其中。
　　　　　　　　　　　　　　　　　≪史記·司馬穰苴列傳≫
　　　　제나라 위왕은 대부들에게 고대의 ≪사마병법≫을 연구하도
　　　　록 하였다.

따라서 '使'자는 '보내다'라는 구체적인 의미로부터 致使 관계를 나타내는 추상적인 의미로의 일종의 의미 탈색(semantic bleaching) 과정을 겪었

다고 볼 수 있는데, 이를 그림으로 나타내면 다음과 같다.

<그림 4-4> '使'자의 의미 탈색 모형[19]

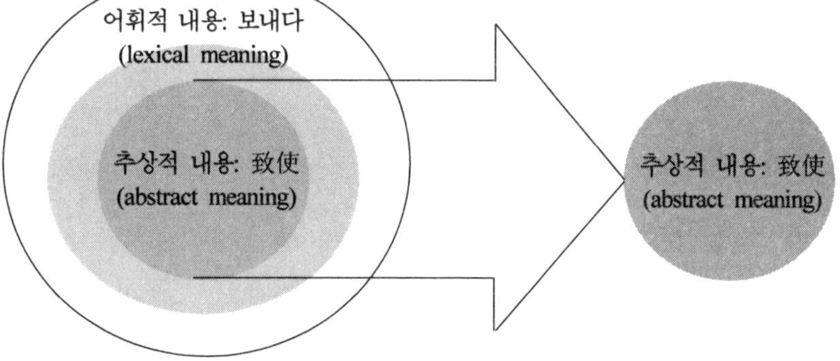

위의 그림에서 알 수 있듯이 어휘적 내용은 추상적 내용을 내포하는데, '使'자의 탈색 과정은 점진적이라고 할 수 있으며, 동시대에 혼용하여 존재하기도 한다. 이는 ≪史記≫의 다음과 같은 예에서 잘 나타난다.

(16) 上使劉敬復往使匈奴, 還報曰。 ≪史記·劉敬叔孫通列傳≫
　　고조는 다시 유경을 흉노에 사신으로 보내 흉노의 상황을 살펴
　　보도록 하였다.

위의 예문 (16)에서 앞의 '使'자는 '누구로 하여금'의 致使 의미로 해석되며, 뒤의 '使'자는 '보내다'라는 동사 의미로 쓰였다.
　비록 본고에서 '분화'라는 용어를 사용하지만 앞에서 살펴보았던 것처럼 이러한 분화 사이에는 과도기적인 용례들이 존재함을 알 수 있으며, 명확하게 구분되지 않는다는 사실을 유념해야만 한다.

---

[19] 이성하(1999:270)의 탈색모형을 '使'자에 적용한 것이다.

4.3.2 致使의 분화

한편 張麗麗(2005:123)는 李佐豊(1990/2004)과 달리 致使 용법을 有意致使와 無意致使로 구분하였으며, 이들 간에는 아래와 같은 변천경향이 있음을 제시하였다.

(17) 使役 용법 > 有意致使용법 > 無意致使용법[20]

有意致使는 예문 (18)과 같은 예이며, 無意致使는 다음과 같은 예들이다.[21]

(18) a. 武不才，任君之大事，以晋國之多虞，不能由吾子，使
吾子辱在泥涂久矣，武之罪也。　　≪左傳·襄公30年≫
나 무는 재주도 없는 몸으로 군주가 하는 큰일을 맡았소. 그
런데 진나라에 많은 우환이 있어 노인을 제대로 쓰지 못하고,
노인을 욕되게도 하위직에 오랫동안 머물게 했으니, 이는 모
두 내 죄오.
b. 今楚漢分爭，使天下無罪之人肝胆涂地。
≪史記·淮陰侯列傳≫
그런데 지금 초나라와 한나라가 서로 다투게 되자 천하의 죄
없는 사람들의 간과 쓸개로 땅을 바르게 하였다.
c. 公子無忌爲天下循便計，殺晋鄙，率魏兵以救邯鄲之

---

[20] 張麗麗(2005:123)는 無意致使 용법 다음으로 描述性致使 용법을 제시하였지만, 張麗麗(2005:137)가 스스로 밝혔듯이 술어가 상태와 태도를 동시에 나타내는 이러한 描述性致使 용법은 주로 令字句나 叫字句에 나타나며, 使字句에는 극히 드물게 나타난다. 張麗麗(2005)가 제시한 예 역시 2개뿐이라서 그 신빙성에 있어 의심이 되므로, 본고에서는 使字句의 변천과정에서는 描述性致使 용법을 생략하도록 하겠다.

[21] (18a)는 張麗麗(2005:133)가 제시한 예이다.

圍, 使秦弗有而失天下。　　　　≪戰國策·齊策≫

위나라 공자 무기가 천하의 편계를 써서 진비를 죽여 버리고
위나라 병사를 이끌고 포위당하였던 조나라 한단을 풀어주었
습니다. 그리하여 진나라로 하여금 조나라를 차지하지 못한
채 천하를 잃을 수 밖에 없도록 하였던 것입니다.

無意致使는 오늘날 우리가 일반적으로 致使라고 통칭하는 부류이다. 그
러나 使役과 致使로의 변천과정이 점진적이듯이, 致使 역시 有意에서
無意로 역시 점진적인 변천 과정을 거치게 된다.

만일 致使가 有意적이라면 使役과 구분하기가 힘들 수도 있는데, 이
는 使役 역시 有意적이기 때문이다. 이 문제에 관하여 張麗麗(2005:131)
는 아래와 같은 예를 제시하면서 使役과 致使 구분의 기준은 바로 NP2의
통제성에 있다고 보았다.

(19) 君子欲爲可歸，而不能使人必貴己，能力可信，而不能使
人信己，能力用，而不能使人必用已。≪荀子·非十二子≫
군자는 귀해질 수 있는 올바른 도를 지키기는 하지만, 사람들
이 자기를 반드시 귀하게 여기도록 하지는 못한다. 믿을 수
있는 신의를 지키기는 하지만, 사람들이 자기를 반드시 믿도
록 하지는 못한다. 등용할만한 능력을 기르기는 하지만, 사람
들이 자기를 반드시 등용하도록 하지는 못한다.

張麗麗(2005:131)는 (19)의 예가 使役과 有意致使의 과도기적인 경우라
고 여겼다. 다시 말해 (19)의 예는 한편으로는 타인에게 자기를 귀하게 여
기고, 믿게 하고, 등용하도록 요구하는 반면, 다른 한편으로는 타인으로
하여금 자기를 귀하게 여기고, 자기를 믿고, 자기를 등용하도록 시키는 것
이다. 즉 NP2가 VP의 발생을 충분히 통제할 수 있으면 使役용법이고, VP

의 발생을 통제할 수 없으면 致使용법이라는 것이다.

비록 NP$_2$의 통제성으로 使役과 致使를 구분한다는 張麗麗(2005)의 주장은 부분적으로 일리가 있지만 이러한 설명은 불완전한 것이며, 필자는 이보다는 NP$_1$의 통제성에 먼저 주목할 필요가 있다고 여긴다. 다시 말해 張麗麗(2005)는 使役 용법과 有意致使 용법은 둘 다 有生주어(NP$_1$)를 요구하며 통제성에서도 차이가 그다지 크지 않아 NP$_2$에 주목했는지도 모르겠지만, 필자는 NP$_2$의 통제성 하강 이전에 NP$_1$의 통제성 하강이 선행되어야 한다는 사실을 강조하고 싶다.

'使'자는 동사 자체의 의미로 인하여 기본적으로 有生 주어와 有生 빈어를 요구한다. 종종 李佐豊(1990/2004)이 언급한 바와 같이 使字句의 주어가 아래의 예와 같이 국가일 수도 있다.

(20) 吳使公子光伐楚。　　　　　　　≪史記·伍子胥列傳≫
　　 오나라에서는 공자 광에게 초나라를 치도록 하였다.

예 (20)의 주어 '吳'는 사실 오나라 왕을 가리킨다. 고대시기에 그 나라의 왕은 사실상 국가를 의미하므로 이는 **[기관으로 책임자를 대신함(INSTITUTION FOR PEOPLE RESPONSIBLE)]**,[22] 즉 **[국가는 한 나라의 왕을 나타낸다]**라는 환유현상이라고 할 수 있다. 한편 이러한 無生주어의 출현은 주어의 통제성이 약화되고 있다는 사실을 반영하는데, 예를 들면 다음과 같다.

---

[22] **[기관으로 책임자를 대신함]** 환유의 또 다른 예로는 "*Exxon* has raised its price again(엑슨 회사가 가격을 다시 올렸다)."과 "*The Senate* thinks abortion is immoral(상원 의원들은 낙태가 비도덕적이라고 생각한다)."이 있다(Lakoff & Johnson 1985/2001:66).

(21) 明年，燕使荊軻爲賊於秦，秦王使王翦攻燕。

《史記·白起王翦列傳》

이듬해에 연나라에서 형가를 보내 진나라 왕을 찔러 죽이려고
했고, 진나라 왕은 왕전을 보내 연나라를 치게 했다.

예문 (21)에서 앞 절의 無生 주어인 연나라와 뒷 절의 有生 주어인 진나
라 왕이 대응되며, 無生의 국가가 사실 有生의 왕을 의미할 수 있음을
알 수 있다.

결국 NP₁의 통제성 약화는 無生 주어를 허용하는데 이는 국가라는 형
태로 나타나기 시작하다가 결국에는 事件 주어가 등장하게 된 것이다.23
事件 주어가 쓰인 使字句는 비록 소수이긴 하지만 《詩經》까지 거슬
러 올라 갈 수 있다. 劉文正(2011:188)에 따르면 《詩經》에는 총 14개
의 使字句가 있는데, 이 중 6개의 使字句가 사건 주어를 취하고 있다.24

(22) a. 既往既來，使我心疚。　　　　　《詩經·小雅·大東》
　　　　왔다갔다 할 적 마다 내 마음이 아프네.
　　 b. 及兒偕老，老使歸聘。　　　　　《詩經·國風·氓》
　　　　그대와 해로 하겠더니 늙을수록 나로 하여금 원망케 하네.

使字句의 변천 과정에서 NP₁의 통제성 약화는 이미 Xu(2006:137)가 주
목한 바 있다.

---

23 좀 더 정확하게 말하자면 국가라는 주어의 출현은 使字句에서 有生 주어로부터
無生 주어로 넘어갈 수 있도록 하는 교량 역할을 한다는 것이다. 따라서 국가는
형태상으로는 無生 주어이지만, 의미상으로는 有生 주어의 역할을 한다.

24 비록 《詩經》에 이러한 사건 주어들이 출현하고 있지만, 사건 주어가 쓰인 使字
句뿐만 아니라 使字句 자체의 수량이 너무 적어 《詩經》 시기에 이미 NP₁의 통
제성 하락이 관습화되었다고 단정 짓기는 힘들다. 이는 본문에서 나오는 《史記·
列傳》과 《戰國策》의 통계 결과에서도 알 수 있는데, 이 후기 작품들에서도 여
전히 有生 주어가 우위를 차지하고 있기 때문이다.

Xu(2006)는 중고 시기(漢代) 이후 使字句(NP₁+使+NP₂+VP)가 문법화되는 조건으로 두 가지를 제시했다. 첫 번째는 使字句의 VP의 동작성 약화, 즉 VP가 구체적인 행위를 표시하지 않는다는 것이다. 그리고 두 번째는 NP가 施事에서 致事로 바뀐다는 것인데, 즉 이는 주어의 자주성이 소멸되는 것으로 Xu(2006)가 제시한 使字句의 문법화 과정은 다음과 같다.[25]

<그림 4-5〉 **使字句의 문법화 과정** (Xu 2006:138)

-VP	[+구체적인 행위] [+의지적]	>	[±구체적인 행위] [±의지적]	>	[-구체적인 행위] [-의지적]
-NP	[+施事]	>	[±施事]	>	[-施事]
-使	[+V]	>	[±V]	>	[-V]

그러나 Xu(2006)는 張麗麗(2005)와는 반대로 NP₁의 통제성 하강과 VP의 동작성 하강에만 주목하였을 뿐 NP₂의 통제성 하강은 고려하지 않았다.

사실 양자는 상보적인 개념이라고 할 수 있다. 다시 말해 비록 명확하게 구분이 되지는 않지만, NP₂의 통제성 하강은 NP₁의 통제성 하강에 기인한 것이며, Xu(2006)와 張麗麗(2005)는 각각 동전의 한 면만을 본 셈이다. 따라서 본고에서는 Xu(2006)와 張麗麗(2005)의 견해를 종합하여

---

25 그 외에도 Xing(2003:148)은 使字句의 문법화 과정에서 '담화와 접어의 모호성'이 중요하다고 보았다. 즉 '使人來'는 중의성을 가지게 되어 아래와 같이 두 가지로 해석될 수 있다.

　　使人來: ① 使人/來 - '파견한 사람이 왔다'
　　　　　　② 使/人來 - '사람이 오도록 시켰다'

즉 화용적으로 모호한 맥락이 '使'자를 '非致使' 용법에서 '致使' 용법을 갖도록 촉진시킨 것이다. 그러나 把字句는 이러한 재분석의 방식을 통해 중의성을 갖지는 않는다.

使字句의 변천과정에서 다음과 같은 연쇄 고리가 발생한다고 제시한다.

(23) NP_1의 통제성 하강 > '使'자의 의미 탈색 > NP_2의 통제성 하강
    > VP의 동작성 하강

요컨대 使役과 有意致使의 구분은 張麗麗(2005:131)처럼 NP_2의 통제성 여부에 근거하여 판단하기 보다는 먼저 NP_1의 통제성과 '使'자의 의미 탈색 여부에 근거하여 판단하는 것이 바람직하다.[26]

張麗麗(2005:135)는 또한 有意致使와 無意致使의 구분에 관하여 有意致使는 [비현실] 특징을 지니며, 無意致使는 [현실]이라는 특징을 지닌다고 하였으며, 특히 有意致使의 경우 일반적으로 '能'이나 '會'와 같은 조동사를 수반하여 비현실적인 상황을 나타낸다고 보았다(張麗麗 2005:141). 그러나 필자가 ≪戰國策≫과 ≪史記·列傳≫의 使字句를 조사한 결과 有意致使가 비현실을 나타내는 경우는 극히 드물었다. ≪史記·列傳≫의 674개의 使字句에서 비현실을 나타내는 경우는 9개이며, ≪戰國策≫의 307개의 使字句에서 비현실을 나타내는 경우는 17개로 이는 각각 1%와 5%인데, 이를 예를 들면 다음과 같다.

(24) a. 秦王欲使武安君代陵將。   ≪史記·白起王翦列傳≫
      진나라 왕은 왕릉 대신 무안군을 장군으로 삼으려 했다.
   b. 先生惡能使梁助之耶?"   ≪戰國策·趙策≫
      선생께서는 어떻게 양나라의 도움을 끌어낼 수 있다는 것입니까?

---

[26] 따라서 예문 (19)도 NP_2의 통제성보다는 NP_1의 NP_2의 행위(VP)를 통제할 수 있는지의 여부에 근거하여 판단하는 것이 낫다.

이러한 점을 고려해보면 사실상 張麗麗(2005)가 有意致使와 無意致使의 구분기준으로서 제시한 **[비현실]** 자질의 존재는 의미가 없는 것이다.

앞에서 이미 언급한 바와 같이 이러한 변천 단계들은 확연히 구분되는 것이 아니라 점진적이며 따라서 구분하기 힘든 과도기가 있다는 사실을 유념해야만 한다. 따라서 설령 주어가 사건이고 NP₂가 사람이라고 해서 使字句가 무조건 無意致使를 나타내는 것은 아닌데, 이러한 예들은 ≪戰國策≫과 ≪史記≫에서도 찾아볼 수 있다.

(25) 始皇可其議, 收去詩書百家之語以愚百姓, 使天下無以古
非今。   ≪史記·李斯列傳≫
시황제는 그 제안을 옳다고 여겨 ≪시경≫, ≪서경≫, 제자백가
의 책을 몰수하고 모든 백성을 어리석게 만들어 천하에 그 누구
도 옛것을 끌어들여 지금 세상을 비판하지 못하게 하였다.

(26) 今王之大臣父兄, 好傷賢以爲資, 厚賦斂諸臣、百姓, 使
王見疾於民, 非忠臣也。   ≪戰國策·楚策≫
지금 대왕의 대신부형은 어진 이를 깎아 내리는 것을 자질인 양
여기고, 여러 신하와 백성에게 부렴을 무겁게 하여 왕으로 하여
금 백성으로부터 미움을 사게 하니 충성되지 못한 신하들입니다.

예 (25)에서는 주어를 진시황이라는 有生 주어와 天下라는 無生 빈어로도 볼 수 있으며, 다른 한편으로는 진시황의 분서갱유라는 사건을 주어로 보고 세상 사람들이라는 有生 빈어로도 볼 수 있는데, 이는 다음과 같이 분석될 수 있다.

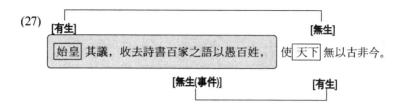

(27)

(26) 역시 같은 이치로 '대신부형'이라는 有生주어와 '대신부형의 올바르지 않은 행동'을 無生주어로 볼 수 있다.

有意致使와 無意致使의 과도기적인 과정을 좀 더 극단적으로 보여주는 경우는 아래의 예와 같다.

> (28) 王使臣以韓、魏與燕劫趙，使丹也甘之。≪戰國策·趙策≫
> 왕께서 다시 저에게 한·위 두 나라와 연나라를 묶어 조나라를 위협토록 임무를 내리셔서 제나라 공자 단으로 하여금 그 일을 달게 받도록(책임지도록) 하였다.

첫 번째 使字句는 有生 주어와 有生 빈어가 쓰였으나, 이 절이 하나의 사건 주어로 작용하여 다시 빈어 '丹'으로 하여금 어떤 일을 함을 나타내고 있다.

(29)

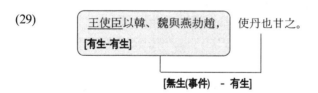

이와 같이 使役에서 致使로의 전환은 먼저 주어 NP_1의 통제성의 하락이 선행되어야 하며, 이에 따라 有意致使에서 無意致使로 전환할 수 있는 조건이 마련되어, NP_2의 통제성 하락이 발생하게 되는 것이다. 즉 본고에

서는 張麗麗(2005)와 달리 NP₂의 통제성 하락이 使役과 有意致使의 구분 기준이 아닌, 有意致使와 無意致使의 구분기준으로 보았다. 예를 들면 예문 (18b)의 천하 사람들은 초와 한의 전쟁으로 의도치 않게(無意) 죽임을 당하는 것으로 이는 천하 사람들이 통제할 수 없는 것이다.

4.4 使字句의 유생성

4.4.1 유생성과 문법태의 관계

使字句에 대한 유생성(animacy) 영향을 살펴보기 위해서 우리는 먼저 주어의 행위자성(agenthood)이 구문의 타동성(transitivity)과 사역성(causativity)에 어떠한 영향을 미치는지에 대해. 살펴볼 필요가 있다. 이에 관하여 Stefanowitsch(2001)는 아래의 그림과 같은 행위자성 연속을 제시하였다.

<그림 4-6> 행위자성 연속 (Stefanowitsch 2001:290)[27]

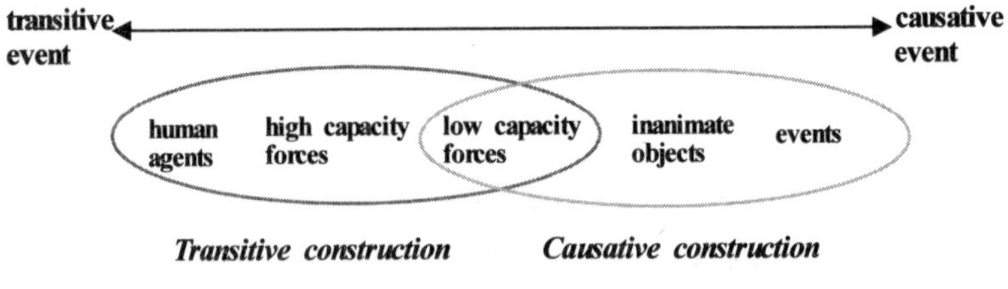

위의 그림에 따르면 타동 사건은 인간 행위자를 선호하는 반면, 사역 사건은 인간 행위자보다는 사건 주어를 더 선호함을 알 수 있다.[28]

---

[27] 그림 <4-6>에서 'capacity'는 에너지를 방출할 수 있는 잠재력(potential for releasing energy)을 의미한다.

[28] Stefanowitsch(2001)의 주장은 영어에서 가장 원형적인 사역 구문이라고 할 수 있

한편 Stefanowitsch(2001:290)는 주어의 행위자성(agenthood)뿐만 아니라, 빈어와 동사도 타동 사건과 사역 사건에서 중요한 역할을 한다고 보았는데, 이에 근거하여 필자는 주어, 빈어, 동사, 그리고 더 나아가 '把'자와 '使'자 이 모든 것들이 유기적으로 작용하는 구문 자체가 타동 사건과 사역 사건을 결정하는데 중요한 역할을 한다고 본다.

使字句의 주어와 빈어의 유형에 관하여 Takayuki(2005)와 조경환(2010a)의 통계결과에 따르면 使字句의 가장 원형적인 주어는 사건(event)이며, 가장 비원형적인 주어는 사람이다. 하나의 절과 동사구/형용사구는 사건을 가장 잘 표시하는 반면, 인간과 관련된 주어는 비원형적이며, 사물 주어는 그 중간에 있다고 할 수 있다. 반면 使字句의 빈어는 주어와는 반대로 인간과 관련될수록 원형적이며, 사물과 관련될수록 비원형적이라고 할 수 있다. 使字句의 이러한 양상은 흥미롭게도 把字句와 비대칭적인 경향을 띠게 된다(조경환 2010a). 使字句와 把字句의 주어와 빈어의 비대칭적인 양상을 그림으로 나타내면 다음과 같다.

는 'make' 구문에서 쉽게 확인된다. Kemmer(2001)는 BNC에서 추출한 200개의 'make' 사역 구문의 사역자(causer)와 피사역자(causee)의 유생성에 대하여 다음과 같은 통계 결과를 제시하였다.

	유생물	무생물
사역자	43%	57%
피사역자	72%	27%

박기성(2010:39)에서 재인용

〈그림 4-7〉 使字句와 把字句의 주어의 비대칭성

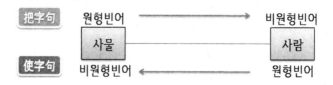

〈그림 4-8〉 使字句와 把字句의 빈어의 비대칭성

주어와 빈어뿐만 아니라, 把字句와 使字句에서는 동사에서도 비대칭적인 양상을 보이는데, 把字句의 동사는 대다수가 자주동사인 반면, 使字句의 동사는 비자주적이다.

가장 원형적인 처치 구문인 把字句와 가장 원형적인 사역 구문인 使字句가 이러한 비대칭 현상을 보인다는 사실에 근거할 때 우리는 결국 처치와 사역이 다른 범주임을 유추할 수 있다. 만일 '원인'과 '결과'의 개념에 근거하여 넓은 의미의 사역 개념에서 본다면, 처치 또한 일종의 사역으로 볼 수 있으나, 적어도 그와 같은 관점에서는 중국어의 여러 구문에서 나타나는 특징들을 포착할 수가 없다. 따라서 把字句의 처치를 사역(causative) 개념으로 보는 것보다는 고 타동(high transitivity)으로 보는 것이 좀 더 바람직하다고 할 수 있다. 물론 비처치류 把字句가 존재하기는 하지만, 이들은 위의 표에서도 알 수 있듯이 전체 把字句에서 차지하는 비중은 미미하다고 할 수 있다. 따라서 우리는 그림 <4-6>을 다음과 같이 수정할 수 있다.

〈그림 4-9〉 把字句와 使字句의 의미양상

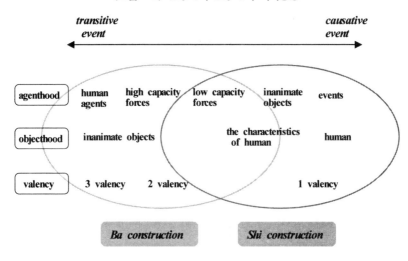

이와 같이 把字句와 使字句는 요소간의 비대칭적인 양상을 보이며, 처치와 사역의 공통적인 양상을 보이는 구문은 致使 把字句라고 할 수 있다.

使字句와 把字句의 비교에서 알 수 있듯이, 두 구문간의 원형적인 주어와 빈어, 술어의 자주성은 비대칭적이다. 따라서 필자는 두 구문이 나타내는 處置와 致使는 반비례의 관계에 있다고 여기는데, 즉 處置의 의미가 부각되면 致使의 의미는 내현적이게 되고, 만일 致使의 의미가 부각되면, 處置의 의미는 내포된다. 전자는 대부분의 把字句에 해당되며, 후자는 致使 把字句에만 해당된다.[29] 기존의 處置설이 "偏又把鳳丫頭病了。"와 "這件事把他氣死了。"와 같은 把字句를 설명할 수 없었던 이유는 간단하다.[30] 이러한 遭遇와 致使 把字句가 處置를 나타내지 않는 非處置類이기 때문이다. 따라서 處置와 致使의 이러한 관계를 그림으로

---

[29] 張豫峰(2006) 참조.
[30] 周紅(2005:178)은 기존의 處置설이 "怎麼把人跑了。", "這條路快把我走暈了。"와 같은 유형의 把字句를 설명할 수 없음을 비판하였다.

나타내면 아래와 같다.[31]

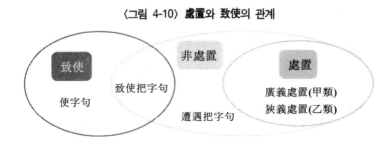

〈그림 4-10〉 **處置**와 **致使**의 관계

4.4.2 유생성과 **使字句**의 주관화

비록 몇몇 문제점들이 존재하지만 상기 학자들이 使字句의 변천 과정에서 유생성의 변화에 주목한 점은 흥미롭다고 할 수 있다. 중국어는 한국어와 달리 형태표지가 발달하지 않았기 때문에 중국어의 구문과 태의 전환에 있어서 유생성(animacy)이 상당히 중요한 역할을 한다. 이는 한국어와의 비교에서도 쉽게 알 수 있는데, 예를 들면 다음과 같다(연재훈 2011).

(30) a. 아버지가 아이를 마당에서 놀게 했다.
b. 아버지가 아이에게 마당에서 놀게 했다.
c. 아버지가 아이가 마당에서 놀게 했다. (연재훈 2011:118)

한국어에서는 피사역주의 통제성 정도가 다양한 격 표지에 의해 표시되

---

[31] 물론 '致使'를 나타내는 구문에는 使字句와 致使 把字句외에도 여러 가지가 있을 수 있겠지만, 여기에서는 설명의 편이를 위하여 간소화 한 것이다.

는데, (30a)에서 피사역주에 표시된 대격은 사역주의 강력한 강요를 함축하고, (30b)의 여격은 그보다 약한 명령이나 권유, 그리고 (30c)의 주격은 단순한 허락이나 분위기 조성의 의미를 함축한다.

본 절에서는 使字句의 변천 과정, 즉 使役에서 致使로, 또 有意致使에서 無意致使로의 변천 과정에서 有生性의 변화가 使字句에서 어떠한 작용을 일으켰는지를 살펴보기 위하여 통시적인 각도에서 使字句를 분석할 것이다.

먼저 필자는 ≪戰國策≫과 ≪史記·列傳≫의 使字句를 조사하였으며, 조사 대상의 경우 '사역주(causer) + 使 + 피사역주(causee) + VP' 형식의 겸어문이다.32 ≪戰國策≫과 ≪史記·列傳≫을 조사 대상으로 삼은 이유는 李佐豊(1990/2004)이 ≪左傳≫의 使字句를 조사하였으므로, 시기적으로 ≪左傳≫이후의 자료를 조사한다면 使字句의 변천과정을 좀 더 구체적으로 파악할 수 있기 때문이다. ≪史記·列傳≫의 使字句의 有生性 관계는 아래의 표 <4-4>와 같다.

〈표 4-4〉 ≪史記·列傳≫의 使字句

사역주	피사역주	개
有生	有生	503
有生	無生	10
無生(국가)	有生	109
無生(사건·사물)		38
無生(사건)	無生	14
		674

---

32 이에 따라 '사역주(causer) + 使 + VP'와 같은 형식은 제외되었다. 그러나 복문의 경우에는 앞 절에서 사역주 주어가 출현하고 뒷 절에서 생략된 경우에는 포함시켰다. 한편 "道德不厚者不可以使. ≪戰國策·秦策≫"과 같이 '使'자가 '사용하다, 부리다'라는 의미로 사용되었을 경우에는 겸어문이 아니라 단순 타동문이므로 통계에서 제외하였다.

대체로 使役과 有意致使의 경우는 [有生-有生], [無生(국가)-有生]과 소수의 [有生-無生] 배열로 나타났다. [有生-有生]인 경우가 75%이며, [有生-有生], [無生(국가)-有生], [有生-無生] 배열은 92%를 차지하였다. 특히 [有生-無生]의 경우에서 無生 피사역주는 (31a)에서처럼 대부분 국가이지만, (31b)의 '私'와 같은 추상 사물인 경우도 간혹 있었다.

(31) a. 先生惡能使梁助之 ?　　　　≪史記·魯仲連鄒陽列傳≫
　　　　선생께서는 어떻게 위나라가 조나라를 돕도록 할 수 있겠습니까?
　　　b. 吳起之事悼王也，使私不得害公。≪史記·範雎蔡澤列傳≫
　　　　오기는 초나라 도왕을 섬길 때 사사로운 이익으로 나라의 이익을 해치지 못하게 하였다.

有意致使와 無意致使의 과도기적인 경우와 無意致使는 [無生(사건/사물)-有生]과 소수의 [無生-無生] 배열로 나타났다. [無生-無生] 배열에 있어서 (32a)의 경우 應侯가 잔도를 놓은 사건은 천하가 모두 진나라를 두려워하게 만들었는데, 이때 '天下'는 사실상 천하 제후를 가리키므로, 사실상 [無生-有生]의 변형으로 보아도 무방하다. 그러나 (32b)와 같이 순수하게 [無生-無生]의 배열을 나타내는 경우도 발견되는데, [無生-無生]의 경우 無意致使를 나타내지 않는다는 점에서 有意致使에서 無意致使로 가는 과도기적인 범주로 간주할 수 있다.

(32) a. 棧道千里, 通於蜀漢, 使天下皆畏秦。
　　　　　　　　　　　　　　≪史記·範雎蔡澤列傳≫
　　　　천리나 되는 잔도를 놓아 촉나라와 한중을 연결하여 천하가 모두 진나라를 두려워하게 만들었습니다.
　　　b. 子貢一使, 使勢相破。　　　≪史記·仲尼弟子列傳≫

자공이 한번 뛰어다니더니, 각국의 형세에 균열이 생기게 되었다.

다음은 ≪戰國策≫의 使字句와 有生性의 관계를 살펴보도록 하자.

〈표 4-5〉 ≪戰國策≫의 使字句

사역주	피사역주	개
有生	有生	185
有生	無生	21
無生(국가)	有生	45
無生(사건·사물)		39
無生	無生	17
		307

≪戰國策≫ 역시 약간의 변동이 있지만 기본적으로 ≪史記·列傳≫과 비슷한 경향을 보임을 알 수 있다. 기본적으로 使役과 有意致使의 경우인 [有生-有生]의 경우와 [無生(국가)-有生], [有生-無生]은 총 251개로 전체의 82%를 차지한다. 나머지는 과도기적인 경우와 無意致使의 경우이다.

(33) a. 薛公曰 : "善。" 因令韓慶入秦, 而使三國無攻秦。
　　　　　　　　　　　　　　　　≪戰國策·西周策≫
설공이 말하였다: "좋습니다." 그러고는 한경을 진나라로 보내놓고 삼국으로 하여금 진나라를 공격하지 않도록 하였다.
b. 吳起事悼王, 使私不害公。　　　≪戰國策·秦策≫
오기는 초나라 도왕을 섬기면서 사사로운 일을 위해 공을 해치는 일이 없었다.

예 (33) 또한 [有生-無生]의 경우로 (33a)에서 '三國(齊, 韓, 渭)'은 사실상

三國의 왕을 가리킨다고 볼 수 있다. (33b)는 ≪史記·列傳≫의 예(33b)
와 거의 같다.

(34) a. 又斬範、中行之途，棧道千里於蜀、漢，使天下皆畏秦。
≪戰國策·秦策≫
범씨, 중항씨의 땅을 지나 잔도로 천리나 뻗쳐 촉과 한중까지
통하게 하여 천하로 하여금 진나라를 두렵게 하도록 만들었다.
b. 秦使趙攻魏，魏謂趙王曰。　　　　　≪戰國策·魏策≫
진나라가 조나라로 하여금 위나라를 공격하도록 하였다.

(34a) 예 역시 (32a)와 유사한데, (34b)의 [無生-無生]은 모두 국가이므로,
사실상 [有生-有生]의 변이형으로 볼 수 있다.
　　결국 위의 조사를 통해 使字句의 변천과정에서 有生性의 변이는 다음
과 같이 유추할 수 있다.

〈그림 4-11〉 使字句의 有生性변이

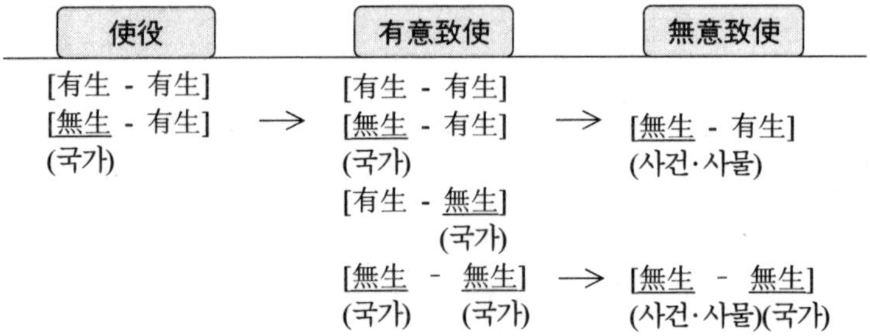

使役		有意致使		無意致使
[有生 - 有生]		[有生 - 有生]		
[無生 - 有生]	→	[無生 - 有生]	→	[無生 - 有生]
(국가)		(국가)		(사건·사물)
		[有生 - 無生]		
		(국가)		
		[無生 - 無生]	→	[無生 - 無生]
		(국가) (국가)		(사건·사물)(국가)

위의 그림 〈4-11〉에서 [有生-有生]의 ①번으로의 변화는 주요 변천 경로
라고 할 수 있으며, ②번 변천 경로는 부수적인 변화과정이라고 할 수
있다.

그렇다면 使字句에서 왜 이러한 有生性의 변화가 생기는 것일까? 첫째, 이는 使字句에서 '使'자의 의미와 관련이 있다. 즉 앞에서 언급했듯이 동사 '使'의 의미는 '보내다'이며, 이는 使役을 나타내는 초기 使字句가 "王使使謂伍奢曰。"에서와 같이 '누구를 보내서 무엇을 하게 했다'를 나타내는데, 이는 두 개 논항의 **[有生-有生]**이 가장 적합한 배열임을 알 수 있다. 또한 누군가를 보내기 위해서는 주어가 어느 정도 높은 지위에 있는 사람, 가령 王이어야 하며, 누군가는 신하이므로, 같은 有生논항이라도 上下관계가 엄밀히 존재함을 알 수 있다(李佐豊 1990/2004:134). 고대시기에 한 나라의 王은 바로 국가이며, 王의 뜻은 국가의 뜻이므로, "燕使太子請救於楚。"에서와 같이 無生 주어의 출현 역시 불가피한 것이었다.

비록 국가이지만 이와 같은 無生 주어의 출현은 使字句에서 새로운 전환의 계기를 마련하였는데, 이는 제1주어인 사역주의 통제성 약화를 의미하며, 또한 환유의 작용으로 인하여 또 다른 無生주어인 사건주어가 출현할 수 있는 환경을 마련하게 된다. 결국 **[無生(사건·사물)-有生]** 使字句가 출현하며 有生 논항의 통제성이 상실되므로 無意致使가 출현하게 된다.

앞의 논리대로라면 有生 논항의 통제성 약화는 無生논항의 출현을 가져오는데, 그렇다면 왜 使字句의 변천과정과 주관화의 끝에는 **[無生-無生]**이 아니라 **[無生-有生]**에서 끝나게 되는 것일까? 이는 使字句라는 구문과 구문의미에 기인한 것이다. 즉 서론에서 使動의 의미는 '사역주가 피사역주로 하여금 어떤 일이나 행위를 하게 만드는 태'의 일종이라고 하였는데, 피사역주가 만약 無生이라면 어떤 일이나 행위를 하기에는 그다지 적합하지 않기 때문이다. 이에 우리는 ≪史記·列傳≫과 ≪戰國策≫에 출현한 대부분의 無生 피사역주가 사실상 有生임을 의미하는 국가나 '天

下'라는 사실을 유념할 필요가 있다. 따라서 **[無生-無生]** 배열은 극소수의 예만이 존재할 뿐이다.

앞 장에서 우리는 NP$_1$과 NP$_2$의 통제성 하강은 순차적으로 발생하며 이는 '使'자의 의미 탈색뿐만 아니라 구문의 의미 변화를 이끌었음을 살펴보았다. 이러한 NP 논항의 통제성 약화는 사실 주관화(Subjectification)의 반영이라고 할 수 있다(Langacker 1990, 1999). 예를 들면 "Sam is going to mail the letter."가 주어(Sam)에 의한 물리적이고 객관적인 이동이라면, "It's going to be summer before we know it."과 같은 경우에는 주어(it)는 어떠한 역할을 수행하지 못하는 단계에 이르게 되는데, Langkacker (1999:159)는 이를 '투명성(Transparency)'이라고 불렀다.[33]

使字句의 주관화 특징은 주관화를 겪은 것으로 알려진 대표적인 구문인 把字句와 비교해 보면 좀 더 분명히 알 수 있다.

〈그림 4-12〉 **使字句와 把字句의 주관화**

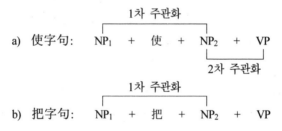

使字句는 앞에서 살펴본 바와 같이 구문 자체에서 두 번의 주관화 과정을 겪게 되는데, 이는 NP$_1$과 NP$_2$의 有生性과 밀접한 관계를 가진다. 이에 반하여 把字句의 주관화는 단 한 차례의 주관화를 겪게 되는데, 이는 '把'자의 원래 의미가 '어떤 물건을 잡다'이므로 把字句의 원형 형태는

---

[33] 주관성과 주관화에 대한 좀 더 심도 있는 설명은 2.4장 참조바람.

'어떤 물건을 어디에 두거나 누구에게 준다.'(소위 廣義處置式 또는 甲류)이므로 주어 논항의 경우 有生적이나 把-NP는 無生적인 사물이기 때문이다.34 이와 같이 동사, 구문 자체의 의미, 그리고 有生性은 주관화의 중요한 결정요소가 된다.

비록 朱琳(2011) 역시 주관화의 관점에서 使字句의 변천과정을 다루었지만 여기에는 한 가지 문제점이 있는데, 즉 朱琳(2011:138)은 기본적으로 Langacker(1990, 1999)의 주관화 모형에 Traugott& & Dasher(2002)의 '간주관화(intersubjectification)'를 접목시켰다는 것이다. '주관화'가 주로 화자와 주어에 관한 개념이라면, '간주관화'는 화자와 주어뿐만 아니라 청자까지 고려한 개념으로35 이 개념은 인지언어학자들 사이에서도 논란이 많이 되는 개념이며, Langacker(1990, 1999) 자신도 이 개념을 탐탁치 않게 생각하여 그 자신의 이론에서는 배제하였다. 비록 간주관화 개념의 적정성은 논쟁 중에 있지만, 적어도 使字句의 변천과정과 주관화에 관해서는 朱琳(2011)처럼 Langacker과 Traugott & Dasher의 주관화 개념을 억지로 끼워 맞출 필요가 없다. 왜냐하면 使字句의 변천과정은 간주관화와는 아무런 관련이 없으며 이것은 실제로는 이중 주관화(double subjectification)의 문제이기 때문이다.

본 절에서는 使字句의 주관화를 살펴보았다. 使字句는 한 차례의 주관화를 겪은 把字句와는 달리 사역주의 주관화와 피사역주의 주관화라는 이중 주관화(double-subjectification)를 겪었다. 이는 '使'자 동사의 원

---

34 이 말은 유생성의 관점에서 把字句가 통사적인 층위에서의 변화를 가져오는 주관화를 한 차례 겪었음을 의미한다. 여기에서 把-NP의 객관적 이동에서 주관적 이동으로의 개념적인 층위에서의 주관화는 배제되었다.

35 예를 들면 "Let's take our pills now, Johnny."라는 표현은 "Take your pills now, Johnny!"라는 명령보다 완화된 어기로서 청자에 대한 상호주관적인 의도를 표시한다. 이와 같이 간주관적 표현은 화자와 청자 사이의 관계를 문법적으로 부호화 하는 경향이 있으므로 주로 명시적인 사회적 직시에 관련된다(Traugott & Dasher 2002:22-23, 177).

래 의미와 겸어문이라는 구문 자체의 성질이 결국 이러한 주관화를 야기시켰다고 볼 수 있다. 또한 Xu(2006)와 張麗麗(2005)는 각각 NP$_1$의 통제성 약화와 NP$_2$의 통제성 약화에 초점을 두었지만, 본고에서는 각각 분리된 것이 아니라 양자가 서로 연결되어 있으며, NP$_1$의 통제성 약화는 바로 NP$_2$의 통제성 약화를 불러일으킨다고 보았는데, 필자는 이를 ≪史記·列傳≫과 ≪戰國策≫의 자료조사를 통해 검증하였다.

使字句는 동사 자체의 의미로 인해 기본적으로 **[有生-有生]** 배열을 가지지만, 주관화를 겪으면서 여러 가지 배열이 출현하였다. 여기에서 중요한 것은 無生(국가)의 출현으로 이는 사실상 왕을 의미하므로 有生논항의 변형으로 볼 수 있다. 따라서 **[有生-無生(국가)]**, **[無生(국가)-有生]**, **[無生(사건)-無生(국가)]**의 使字句가 출현하지만, 이는 소수의 과도기적인 배열을 거쳐 無意致使인 **[無生(사건)-유생]** 배열의 使字句가 출현한 것이라고 추측할 수 있다. 이에 관해서는 향후 叫字句, 讓字句와 같은 다른 致使 구문간의 비교를 통해 보다 심도 있는 연구가 필요하겠다.

제5장

被字句*

5.1 被字句에 관한 기존 연구의 문제점

　被字句는 被動態(passive voice)의 가장 대표적인 구문이며, 把字句와 더불어 중국어에서 가장 활발하게 연구되는 특수구문이다. 실제로 被字句와 把字句간의 관계에 대한 연구 역시 활발하게 진행되었으며, 이를 통해 두 구문 간에 많은 공통점이 존재한다는 것 또한 이미 밝혀진 바 있다. 예를 들면 王力(1943/1985:133)은 被字句와 把字句는 비록 형식은 다르지만 행위의 성질이 대체로 같아 많은 被字句들이 把字句로 전환될 수 있다고 언급하였으며,[1] Xiao & McEnery(2004:77) 역시 把字句와 被字句가 모두 공통적으로 결과를 포함하는 구문이라고 여겼다.[2]

　그러나 본장에서는 두 구문간의 공통점보다는 차이점에 주안점을 둘 것이며, 실제로 把字句와 被字句가 각각의 고유한 특징을 지닌 별개의 구문이라는 사실을 밝히는데 목적을 둔다. 설령 같은 피동태(passive voice)라고 할지라도 被字句는 受事주어문과는 다르며 나아가 被字句

---

* 이 장은 조경환(2010a, 2011)을 수정·보완한 것이다.

[1] 王力(1943/1985:133)가 든 예는 다음과 같다:

　　何三被他們打死。　　↔　他們把何三打死。
　　老太太被風吹病了。　↔　風把老太太吹病了。

[2] Xiao & McEnery(2004:77)는 다음과 같은 규칙을 제시하였다:

　　중심[-결과]+把/被字句 ⇒ 절[+결과]

는 다른 언어의 피동문과는 다른 독특한 점이 있음을 살펴볼 것이다.

먼저 被字句에 관한 기존 연결규칙들의 문제점을 살펴보도록 하자. Chang(2003:345)은 (1)과 같은 연결규칙을 제시하였는데, 구체적인 예를 살펴보면 (2)와 같다.

(1) 연결규칙 5(Chang 2003:45)
  a. 영향의 중심지 → 주어
  b. 시발자 → '被'자의 빈어

(2) a. 李四被張三推倒了。

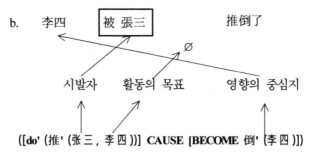

앞에서 언급했듯이 Chang(2003)의 연결규칙은 被字句의 통사 구조와 의미 구조간의 관계를 잘 보여주기는 하지만, 시발자가 왜 '被'자의 빈어가 되며, 영향의 중심지가 왜 주어위치로 오는지에 대해서는 설명이 없다. 즉 이러한 피동화 연결규칙은 被字句가 어떻게 형성되는지에 관한 묘사일 뿐, 왜 그렇게 형성되었는지의 원인에 관해서는 해석할 수 없다.

Her(2009) 역시 被字句에 관하여 다음과 같은 연결규칙을 제시하였다.

(3) Her(2009:462)의 被字句의 연결규칙

a. 被 <x y z>, x is responsible for (adversely)
affecting y as z describes
b. 被 <x y z>

S (O) XCOMP

Her(2009)는 기본적으로 '被'자가 세 개의 논항을 취한다고 보았는데, x
는 y가 z를 묘사하는 상황처럼 (반의적으로) 영향을 주는데 책임이 있으
며, 피동의 필수적인 자질은 행위자(agent: 施事)의 탈-화제화 라고 기술
했다는 점에서 Chang(2003)의 그것보다는 진일보했다고 할 수 있다. 그러
나 Her(2009)의 연결규칙에서도 역시 문제점이 보이는데, 왜 시발자 또는
행위자가 출현하지 않는 단순 被字句로부터 시발자 또는 행위자가 출현
하는 복잡 被字句가 변천되어 나왔는지에 대한 어떠한 설명도 없다. 뿐
만 아니라 이러한 단순한 연결이 왜 被字句가 과거에는 불쾌한 사건을
주로 나타내다가 이후 점차적으로 단순한 피동관계만을 나타내는 중성적
인 被字句들이 출현했는지에 대해서도 설명할 수가 없다.

이와 같이 기존의 '연결이론'으로는 통사 구조와 의미 구조간의 대응관
계를 온전히 포착할 수 없다. 사실 이러한 현상이 생기게 된 원인은 연결이
론으로 포착할 수 없는 요소가 구문층위에서 존재하기 때문인데, 이에 관하
여 Langacker(2009:233)의 '합성(composition)' 개념을 살펴볼 필요가 있다.

〈그림 5-1〉 구성요소 구조와 합성 구조의 관계(Langacker 2009:233)

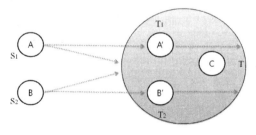

A와 B는 두 구성요소 구조들의 개념적인 내용을 나타낸다. A'와 B'는 합성 구조 T안에서 A와 B의 명시화(manifestation)를 나타낸다. C는 추가 내용을 나타내는데, C의 어떠한 부분도 A' 또는 B'에 의해 가정되지 않는다. 따라서 구성요소들은 합성 구조를 구성하는 벽돌로 생각해서는 안 되며, 합성개념에 대한 접근을 제공하는 디딤돌로 보아야 하는데, 즉 구성요소들이 합성 구조를 완전히 제공한다기 보다는 그것을 이해하는 특정방식을 부과하는 것으로 간주되어야만 한다.

이에 Langacker(2009:256)는 C와 같은 요소를 '왜곡(skewing) 요소'라고 하였는데, 지금까지 살펴본 바와 같이 구문 자체가 추가 요소인 왜곡요소를 지니며, 이러한 추가요소는 연결(lingking) 규칙에 의해 포착하기가 힘들다. 이러한 문제를 해결하기 위해서는 '被'자가 단순한 문법사가 아닌 의미작용을 하며, 被字句 전체의 구문 의미도 살펴보아할 필요가 있다.

5.2 '被'자의 기능

5.2.1 '被'자의 의미변화

Langacker(2009:256)는 '왜곡'이 피동문에서 행위자의 탈 초점화와 피험체의 탄도체화 현상을 가져온다고 하였다.[3] 예를 들면 영어의 피동문에서 왜곡요소 '-ed'는 탄도체(tr)를 행위자보다는 피험체에 부여함으로써 동사(이 경우에 'kick')에 의해 지시된 과정을 재해석하는 기능을 한다.

그런데 중국어의 '被'자의 경우 영어의 경우보다 좀 더 복잡한데, 왜냐

---

[3] 이 말은 피동문에서 행위자가 주어가 되지 못하고, 피험체가 주어가 된다는 것을 뜻한다.

하면 '被'자는 단순히 탄도체의 전환뿐만 아니라 '반의적인' 의미도 동반하기 때문이다. 이러한 현상이 발생하게 된 원인을 규명하기 위해서는 '被'자의 의미와 문법화 과정을 살펴볼 필요가 있다.

'被'자는 원래 '이불'을 의미하는 명사였으나, 이후 '덮다('覆蓋')'라는 동사로 의미가 전환되었고, 그 다음에 피동적으로 어떤 사물을 받거나 당하는 것('遭受')을 의미하게 되었다.

이후 被字句는 '被'자 뒤에 NP$_2$가 출현하는 형식이 출현하였고,[4] 唐代에는 동사 뒤에 NP$_3$가 나타나는 형식도 출현하였다(王力 1980/1997: 392). ≪祖堂集≫에 출현하는 被字句를 정리하면 아래의 표와 같다.

〈표 5-1〉 ≪祖堂集≫의 '被'자와 被字句

	'被'자의 의미	被字句
①	이불	師雲: "夏天赤骨身, 冬天須得被。" (卷17) "여름에는 알몸으로 자고, 겨울에는 이불을 덮느니라."
②	덮다	"頭上不戴角, 身上不被毛。" (卷8) "머리에는 뿔을 이지 않고 몸에 털을 걸치지 않은 것이니라."
③	피동(不如意)	"吾自到此土, 六度被人下藥, 我皆拈出。"(卷2) "내가 이 땅에 온 뒤에 여섯 차례나 사람들에 의해 독살될 뻔했으나, 모두 집어냈다."
④	피동(施受관계 표시)	有一銅鈴被風搖響。 (卷2) 풍경이 바람에 흔들려 소리 났다.

여기에서 중요한 점은 王力(1980)이 지적한 것처럼 초기 대부분의 被字句가 불행 또는 불쾌한 사건을 표시했다는 사실이다. 王力(1980/1997: 395)에 따르면, ≪世說新語≫에서 사용된 총 29개의 被字句에서 22개가 이미 불행 또는 불쾌한 사건을 표시한다고 하였다. 물론 모든 被字句

---

[4] '被' 뒤의 NP$_2$에 대해서는 논란의 여지가 있지만 일반적으로 施事라고 일컬어지므로, 본고에서는 넓은 의미의 施事로 보았다.

가 반의(不如意, 不企望)적인 의미를 나타내지는 않지만, 반의적인 의미가 被字句의 주요 의미임에는 틀림없다.

그렇다면 被字句의 이러한 반의적인 의미는 과연 어디로부터 오는 것일까? 이에 관해서는 크게 두 가지 견해가 있다.

첫째 張延俊(2010:149)은 '被'자의 이러한 의미 전환은 '于'자 被動式의 영향을 받아 발생한 것이라고 보았다.

(4) 萬民被其利。 ≪墨子≫
    만민이 그 이익을 입는다.

(5) '于'자가 생략된 '于'자 被動式 → 受到義動詞謂語中動式
    萬民 被(于) 其利   萬民   被   其利
    受事 謂語(覆盖) 施事   当事 謂語(得到) 内容

이에 반해 Zhang(1994:346)은 被字句의 이러한 반의적인 의미의 기원은 바로 '被'자가 '덮다'라는 의미로부터 '당하다'라는 의미변화과정 자체에서 생겨난 것이라고 보았다. 다시 말해 덮는 행위는 저항할 수 없는 행위로 간주되되, 덮힘을 당하는 사람이나 물체는 피동적으로 행위를 받으므로, 화자는 쉽게 불행 또는 힘이 없는 것으로서의 영상을 만들게 된다는 것이다.

김윤정(2008) 역시 비슷한 견해를 제시했는데, [+덮는다]라는 이불의 의미 자질은 수많은 부정적인 관념과 연결되면서 '부정적 피동' 관념과 연결된다고 보았다.

(6) [+덮는다]의 부정적인 자질(김윤정 2008:214)
    a. 덮는다 > 빛과 차단되다 > 어둡다 > 잘 보이지 않는다 >

드러나지 않는다

　　b. 덮는다 > 막히다 > 자유롭지 못하다 > 답답하다 > 괴롭다

필자 역시 이들의 견해에 동의하지만 좀 더 나아가 이와 같은 '덮다'에서 '당하다'로의 부정적인 의미 파생 과정에서 施事 NP_2의 출현여부 역시 고려되어야 한다고 생각한다. 다시 말해, '被'자가 '당하다'라는 의미를 가질 때에 화자는 受事 NP_1에 감정을 이입하여 반의적인 의미를 갖게 되지만, 동시에 그렇게 '당함'으로써 施事인 NP_2를 보지 못하게 된다는 것이다. 화자가 NP_1의 입장에서 덮힘을 당하게 된다면(遭受), 施事 NP_2는 NP_1의 시야에서 사라지므로(覆蓋), 이 단계에서 '被'자는 동전의 양면과 같이 기능하게 되는데, 이를 그림으로 나타내면 아래와 같다.

〈그림 5-2〉 '被'자의 반의적인 의미 파생과정

'被'자의 이러한 '덮는' 기능은 여러 가지 의미를 가진다. 첫째, 앞에서 살펴 본 바와 같이 중성적인 의미로부터 '당하다'라는 반의적인 의미를 만들어낸다. 둘째, NP_1이 당함으로써 그것의 의미역이 施事로부터 경험자(또는 당한이 'undergoer')로 바뀐다. 셋째, 施事인 NP_2를 사라지게 한다. 被字句에서 施事의 출현 문제는 주관화와도 관련이 있으므로, 이에 관해서는 다음 장에서 좀 더 구체적으로 다루도록 하겠다.

　　'被'자 자체의 '당하다'라는 반의적인 의미는 唐代이후 被字句가 被

動態(passive voice)의 주요한 위치를 차지하는데 중요한 역할을 하게 되는데, 이는 '당하다'라는 의미와 被動態와의 자연스러운 연결에서 그 원인을 찾을 수 있다. 또한 이러한 반의적인 의미는 '被'자가 다른 피동 표지 '讓, 叫, 給' 등과 같이 다른 의미(사실 사역 의미를 먼저 가졌던)를 가지지 않고 순수하게 被動 의미만을 갖도록 유지한다.

5.2.2 '被'자의 방향성

이번 절에서는 '被'자의 방향성 문제를 다룰 것인데, 설명의 편이를 위해 '把'자와 비교하며 논의하겠다. 邵敬敏·趙春利(2005:17)는 동작의 방향을 크게 순방향(順方向)과 역방향(逆方向)으로 나누었는데, 순방향(A →B)은 A의 입장에서 관찰한 것으로 A가 동작을 발휘하여 B가 영향을 받았음을 나타내며, 역방향(B←A)은 B의 입장에서 B가 A의 동작의 영향을 받은 것을 표시하는 것이라고 하였다. 순방향의 경우에는 특별한 표지가 필요 없는 반면, 역방향의 경우에는 '把'와 '被'자에 의해 표시가 된다고 보았다.

周紅(2008:8) 역시 '被'자를 역방향을 표시하는 표지로 보았으나, 邵敬敏·趙春利(2005)와는 달리 '把'자가 순방향을 표시하는 것으로 보았다. 한편 Chao(1968/2004:98)는 '被'자는 동작의 방향이 안으로(inward) 향함을 표시하는 반면, '把'자는 동작의 방향이 밖으로 향하게(outward) 한다고 보았다.

이와 같이 '被'자의 방향에 대해서는 의견이 일치하지만, '把'자의 방향에 대해서는 견해가 일치하지 않는다.

이상의 견해들에 근거할 때 Chao(1968/2004)나 周紅(2008)의 견해를 따라 '把'자는 역방향이 아닌 순방향으로 보는 것이 좀 더 타당하다고 여겨지는데, 이렇게 여기는 근거는 把字句가 원래 연동문에서 기원하였으며, 아래의 예 (7)에서도 알 수 있듯이 把字句는 일반적으로 '시간순서원칙(the principle of time sequence:PTS)'을 따르기 때문이다.

(7) a. 我把飯吃了。
      나는 그 밥을 다 먹었다.
    b. *我吃了把飯。[5]

그러나 '把'자와 '被'자의 기능이 邵敬敏·趙春利(2005)나 周紅(2008)의 설명처럼 동작의 방향을 표시하는 것이라는 점에 필자는 의구심을 가지는데, 우리는 이 문제에 대해 아래와 같은 창조류 동사가 쓰인 예문들을 통해 좀 더 살펴보기로 하자.

(8) 我把你的介紹信寫了。   (Teng 1975:108)
     나는 너의 소개장을 썼다.

(9) *那幅畫被他畫了。   (金允經 1996:54)

위의 예문 (9)와 같은 被字句의 경우 NP1인 '那副畫'는 반드시 동작 이전에 존재해야만 한다(金允經 1996:54). 이러한 현상은 사실 '被'자의 역방향성 표시 기능에 기인한 것인데, 즉 被字句는 施事인 NP2가 受事인 NP1에 이미 어떠한 일을 행했음을 전제하는 것이며, 만약 이러한 전제가 성립되지 않는다면 그 被字句는 비문이 된다.

被字句와는 달리 把字句에서 把-NP의 존재여부는 현실세계보다는 화자의 관념세계에서 결정된다. 다시 말해 위의 예문 (8)의 '你的介紹信'

---

5 예문 (7)은 3장 예문 (10)을 재인용한 것이다.

은 현실 세계에서 동작 '寫' 이전에는 존재하지 않았으나, 화자인 '我'의 마음속에는 존재하는데, 鄧守信(1975/1983:145)은 이를 가리켜 '把-NP'가 '실제적(actual)'이어야 한다고 하였다.6 이러한 점을 고려해 볼 때, '把'자는 단순히 동작의 방향을 표시하기보다는 把-NP가 화자에게 실제적인지의 여부를 표시한다고 볼 수 있다. 게다가 SVO 역시 把字句와 마찬가지로 순방향을 표시하며, 受事주어문 역시 被字句와 마찬가지로 역방향을 표시한다는 점에서 '把'자와 '被'자가 단순히 방향을 표시하기 보다는 다른 작용을 한다고 볼 수 있다.

지금까지 살펴 본 사실들을 고려해 볼 때, 우리는 '被'자가 동작의 역방향만을 표시한다고 보기는 힘들다. 만약 被字句와 마찬가지로 역방향을 표시하는 受事주어문과 비교한다면, 이러한 점이 좀 더 분명해지는데, 예를 들면 아래와 같다.

(10) a. 酒被他喝光了。
　　　술이 그에 의해 다 마셔졌다.
　　b. 酒他喝光了。　　　　　　　　　　　　(遊舒 2005:94)
　　　술을 그가 다 마셔 버렸다.

遊舒(2005:94)에 의하면 (10a)는 '그가 그 술을 마시면 안 되는 상황에서 술이 그에 의해 다 마셔졌다'라는 반의적인 의미를 지니는 반면, (10b)는 단순히 '술이 그에 의해 마셔졌다'는 객관적인 서술로서 被字句와 같은 반의적인 의미 색채를 지니지 않는다.7 受事가 주어로 출현하며, 施事가 그 뒤에 출현한다는 점에서 이 두 구문은 형식상 동일하지만 구문 자체의

---

6 3.2.1 주석 24 참조.
7 Xing(2003:130)은 반의적인 의미를 나타내는 被字句가 ≪變文≫에서는 98.7%(76/77)를 차지하며, ≪紅樓夢≫에서는 88.3%(91/103)를 차지한다고 하였다.

의미에 있어서는 위에서 살펴본 바와 같이 차이가 있다. 필자는 이러한 차이가 '被'자 자체에 내포된 반의적인 의미로부터 온다고 여긴다.

요컨대 '把'자와 '被'자는 상기 학자들이 말한 것처럼 단순히 동작의 방향만을 표시하는 표지라고 보기는 힘들다. 그보다는 '把'자는 施事와 受事간에 고유한 소유 관계가 존재함을 표시하는 '인력(引力)' 표지라고 볼 수 있는 반면, '被'자는 애초에 施事를 배제한다는 점에서 施事와 受事간의 '반인력(反引力)'을 표시하는 표지로 보는 편이 낫다.[8]

또한 주관성(subjectivity)의 관점에서 보면 '把'자 자체에는 부정적인 의미가 내포되어 있지 않는 반면, '被'자는 '덮다'라는 의미로 인하여 '당하다'라는 부정적인 의미를 함의하며, 施事를 배제한다는 점에서 '被'자가 '把'자보다 주관성이 강한 표지라고 볼 수 있으며, 이는 被字句의 피동화 방식에 결정적인 요소로서 작용하게 된다.

5.3 被字句의 피동화

5.3.1 被字句의 피동화 방식

유형학적으로 被動態(passive voice)는 두 가지 방식으로 구분할 수 있다(Maldonado 2007:838). 첫째는 '施事의 탈-초점화(Defocused agent)'로 施事의 초점을 흐리게 하여 施事가 통사적으로 나타나지 않고, 受事를 주어로 표시하는 것이며, 둘째는 '受事의 초점화(patient in focus)'로서

---

[8] 다시 말해 '把'자는 동작의 방향을 표시한다고 보기 힘든 반면, '被'자는 동작의 역방향을 표시하기는 하지만, 그 외에 施事 NP_2를 사라지게 하는 기능도 가졌다는 것이다.

受事를 윤곽부여하고 施事를 배경으로 격하시키는 것이다. 이는 아래와 같은 그림으로 나타낼 수 있다.

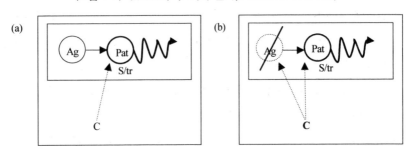

〈그림 5-3〉 被動化의 두 가지 전략(Maldonado 2007:956)

그림 <5-3>에서 (a)는 受事(patient)의 초점화이며, 그림 (b)는 施事(agent)의 탈 초점화이다. C는 개념화자(conceptualizer)를 의미한다.

중국어의 被字句의 경우 초기(戰國時期-兩漢時期)에는 'NP₁+被+V'와 같은 단거리 被字句로부터 'NP₁+被+NP₂+V'와 같은 장거리 被字句로 발전하였는데, 즉 被字句의 경우 **[施事의 탈-초점화 → 受事의 초점화]**로 변천하였다(조경환 2010:195).

   (11) a. 僧無對, 被棒。
         승려가 대답을 못하자 방망이로 맞았다.
      b. 僧無對, 被師踏。   ≪祖堂集≫
         승려가 대답을 못하자 스승에게 밟힘을 당했다.

위에서 제시한 ≪祖堂集≫의 첫 번째 예에서는 施事인 '雪峰'이 나타나지 않았으며, 두 번째 예에서는 施事 '雪峰'이 출현하였다.

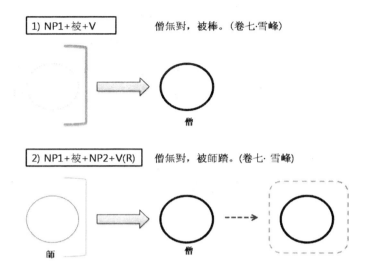

1) NP1+被+V 　　　僧無對，被棒。(卷七·雪峰)

2) NP1+被+NP2+V(R) 　　僧無對，被師踏。(卷七· 雪峰)

위에서 제시한 ≪祖堂集≫의 두 개의 예들에서 모두 질문에 대답을 하지 못한 스님들이 설봉(雪峰) 선사에게 방망이로 얻어맞거나 밟힘을 당했다는 의미를 갖는다. 다만 첫 번째 예에서는 施事인 '雪峰'이 나타나지 않았으며, 두 번째 예에서는 施事가 출현했다는 차이가 있을 뿐이다.

　이로 볼 때, 被字句는 把字句와 달리 처음부터 주관성이 상당히 강한 구문이라고 할 수 있다. 즉 초기 형식인 'NP₁+被+V'는 대부분 不如意의 의미를 전달하였으며, 施事는 출현하지 않았다. 비록 六朝시대부터 "亮子被蘇峻害。≪世說新語≫"와 같이 施事 NP₂가 출현하였지만(즉, NP₁+被+NP₂+V), 대부분의 被字句는 여전히 不如意의 의미를 나타내었다. 이와 같은 두 가지 유형의 被字句는 아래와 같은 그림으로 나타낼 수 있다.[9]

---

[9] 그림 <5-4>는 Langacker(1991)의 동작 연쇄(action chain)에 근거하여 그린 것이다. 인용한 예문들에서 결과보어가 출현하지 않았으므로, 결과 상태(R)는 점선의 사각

초기 '被+VP'구문이 부정적인 의미를 많이 갖게 되는 이유는 '被'자가 施事(NP₂)를 완전히 사라지게 하여, 受事(NP₁)에 화자가 완전히 감정이 입함으로써, 또한 자연히 '不如意'··'不企望'과 같은 반의적인 의미가 많이 쓰이게 된 것이다. 그러나 '被'자의 NP₂를 '덮는' 기능이 약해지면서 위의 그림과 같은 새로운 형식인 '被+NP₂+VP'가 출현하게 되었는데, 이러한 과정에 관하여 袁賓(1989/1999)은 아래와 같은 통계를 제시하였다.

〈표 5-2〉 被-NP₂의 출현빈도(袁賓 1989/1999:196)

	전체 被字句	被NP₂V	%
《世說新語》	9	2	22%
《百喩經》	6	2	33%
《文選》	14	3	21%
《敦煌變文》	94	46	49%
《祖堂集》	76	59	78%

王力(1980/1997:390)은 被字句에서 NP2의 출현이 被字句의 변천과정에서 매우 중요한 단계라고 보았는데, 왜냐하면 이는 절대 다수가 NP₂를 가지는 현대 중국어 被字句의 기초를 수립했기 때문이다.

5.3.2 被字句의 유생성

'被'자의 이러한 변천 과정에서 간과해서는 안 될 점이 바로 논항들의 유생성(animacy)이다. Zhang(1994:346)은 덮힘을 당하는 사람이나 물체는 피동적으로 행위를 받으므로, 화자는 쉽게 불행 또는 힘이 없는 것으로서의 영상을 만든다고 하였는데, 사람이 물체보다는 더 감정 이입을 하기 쉬우므로, 우리는 被字句 형성 초기에는 有生 주어가 無生 주어보다

형과 점선의 화살표로 표시하였다.

많을 것이라고 추측할 수 있으며, 이러한 추측은 실제로 아래와 같은 통계 결과에서도 입증된다.[10]

〈표 5-3〉 被字句의 주어와 빈어의 유생성

S	O	《世說新語》	《祖堂集》	《家》	《許三觀 賣血記》
有生	有生	2	28	35	17
有生	無生	0	13	38	16
無生	無生	0	8	27	5
無生	有生	0	6	21	8
총		2	59	121	56

위의 표 <5-3>에서도 볼 수 있듯이 비록 비중의 변화는 있지만, 오늘날에도 有生 주어의 수가 無生 주어의 수보다 많다는 사실은 유효하다. 이는 기본적으로 有生 주어(受事)가 행위자 NP$_2$에 의해 영향 받음을 강조하기 때문에 발생하는 당연한 현상이다. 물론 無生 주어 역시 출현할 수 있지만 이는 소수일 뿐이다.

張延俊(2010:202-203)에 따르면 上古 시기의 被字句의 NP$_1$과 NP$_2$ 모두 有生(사람)이었으며, 中古 시기부터 近代 시기에 이르기까지 "今日事被闍梨道破，稱得老僧意。≪祖堂集·9卷≫", "銀兩被賊偸去。≪紅樓夢·112回≫"와 같이 無生 논항들이 출현하기 시작하였지만, 無生 NP$_1$은 기본적으로 전체 被字句에 이어서 비원형적인 위치에 있다고 할 수 있다.

만일 '被'자가 이와 같이 의미 있는(meaningful) 요소이며, 구문 안에서 그것의 기능이 예측가능하다면 '被'자를 왜곡요소라고 보기 힘들다. 따라서 필자는 被字句에서 긍정적 의미를 나타내는 동사가 점점 더 많이 출

---

[10] 통계에서 집계된 被字句는 주어와 빈어가 모두 출현한 被字句인 경우로만 제한하였다.

현하게 되었다는 사실과 행위자 NP₂가 출현하게 되었다는 사실이 被字句의 진정한 왜곡 현상이라고 여긴다. 예를 들면 "臣被尙書召問。(蔡邕)", "有一銅鈴被風搖響。≪祖堂集·2卷≫" 또는 "他看到河水被晚霞映得通紅。", "他被提撥爲市長。"과 같은 被字句에서는 반의적인 의미를 찾아보기가 힘든데, 이들은 단순한 피동 관계를 나타낼 뿐이다.

5.3.3 被字句의 탈-주관화와 주관화

비록 주관성과 주관화에 대한 개념이 미묘하게 다르기는 하지만,[11] 본고에서 논의되는 '주관성'은 화자와 施事의 상대적인 관계를 말하며, '주관화'는 '주관성이 강화되는 과정'으로서 주로 통시적인 각도에서 설명될 것이다.

주관성은 화자와 施事와의 관계이며, 주관화는 주관성이 강화되는 과정이므로, NP₂의 출현은 被字句의 주관성을 약화시킬 수 있다. 따라서 "孩子被我管好了。"에서 '管好'와 같이 긍정적 의미를 지닌 VP가 출현할 수 있게 되었다. 설령 이와 같이 '被+NP₂+VP' 형식이 '被+VP' 형식보다 주관성이 약해졌다 하더라도, 필자는 被字句의 기본의미는 긍정보다는 부정적인 것이라고 여겨진다. 먼저 아래와 같이 중성적인 동사가 쓰인 被字句를 살펴보도록 하자.

(12) a. 他知道了那件事。
그가 그 일을 알았다.
b. 那件事被他知道了。　　　　　　　　(李臨定　1980/1999:68)
그 일이 그에게 알려졌다.

---

[11] 이에 대해서는 2.4장 참조.

위의 (12a)는 단순히 그가 그 일을 알았다는 사실을 전달하는데 반해, (12b)는 그 일이 그에게 알려지기를 바라지 않았으나, 알려졌다는 의미를 나타낸다.

Chappell(1986)은 설령 긍정적 의미의 동사가 쓰였다하더라도 被字句는 여전히 부정적인 의미를 전달한다고 주장하였다.

(13) a. 我昨天被老師好好地表揚了。
　　　나는 어제 선생님에게 실컷 칭찬받았다.
　　b. 老師昨天表揚了我。
　　　선생님은 어제 나를 칭찬하셨다.　　　(Chappell 1986:1028)

(13a)는 예를 들면 선생님이 10점 만점 중에서 4점을 준 상황에서 내가 반어적으로 말한 것이며, (13b)는 被字句와 달리 부정적인 의미가 배제된 객관적인 서술이다.

필자 역시 Chappell(1986)의 이러한 주장에 동의하는데, 이에 대하여 ≪許三觀賣血記≫의 예문으로써 살펴보도록 하자. 필자는 ≪許三觀賣血記≫에서 긍정적 의미를 나타내는 VP인 '救過來'가 쓰인 아래와 같은 被字句를 찾을 수 있었다.[12]

(14) 他們說：“方鐵匠的兒子被陳醫生救過來了，陳醫生在手術
　　　室裡站了有十多個時……。”　　　　≪許三觀賣血記: 55≫
　　　“방 씨네 아들이 병원 진 선생님 덕택에 살아났지. 진 선생님이
　　　수술실에 열 몇 시간이나 서서…….”

---

[12] 종종 “他看到河水被晚霞映得通紅。”과 같이 施受 관계를 표시하는 被字句도 있었지만, 대부분의 被字句는 부정적인 의미를 지녔다. 긍정적 의미를 나타낸다고 간주할 수 있는 被字句는 위의 예문 (14) 하나만을 찾을 수 있었다.

그러나 만약 그 앞의 문맥을 살펴본다면, 이 被字句가 단순히 긍정적 의미만을 전달하는 것이 아니라는 것을 알게 된다.

(15) 他們說：“方鐵匠的兒子被絲廠許三觀的兒子砸破腦袋了，聽說是用鐵榔頭砸的，腦殼上砸出了好幾道裂縫，那孩子的腦殼就跟沒拿住掉到地上的西瓜一樣，到處都裂開了……。”　　　　　　　　　　　≪許三觀賣血記: 55≫

마을 사람들이 말하길: "대장장이 방씨의 아들이 허삼관의 아들에게 맞아서 머리가 박살났다네, 듣자 하니 망치로 박살났다네, 골통이 깨져서 산산조각 난 것이 땅에 떨어져 깨진 수박통 꼴이라는데, 전부 갈라져서는‥‥‥‥.

즉 예문 (15)에서 마을 사람들은 방씨네 아들이 다친 정도가 심해 죽을 수도 있다고 여겼다. 그러나 방씨네 아들은 마을 사람들의 예상과는 달리 진 선생님의 노력으로 뜻밖에 살아났고, 이를 被字句를 이용하여 표현한 것이다. 따라서 예문 (15)에서는 비록 긍정적 의미를 나타내는 VP인 '救過來'가 쓰였더라도 그 被字句는 순수하게 긍정적 의미만을 전달한다고 보기는 어려우며, 그 외에 화자나 施事의 예상에 부합되지 않은 '뜻밖의'라는 의미를 전달한다고 볼 수 있다.[13]

따라서 被字句의 기본적인 의미는 여전히 반의적인 의미라고 볼 수 있다. 하지만 被字句에서 긍정적 의미를 나타내는 동사가 점점 많이 출현하게 되었다는 사실과 施事 NP_2가 출현하게 되었다는 점에서 被字句가 점점 주관성이 약해지는 과정, 즉 탈-주관화(desubjectification)를 겪었다고 볼 수 있다.[14]

---

[13] 즉 [진 선생님이 방씨네 아들을 살려낸 상황]을 화자가 把字句나 SVO가 아닌 被字句를 사용하여 표현한 이유는 이렇게 화자의 예상에 반하는 '뜻밖의' 의미를 전달하기 위해서이다.

把字句의 주관화와 被字句의 탈-주관화 과정은 아래와 같은 그림으로 정리할 수 있다.

〈그림 5-5〉 把字句와 被字句의 (탈)주관화

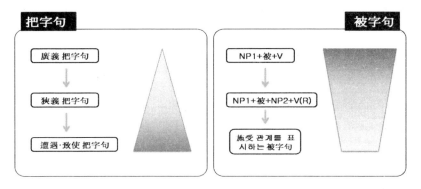

그런데 被字句는 위와 같이 탈-주관화만을 겪은 것은 아니다. 좀 더 정확하게 말하자면 탈-주관화 과정이 어느 정도 고착되자 이에 대한 반동으로 과도기적인 주관화를 겪게 된다. 被-NP의 출현이 탈-주관화의 대표적인 현상이라면, 被字句에 있어서 주관화는 소위 ∅被句의 출현과 관련이 깊다.

∅被句는 크게 두 가지 유형으로 나눌 수 있다(王力 1980/1997, 兪光中 1998, 莊紹愚 2005).

(16) ∅被句의 유형

　　R₁句: ∅ + 被 + N施事 + Vt + N受事

　　奈何緣被人識得伊?　　　　　　　≪祖堂集·2≫

　　사람들이 그를 알아보는 것이야 어찌하랴?

---

¹⁴ Xing(2003:130)은 반의적인 의미를 나타내는 被字句가 ≪變文≫에서는 98.7%(76/77)를 차지하며, ≪紅樓夢≫에서는 88.3%(91/103)를 차지한다고 하였다.

R$_2$句: ∅ + 被 + N施事 + Vi

被猴行者化一團大石。　　　　≪大唐三藏取經詩話≫

손오공이 큰 돌로 변했다.

이러한 ∅被句는 唐代에 출현하기 시작하여 宋元明 시기에 유행하였으며, 淸代에 사라졌다.

그렇다면 R$_1$句부터 각각 살펴보도록 하자. 兪光中(1998:61)에 따르면 이러한 R$_1$句에서 종종 受事와 문법 불행자가 따로 존재하며 양자는 반드시 같을 필요는 없다고 했는데, 이에 관해서는 아래의 예문을 살펴보도록 하자.[15]

(17) 淸風寨軍人, 一時間被擄了恭人去。

恭人被淸風山强人擄去了!　　　　　≪水滸傳·32回≫

청풍채 군인이 한 순간에 부인을 빼앗기고 도망가 버렸다.

마님이 청풍산 산적에게 잡혀가 버렸다.

≪水滸傳≫의 이 예문들은 대단히 흥미롭다. (17)의 두 번째 被字句는 전형적인 被字句로서 恭人은 受事로 작용하며, 淸風山强人은 施事로 작용한다. 그런데 바로 앞의 被字句는 뒤의 被字句와 차이가 있는데, 주어가 없다고 보거나 또는 淸風寨軍人으로 볼 수 있지만 일반적인 被字句의 주어가 受事와는 다르며, 또한 受事인 '恭人'은 동사 뒤에 출현한다.

요컨대 첫 번째 被字句는 사실 두 번째 被字句(즉, ∅被句)와 같은 사실을 묘사하지만 초점이 다름을 알 수 있다. 즉 첫 번째 예에서의 문법 불행자는 '淸風寨軍人'이며, 두 번째 예에서는 '恭人'이라는 점이며, 이

---

[15] 兪光中(1998:61)이 인용한 예들은 (16), (17)의 첫 번째 被字句들이다.

두 예문에서 알 수 있듯이 受事와 문법 불행자가 반드시 일치하지는 않는다(兪光中 1998:61).[16]

또 다른 예를 살펴보도록 하자.

(18) 被一個雲游和尙引着一個道人來此住持。把常住有的沒的
都毁壞了。≪水滸全傳·6回≫
어느 떠돌이 중 하나가 도인 하나를 데리고 와서 절을 주지했다.
그러면서 절의 재물들은 되다 부셔 버렸다.

예 (18)에서 一個雲游和가 데리고 온 것은 道人이지만, 실제로 파괴된 것은 두 번째 被字句에서 알 수 있듯이 '常住'이다.

다음 예문을 통해 좀 더 살펴보도록 하자.

(19) 我去嶺下取水，被那大虫把我娘拖去吃了，我直尋到虎巢
里。≪水滸全傳·43回≫
내가 물 얻으러 고개 아래로 내려갔는데, 그 사이 죽일놈의 호랑
이가 어머니를 해치고 말았다.

예문 (19)에서 어머니는 호랑이에게 죽음을 당한 受事로서 이는 把-NP로 나타난다. 莊紹愚(2002:242)에 따르면 이러한 R_1句는 受事보다는 내포된 주어에 대한 불행 또는 예상치 않음을 강조한다. 예를 들면 (19)의 R_1句을 일반적인 被字句인 "我娘被那大虫拖去吃了。"로 바꾼다면 내포된 주어인 '我'가 손해를 보았다는 의미가 사라지게 된다. 즉 이러한 R_1句는 受事인 어머니보다 내가 받은 충격에 대해서 좀 더 초점을 두고 있다.

---

[16] 田春來(2002:102)는 受事와 문법 불행자라는 용어 대신에 객관 불행자와 주관 불행자로 구분하였으나 본질적인 차이는 없다.

이와 같이 기본적으로 제1화제의 자리에 있던 受事가 동사 뒤에 오거나 또는 '把'자 뒤에 와서 제1화제 지위를 포기했다는 것은 이러한 유형의 被字句가 일반 被字句와는 다른 의미가 내포되어있음을 암시함을 추측할 수 있다.

다음의 예문들은 이러한 차이를 좀 더 분명하게 보여준다.

(20) a. 于彼殿角, 有一銅鈴被風搖響。師曰 : "彼風鳴耶, 銅鈴鳴耶？"
　　　子曰 : "我心鳴耶, 非風銅鈴。"　　　≪祖堂集·2卷≫
　　　그 절 처마 끝에 풍경이 있어 바람에 흔들리면서 소리를 내거늘 조사가 물었다. "바람이 우는가, 풍경이 우는가?" 그가 대답했다. "제 마음이 우는 것일지언정 바람이나 풍경이 우는 것은 아닙니다."

　　 b. 抬頭看時, 却見一所敗落寺院, 被風吹得鈴鐸響。
　　　　　　　　　　　　　　　　　　≪水滸傳·6回≫
　　　(노지심이) 머리를 들고 바라보니 다 쓰러져가는 절이 보였다. 바람이 불 때마다 풍경이 울렸다.

(20a)에는 승가난제(僧伽難提) 존자가 가야사다(伽耶舍多) 존자를 제자를 삼을 때의 문답이다. 이 문답에서 중요한 것은 어느 것이 영향을 받았는지인데, 여기에서는 절 처마 끝의 풍경이 바람에 의해 흔들리고 있음을 강조하므로 (비록 반의적인 의미는 희미하지만) 일반적인 被字句를 사용하였다.

(20b)는 ∅被句를 사용하였는데, 이에 관해 莊紹愚(2002:244)는 (20b)는 서술주체인 사원의 황량함을 표시하기 위해서라고 하였다. 만약 '被'자를 없애 "被風吹得鈴鐸響。"으로 바꾼다면 '寺院'과는 연결이 긴밀하

지 않게 된다. 이후의 내용은 노지심이 이 사원을 황량하게 만든 최도성(崔道成)과 구소을(邱小乙)과의 다툼을 다루고 있다. 비록 두 구문 모두 풍경에 바람에 흔들리는 상황을 묘사하지만, 표현의 수요에 따라 정상적인 被字句와 ∅被句를 나누어서 사용하였다.

사실 ∅被句 대부분은 上下文에서 내포된 주어를 찾을 수 있거나 언어 환경에서 내포된 주어를 추측할 수 있다(田春來 2012:98).

(21) 若是下人出來著衣，更胜阿郎，奈何緣被人識得伊。

《祖堂集·8卷》

만일 하인이 나서서 옷을 입고 단장하여 주인보다 훌륭하게 되었더라도 사람들이 그를 알아보는 것이야 어찌하랴.

예(21)의 주어는 '下人'이며, 이 하인은 대명사 '伊'로 동사의 빈어로서 출현한다.

설령 내포된 서술 주체가 없더라도 R_1句는 여전히 일반적인 被字句와는 다른 의미를 지니는데, 아래 예문을 살펴보도록 하자(莊紹愚 2002:243).

(22) 晁，宋二人笑道：“被你殺了四個猛虎，今日山寨又添兩個活虎上山，正宜作慶。”　　　《水滸傳·44回》

조개와 송강이 웃으며 말하길: '아우는 호랑이 네 마리를 잡아 죽이고, 오늘 우리 양산박에는 두 호랑이가 보태어졌으니 이게 경사가 아닌가.'

R_1句 "被你殺了四個猛虎"는 '네가 뜻하지 않게 호랑이 네 마리를 죽여 버렸다'라는 것과 '그로 인해 호랑이 두 마리가 양산박에 왔으니 이야말로 뜻하지 않은 경사'임을 표시한다. 만약 R_1句를 정상적인 被字句 "四

個猛虎被你殺了"로 바꾼다면 서술의 초점이 '四個猛虎'로 바뀌어 뒤의 문장의 화제인 양산박(山寨)과는 아무런 관련이 없게 되어 전체 문장은 어색하게 변한다.[17]

요컨대 R₁句에서 문법 불행자와 受事가 분리되는 현상은 화자의 개입이 강화된 결과이며, 이는 R₂句의 탄생을 이끌게 된다.

다음으로 R₂句의 예를 살펴보도록 하자.

(23) a. 崇訓先自殺了弟妹, 次將殺符氏, 被符氏藏匿幄下, 崇訓
　　　　求之不得。　　　　　　　　　　《新編五代史平話》
　　　　崇訓이 먼저 제수를 죽이고 다음으로 符氏를 죽이려고 했지
　　　　만, 符氏가 장막아래 숨어 버려, 찾아내지 못했다.
　　b. 朱仝小告道: "人自不小心, 路上被雷橫走了。"
　　　　　　　　　　　　　　　　　　　　　　《水滸傳·51回》
　　　　주동이 고하길: "소인의 불찰로 뇌횡을 놓쳤습니다."
　　c. 花子由等又上前跪禀, 還要監追子虛, 要別項銀兩。
　　　　被楊府尹大怒, 都喝下來了。　　《金瓶梅詞話·14回》
　　　　화자유등이 청 앞에 나가 꿇어앉으면서 화자허를 더 추궁해
　　　　나머지 재산의 행방을 찾아달라고 간청했다. 이에 양부윤은
　　　　크게 노해 호통을 쳤다

R₂句와 R₁句와의 가장 큰 차이점은 R₂句의 동사는 不及物이라는 데에 있다. 이는 R₂句는 R₁句와 달리 동사 뒤에 어떠한 O가 오지 않음을 의미하며, 이는 곧 정상적인 被字句로 변환할 수 있는 R₁句과는 달리 R₂句는 정상적인 被字句로 변환할 수 없다. 이에 관하여 王力(1980/1997:397)는 R₂句는 피동의 느낌이 없으며 단지 일종의 불행한 처지를 표시할 뿐이라

---

[17] 兪光中(1998:63)은 이러한 현상에 관하여 R₁句는 원래 화제가 간섭받는 것을 방지하는 기능을 가졌다고 하였다.

고 하였다. 이로 인해 兪光中(1998:66)은 '被'자가 '不幸, 不巧'를 나타
낸다고 보았다.

자세히 보면 R_2句는 우리에게 낯익은 형식이라고 할 수 있다. 그렇다.
R_2句는 바로 3장에서 보았던 遭遇 把字句와 상당히 유사하다.

(24) a. 偏又把鳳丫頭病了。　　　　　　≪紅樓夢·76回≫
　　　　하필이면 또 봉저 계집애가 병이 났어.
　　 b. 先把太太得罪了。　　　　　　　≪紅樓夢·74回≫
　　　　우선은 마님의 기분을 상하게 했어.

필자는 遭遇 把字句를 논의하면서 이러한 把字句의 동사는 及物性은
그다지 높지 않으며, 화자의 뜻하지 않음·의외를 강조한다고 하였다. R_2
句 역시 이러한 遭遇 把字句와 같은데, 王力이 말한 불행한 처지라는
것은 화자가 보기에 예상 밖의 뜻하지 않은 상황을 遭遇했음을 의미한다.
이러한 R_1句에서 R_2句로의 전환은 處置에서 非處置로의 전환과 같이
일종의 주관화 과정이라고 볼 수 있다.

결국 被字句의 이러한 주관화 과정은 탈-주관화에 대한 일종의 반동
(反動) 작용으로 볼 수 있다. 이에 대한 근거로 먼저 Ø被句는 탈주관화
가 완료된 시점에서 출현했다는 점이다. 즉 장거리 被字句(S 被-NP VR)
는 六朝시기에 출현하기 시작하여, 唐代에 주류적인 위치를 차지하였는
데, 예를 들면 ≪祖堂集≫에서 약 80%를 차지하였다. 그런데 Ø被句는
唐代부터 출현하기 시작하였다는 것은 우연의 일치로 보기는 힘들다.

둘째, 전체적인 경향에서 이러한 Ø被句는 과도기적인 단계로 淸代이
래로 현재에는 대부분 사라진 반면, 장거리 被字句는 여전히 주류 위치
를 차지하고 있다. 이로 볼 때 Ø被句는 일종의 탈-주관화에 대한 반동의
결과로서 과도기적인 부산물이라고 할 수 있다. 물론 이러한 부산물은 시

간의 흐름과 함께 역사 속으로 사라지고 만다. 빈도성과 고착화의 측면에
서 다시 이야기 하면 장거리 被字句의 경우 꾸준히 그 빈도수가 증가하
여 결국 원래 주류였었던 단거리 被字句를 밀어내고 고착화되었다. 반면
∅被句의 경우 꾸준히 빈번하게 발생하지 못해 고착화 되지 못해, 결국
역사의 뒤안길로 사라지게 되었다. 이러한 과정은 아래와 같은 그림으로
나타낼 수 있다.

〈그림 5-6〉 被字句의 탈주관화와 주관화 과정

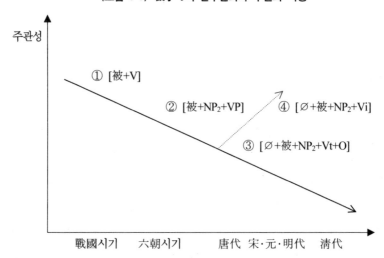

5.3.4 被字句와 把字句의 타동성

마지막으로 被字句와 把字句의 타동성(transitivity)에 관하여 간단하
게 살펴보도록 하겠다. 먼저 본고에서 말하는 타동성은 단순히 빈어의 출
현여부에 근거한 타동성이 아니며, 동사·빈어뿐만 아니라, 주어·동사·상
등 다른 요소까지 고려한 구문 단위의 타동성임에 유념해야 한다. 일반적

으로 把字句와 被字句가 SVO보다 타동성(及物性)이 높다는 것은 널리 알려진 사실이다(Li & Thompson 1980, 王惠 1997, 張伯江 2009).

(25) a. 他騙了我，可是我沒有上当。

그가 나를 속이려 했으나, 나는 속지 않았다.

b. *他把我騙了，可是我沒有上当。

c. *我被他騙了，可是我沒有上当。　　　(張伯江 2009:111)

또한 把字句가 被字句보다 고 타동적이라는 사실 또한 많이 알려졌다 (王惠 1997, 張伯江 2009).

(26) a. 我知道了那個消息。

나는 그 소식을 알았다.

b. *我把那個消息知道了

c. 那個消息被我知道了。　　　(張伯江 2009:115)

그 소식을 내가 알게 되었다.

張伯江(2009)은 把字句와 被字句간의 이러한 타동성 차이를 거리 도상성 원칙으로 설명하고 있다. 즉 把字句는 受事와 동사의 거리가 가까우므로, 직접 영향을 나타내며, 被字句는 受事와 동사간의 거리가 상대적으로 멀기 때문에 간접 영향을 나타낸다는 것이다.

〈그림 5-7〉 **把字句와 被字句의 거리 도상성**

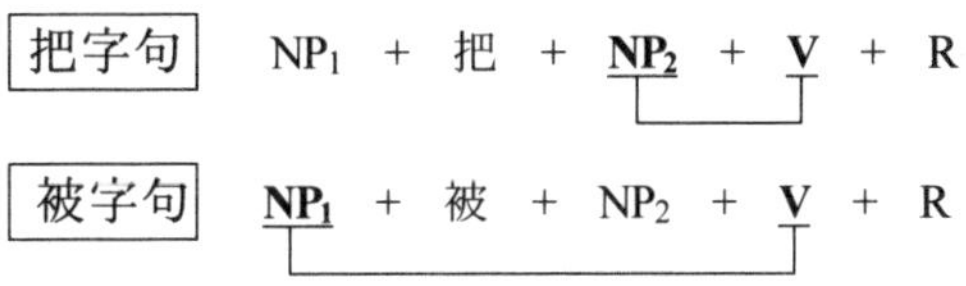

| 把字句 | NP_1 + 把 + **NP_2** + **V** + R |
| 被字句 | **NP_1** + 被 + NP_2 + **V** + R |

그러나 필자는 이러한 타동성은 결국 구문 자체의 생성과정과 관련이 있다고 여긴다. 즉 把字句는 원래 초기형태인 廣義處置 把字句로부터 狹義 把字句, 致使 把字句에 이르기까지 줄곧 구문 자체에 결과 요소가 포함되어 있다. 물론 중간에 동사가 단독으로 쓰이는 丙類나 遭遇 把字句 같은 예외적인 유형이 있기는 하지만 이러한 구문들은 과도기 단계에 해당하는 소수일 뿐이다.[18] 따라서 把字句는 여전히 시공 영역에서 경계 지어진 사건을 나타내는 고-타동(high transitivity)의 구문이라고 할 수 있다.

이에 반해 被字句는 초기 형태인 'NP+ 被 +V'에서 알 수 있듯이 처음부터 결과요소가 포함되지는 않았다. 袁賓(1989/1999), 장태원(2001), Chao(2007)의 연구에 따르면 被字句와 결과 요소가 결합하게 된 것은 唐代이후부터이다. 이는 把字句와 다른 점으로서 "那個消息被我知道了。"와 같이 결과 요소가 출현하지 않는 被字句는 오늘날에도 여전히 존재한다.

따라서 Xiao & McEnery(2004:77)가 제시한 把字句와 被字句는 모두 '결과'를 포함해야만 한다는 규칙은 다소 문제가 있어 보이는데, 적어도 被字句에 관해서는 수정될 필요가 있다고 여겨진다.

우리는 지금까지 被字句의 성질에 관하여 살펴보았다. '被'자는 邵敬敏·趙春利(2005)나 周紅(2008)의 설명처럼 단순히 동작의 방향을 나타내기 보다는 각자 고유한 의미를 가지는데, '被'자는 NP2를 사라지게 함과 동시에 被字句가 부정적인 의미를 갖게 하는 원천을 제공하였다. 이에 반해 '把'자는 NP1(S)의 소유 영역을 나타내며, 순수한 동작 방향을 나타낸다고 보기는 힘들다.

주관화의 관점에서 보면, 把字句는 주관성의 강화, 즉 처음(廣義處置

---

[18] 丙類는 "仰山便把茶樹搖。"와 같이 동사 전후에 기타 성분이 없는 유형으로서, 吳福祥(2003)은 乙類와 함께 '狹義 處置式'이라고 불렀다.

把字句)에는 객관적인 의미를 전달하다가 점점 주관성이 강화되는 과정을 겪은 반면, 被字句는 주관성의 약화, 즉 탈-주관화(desubjectification)를 겪었다고 말할 수 있다. 마지막으로 把字句와 被字句 역시 SVO보다는 고-타동적인 구문이지만, 이 두 구문을 비교해보면 把字句의 타동성이 被字句보다 강함을 알 수 있다. 비록 張伯江(2009)은 이러한 현상을 거리 도상성으로 설명하고 있지만, 필자는 이러한 원인이 구문 자체의 형성과정에서부터 기인했다고 본다.

요컨대 구문마다 고유한 의미를 가진다는 것은 우리에게 중요한 사실을 알려주는데, 예를 들면 "他把酒喝光了。"와 "酒被他喝光了。"는 모두 [그가 술을 다 마셔버렸다]라는 같은 개념 구조(경험구조)에 기반하며, 서로 변환될 수도 있지만, 앞에서 언급한 바와 같이 각각의 구문이 전달하는 의미는 다르다. 把字句의 경우에는 [그가 술을 다 마셔버려서 술이 하나도 없다]라는 빈어의 결과 상태를 강조하는 반면, 被字句의 경우에는 [그가 술을 마시면 안 되는데, 술을 그가 마셔버려서 없어졌다]라는 반의적인 의미를 전달한다. 이와 같이 통사 구조들은 개념 구조로부터 직접 대응되는 것이 아니라, 개념 구조를 해석한 의미 구조에 대응되는 것이라고 할 수 있는데, 이는 아래의 예로 살펴보도록 하자. 예를 들면 병에 물이 반이 있는 상황이 있다고 가정하자. 똑같은 상황이지만 비관주의자와 낙관주의자의 견해는 다르다.

(27) a. 비관주의자: "The bottle is half empty!"
    b. 낙관주의자: "The bottle is half full!"

〈그림 5-8〉예문 (27)의 분화(Yamanashi 2009/2012:111)

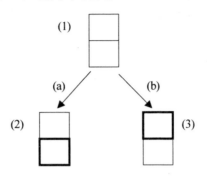

그림 <5-8>의 (1)은 모습·배경 분화가 일어나기 전 상황을 나타내는데, 즉 외부 시계의 상황 자체를 규정하는 레벨로 병 안의 술이 반으로 줄어서 반만 남아 있는 상황이다. 나머지 (2)와 (3)은 각각 이 외부 세계를 주관적으로 해석하는 레벨로 (2)는 병 안의 술이 반이나 남아 있다는 데에 초점을 둔 낙관주의자가 본 상황이며, (3)은 병안의 술이 반이나 없어졌다는 상태에 초점을 둔 비관주의자의 상황이다. 똑같은 상황이나 사건이라 할지라도 화자가 어떻게 상황을 해석하는지에 따라 구문이 달라지게 된다(Yamanashi 2009/2012:111).

이와 같은 현상은 언어에 팽배한데, 把字句와 被字句 역시 그러하다 (물론 양자가 대체될 수 있는 상황에 한한다).

(28) a. 昨天在中山路上發生了一起交通事故。
　　　어제 중산로에서 교통사고가 발생했다.
　　 b. 昨天在中山路上汽車把兩個小學生撞傷了。
　　　어제 중산로에서 자동차가 두 명의 어린 학생을 치었다.
　　 c. 昨天在中山路上兩個小學生被汽車撞傷了。
　　　　　　　　　　　　　　　　　　　(王振來 2011:32)
　　　어제 중산로에서 두 명의 어린 학생이 자동차에 치였다.

王振來(2011:32)는 (28b)는 施事의 각도에서 施事가 受事에 대한 처치를 행하였으며 그 결과상태(撞傷)를 묘사하는데 중점을 둔 반면, (28c)는 受事의 각도에서 受事가 施事로부터 받은 영향 및 결과 상태에 중점을 두었다고 보았다.

 제6장

給字句*

지금까지 우리는 處置·使動·被動 문법 태의 대표 구문이라고 할 수 있는 把字句, 使字句, 被字句를 각각 살펴보았다. 구문의 여러 가지 성질이 복합적으로 구문의 성질을 결정하는데 중요한 작용을 한다는 사실을 알 수 있었는데, 특히 주관성과 주관화는 구문의 변천 과정에서 결정 요소로 작용하였다. 주관성의 관점에서 바라볼 때, **[處置 〈 使動 〈 被動]**임을 알 수 있는데, 본 장에서는 과연 이러한 주장이 옳은지의 여부를 살펴볼 것이다.

이를 위해 우리는 給字句를 중심으로 검증할 것인데, 給字句를 주요 연구 대상으로 삼은 이유는 給字句가 被動(passive), 使動(Causative)[1], 處置(disposal) 의미를 모두 나타낼 수 있기 때문인데, 예를 들면 아래와 같다.

(1) a. 我給你猜個迷語。   **[使動]**
　　　내가 너로 하여금 수수께끼를 풀도록 할게.

　　b. 衣服給雨淋濕了。   **[被動]**
　　　옷이 비에 젖었다.

　　c. 狼給羊吃了。   **[處置]**
　　　늑대가 양을 먹었다.

---

* 이 장은 조경환(2011, 2013)을 수정·보완한 것이다.
[1] 좀 더 정확하게는 使動態(Causative voice) 중에서 使役(shiyi)에 해당된다.

위의 예문 (1a)에서 '給'는 使動 표지이고, (1b)의 '給'는 被動 표지이며, (1c)의 '給'는 處置를 나타낸다. 더 나아가 '給'는 이러한 의미들을 동시에 나타낼 수도 있다.

(2) a. 千萬給老太太知道。   **[被動/使動]**
         절대로 마님이/마님으로 하여금 알게 해서는 안 돼.
     b. 他給小王抓住了。   **[被動/處置]**
         그는 小王을 잡았다/그는 小王에게 잡혔다.

(2a)는 被動과 使動으로 해석될 수 있는 반면, (2b)는 被動과 處置로 두 가지 모두로 해석될 수 있다.

6.1 給與에서 使役

우리는 給字句의 使役에서 被動으로의 文法態 변화를 살펴보기 전에 앞서 給與 동사인 '給'가 어떻게 使役 의미를 나타낼 수 있는지에 관하여 살펴보도록 하자. Xu(2004:368)는 '한 사람이 다른 사람에게 어떤 것을 주다.'와 같은 給與 구문은 '어떤 사람이 다른 사람으로 하여금 어떤 것을 하게 하다.'라는 使役 의미로 쉽게 확대된다고 보았으며,[2] Newman (1996:192-196)은 이에 관하여 좀 더 구체적인 분석을 제시하였다.

(3) a. 他給我東西。

---

[2] Xu(2004:368)는 이에 관하여 추가적으로 이러한 給與 구문은 의미적으로 항상 세 가지 참여자(actants)를 포함하며, "不能給他知道。"와 같이 몇몇 방언에서는 '給' 자가 어휘적 사역과 같은 형태라는 사실을 언급하였다.

그는 나에게 물건을 주었다.

b. 他給我東西吃。

그는 나에게 먹을 것을 주었다.

c. 他給我吃。

그는 나를 먹게 해주었다.

d. 他給我孩子睡覺。　　　　　　　　(Newman 1996:192, 196)

그는 내 아이를 자게 하였다.

예문 (3a)는 전형적인 給與 사건으로 수여자(giver)가 수령자(recipient)에게 전이된 사물로 어떤 것을 하게 하려는 의도가 존재하는데, 어떤 사람이 다른 사람에게 하나의 사물을 준다는 것은 결국 그 사람이 그 물건을 이용하도록 만드는 것이라고 볼 수 있다. (3b)는 '먹음(吃)'의 행위가 명확하게 표시되어 수여자가 수령자인 나로 하여금 사과를 먹는 것을 가능케 함(enablement)이 좀 더 부각되었으며, (3c)에서는 수여자가 수령자로 하여금 '어떤 것을 먹는 것을 가능케 함'이 의미 초점이 되었으며, 사물의 전이는 상대적으로 약화되었다. (3d)의 경우 (3a-c)와는 달리 어떠한 사물의 전이도 없으며 단순히 '他'가 우리 아이를 자게 하도록 했다는 의미만이 있을 뿐이다.

　주다(영어의 Give, 중국어의 '給')라는 의미에서 '가능케 함'으로의 의미 확대는 다음과 같은 그림으로 나타낼 수 있다.

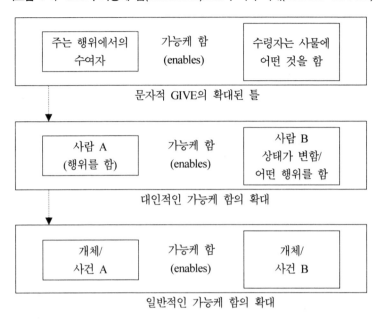

〈그림 6-1〉 Give의 가능케 함(enablement)으로의 의미 확대(Newman 1996:193)

한편, 洪波(2010:418)는 인지적인 관점에서 給與 동사의 사역화를 분석하였다. 즉 給與 동사의 모습 현저성(Figure Salience)이 이러한 변화를 야기한다고 보았다.

(4) 老太太又給他酒吃。　　　　　　　　　　　《紅樓夢·8回》
   = E_1: 老太太給他酒。
   　 E_2: 他吃酒。

예문 (4)는 두 개의 사건, 즉 給與사건 E_1과 행위사건 E_2로 구성된다. 그런데 문미 초점의 원칙에 따라 給與 동사가 표시하는 E_1보다는 점차적으로 E_2가 초점 정보가 된다는 것이다. 따라서 이러한 현저성의 변화는 통사 구조와 의미 구조간의 변화를 야기하여 연동 구조는 사역 겸어구조가 되며 給與동사는 사역동사가 된다는 것이다. 요컨대 給與 동사 자체의 의미와 구문 변화, 현저성의 변화가 給字句가 사역 의미를 지니게 만든 셈이며, 이러한 현상은 ≪紅樓夢≫에서 보이기 시작한다는 것이다.

莊紹愚(2002)는 給字句의 사역 의미 발생을 구문에 초점을 두어 분석하였다. 즉 그는 다음과 같은 과정을 통해 給字句가 給與 의미에서 使役 의미로 전환되었다고 보았다.

(5) a. 문장구조: 甲 + 給 + 乙 + N + V
   의미관계: 甲이 乙에게 N을 주며, 乙은 VN을 한다.
   往常老太太又給他酒喫。   ≪紅樓夢·8回≫
   외할머님께서는 평소에도 도련님에게 술을 마시게 한다.
   b. 문장구조: 甲 + V₁ + N + 給 + 乙 + V₂
   賈母忙出幾個小杌子來，給賴大母親等幾個高年有體面
   的媽媽坐了。   ≪紅樓夢·43回≫
   대부인이 걸상 몇 개를 더 가져오게 해서는 뇌대의 어머니를
   비롯한 나이 많은 사람을 앉게 했다.

莊紹愚(2002)는 給與式에서 使役式으로 변하는데 두 가지 방면에서 변화가 있다고 하였다. 첫째 통사 방면에서 給與式에서 '給'자 뒤에 있던 NP가 使役式에서는 '給' 앞으로 이동하였으며, 둘째 의미 방면에서 乙은 '給'의 受事이자 V₂의 施事로 두 가지 역할을 겸하게 되는데, 이는 바로 사역문의 겸어 특징과도 일맥상통한다.

필자가 보기에는 하나의 요소가 작용 한다기보다는 給與 동사 자체의 의미(세 개의 참여자를 포함)와 구문 변화, 현저성의 변화 등이 복합적으로 작용하여 給字句는 給與의미에서 使役 의미로 전환되었다.

사실 ≪紅樓夢≫에서 보이기 시작한 '給'자의 給與 의미에서 使役 의미로의 전환은 그다지 큰 논쟁거리가 아니다. 문제는 바로 給字句가 어떻게 使役에서 被動 의미를 갖게 되었는지 인데, 다음 절에서 이 문제에 관하여 본격적으로 논의해보도록 하자.

6.2 使役에서 被動

給字句가 어떻게 使役 의미에서 被動 의미로 변천했는지에 관해서도 여러 견해들이 있는데, 먼저 언급되어야 할 것은 모든 使役 동사가 被動 의미를 나타낼 수 있는 것은 아니라는 사실에 유념해야만 한다는 것이다.

이에 관하여 처음으로 구체적으로 언급한 이가 바로 馮春田(2000:644-648)이다. 그는 使役 동사를 두 가지 유형으로 구분하였다.

(6) 사역동사의 구분   (馮春田2000)
  ① 使, 令, 遣류
  ② 敎, 叫, 讓류

馮春田은 ①류는 사역동사의 의미특징이 돌출되어 표시하는 동작 행위의 특징이 명확하므로 被動 개사로 전환되기 어려우며, 상대적으로 ②류는 被動 개사로 전환되기 쉽다고 하였다.

洪波(2010)는 馮春田(2000)의 견해를 더욱 발전시켜 사역 동사는 크게 명령형, 치사형, 容讓型 세 가지 유형으로 구분할 수 있으며, 容讓型만이 被動개사로 변천하였다고 하였다.

(7) 사역동사의 구분   (洪波 2010)

① 命令型: 命, 遣, 派, 의미가 허화되지 않은 使(보내다),
② 致使型: 의미가 허화 된 使(시키다), 令, 구체적인 사역을
  표시하는 敎, 叫, 讓
③ 容讓型: 敎(交), 叫, 讓, 給

洪波(2010:422)에 따르면 ①류는 원형 사역 동사로서 동사 의미가 여전히 강하며, 사역 행위자에 대한 의존성이 강하다. ②류는 ①류보다 사역 의미가 약해졌지만 여전히 사역 행위자에 대하여 의존한다. 洪波(2010)의 ③류는 사역성이 가장 약할 뿐만 아니라 사역 행위자에 대한 의존도가 가장 약하며, 馮春田(2000)의 ②류에 해당된다.3

馮春田(2000)과 洪波(2010)의 견해에 따라 容讓型만이 被動 개사로 변천함을 알게 되었지만, 이는 사실에 대한 묘사일 뿐 원인에 대한 설명은 아니다. 그렇다면 다음으로 우리가 관심을 가져야 할 문제는 왜 容讓型 사역 동사는 被動으로 변천하게 되었는가이다. 이에 관해서도 역시 여러 학자들이 언급하였다.

容讓型 使役동사가 어떻게 被動 의미를 나타낼 수 있는가에 관하여 莊紹愚(2002)는 구문의 관점에서 給字句의 態 변화를 관찰하였는데, 그의 견해를 정리하면 다음과 같다.

〈표 6-1〉 給字句의 구문 변화와 態 변화(莊紹愚 2002)

	형식	의미관계	예문
給與式	甲 + 給+ 乙 + N + V	甲이 乙에게 N을 주며, 乙은 VN을 한다.	往常老太太又給他酒吃。《紅樓夢·8回》 외할머니께서는 평소에도 도련님에게 술을 마시게 하였다.

---

3 使字句가 被動을 표시하지 않는 원인에 대하여 Xu(2006:132)는 馮春田(2000)과 洪波(2010)와는 다소 다른 견해를 제시하였는데, 그녀는 使字句에 사용된 동사의 타동성이 약해 施事가 受事에 구체적인 영향을 미칠 수 없기 때문이라고 보았다.

使役式	甲 + V₁ + N + 給 + 乙 + V₂	甲은 N을 乙에게 양도하며, 乙이 V를 하게한다.	賈母忙出幾個小杌子來, 給賴大母親等幾個高年有體面的媽媽坐了。≪紅樓夢·43回≫ 대부인이 걸상을 몇 개 가져오게 해서는 뇌대의 어머니를 비롯한 나이 많은 사람들을 앉게 했다.
被動式	N + 給 + 乙 + V	N: V의 受事, 乙: V의 施事, '給' = '被'	千萬別給老太太, 太太知道。≪紅樓夢·52回≫ 그렇지만 노마님이나 마님께는 절대로 알려지지 않게 해요.

〈그림 6-2〉 給字句의 유생성 변화

給與式	使役式	被動式
[有生-有生-無生]	⟶ [有生-無生-有生] ⟶	[無生-有生]

莊紹愚(2002:163)는 給與式에서 使役式으로의 전환 과정에서 두 가지 변화가 발생한다고 하였다. 첫째 통사 방면에서 給與式에서 '給'자 뒤에 있던 NP가 使役式에서는 '給'자 앞으로 이동하였으며, 둘째 의미 방면에서 乙은 '給'의 受事이자 V₂의 施事로 두 가지 역할을 겸하게 되는데, 이는 바로 使役 구문의 謙語 특징과도 일맥상통한다.

莊紹愚(2002:172)는 특히 使役과 被動 전환 조건으로 給字句의 주어 생략에 주목하였는데, 예를 들면 다음과 같다.[4]

(8) 千萬別給老太太, 太太知道。

   a. (你)千萬別給老太太, 太太知道 。- 句式 B, 使役態

   b. (這件事)千萬被給老太太, 太太知道。- 句式 C, 被動態

---

[4] 이러한 使役態에서 被動態로의 전환에서 주어 생략은 給字句뿐만 아니라, "買了四盤糵果, 裝做一盒担, 叫人抬了。≪金瓶梅·7回≫"와 같은 叫字句에서도 공통적으로 발견되는 현상이라고 할 수 있다(石毓智 2006:44).

즉 예문 (8)은 주어가 '你'라면 使役으로 이해되며, '這件事'이라면 被動으로 이해된다는 것이다.[5]

한편 洪波(2005/2010:428)는 인지적인 관점에서 給字句의 使役에서 被動으로의 態 전환에 주목하였는데, 중국어의 被動 구문은 특히 화자의 의외성(不如意)을 나타낸다는 점에서 화용적으로 특별한 내포 의미를 가진다고 보았다. 따라서 給字句가 使役에서 被動으로의 전환과정에서 화자의 이러한 역할을 중시하였다. 다시 말해 容讓型 使役 구문에서 受事 주어에 대한 영향이 화자의 예상을 벗어나 화자는 受事 주어를 감정 이입의 대상으로 삼게 된다. 이에 따라 受事 주어와 V₂간의 被動 관계는 전경 정보가 되어 부각되며, 容讓型 使役행위는 배경 정보가 되어 약화되므로 給字句는 使役에서 被動으로 전환이 된다는 것이다.

(9) 我給你騙了一次, 不可能再給你騙第二次了。
나는 너에게 한 번 속았으므로, 다시 속는 것은 불가능해.

동사 '騙'은 受事 주어인 '你'에 대하여 화자의 예상을 벗어났다는 소극적인 영향을 미치므로, 受事 주어인 '你'는 감정이입의 대상이 되며 '你'와 '騙'의 被動 관계 역시 전경 정보가 되어 예문 (9)는 어렵지 않게 被動 구문으로 이해된다는 것이다.[6]

---

[5] 給字句와 마찬가지로 叫字句에서 使役과 被動의 중의적인 경우가 발견된다(石毓智 2006:50).

我要有外心, 立刻就化成灰, 叫萬人踐踏。≪紅樓夢·22≫
내가 조금이라도 딴 생각이 있었다면, 당장 죽어서 재가 되어
만 사람의 발길에 채이고, 짓밟힌대도 원이 없을 거야.

위의 예문은 "내가 재가 되어 다른 사람들에게 짓밟히도록 하겠다(我化成灰, 容任萬人踐踏)"와 같은 사역의미와 "내가 변한 재가 다른 사람들에 의해 짓밟힌다(我化的灰被萬人踐踏)"와 같은 被動으로 둘 다 해석될 수 있다.

[6] 한편 洪波(2005/2010:428)에 따르면 "這件事給(讓／叫)他辦去了。"와 같은 문장

사실 莊紹愚(2002)와 洪波(2010)가 말하는 施事 주어 NP₁의 생략과 화자의 의외성은 그리 낯선 현상들이 아니다. 다시 말해 이러한 현상들은 앞장에서 언급한 遭遇 把字句의 의미 특징과 일치한다(조경환 2008:117).

(10) a. 他把個犯人放了。
　　　 그는 범인을 풀어주었다.
　　 b. 他把個犯人跑了。
　　　 그가 범인을 놓쳤다.
　　 c. 她年輕輕的，就把個丈夫死了。
　　　 그녀는 이렇게 젊은데, 남편이 벌써 죽었다.

예문 (10a)에서 (10c)로 갈수록 주어의 통제력은 약화되고 동사의 자주성이 감소함을 알 수 있다. 즉 (10a)의 주어 '他'는 분명한 施事이지만, (10b)의 주어 '他'는 施事라고 보기가 모호한 상태이며, (10c)의 '她'는 확실히 施事가 아니다. 다시 말해 명칭상의 차이만 있을 뿐, 기본 속성은 같다는 것이다.

그렇다면 이렇게 주어의 통제력이 약화되어 급기야 주어가 생략되는 현상과 화자의 의외성이라는 뜻밖의 어기를 지니게 되는 것과는 어떠한 관계가 있는 것일까? 앞에서 언급했듯이 주어의 통제력 약화는 주관화 (subjectification)와 관계가 깊은 현상이다. 즉 주관성은 주어와 화자의 상대적인 관계로서 주어의 통제력 약화, 즉 주관화가 진행됨에 따라 화자의 역할은 상대적으로 강화되는데, 이는 의외성이라는 어기와 관련되는 것이다(조경환 2008:137-138).

또한 유생성의 관점에서 본다면 의지력 있는 생물(人)이 통제력이 약화

에서 "(給/讓/叫)他辦去了。"는 분명히 화자가 기대하는 것이므로 受事S는 화자의 감정이입 대상이 되지 못한다. 따라서 受事 S와 뒤의 동사간의 관계 역시 현저하게 되지 못하므로, 被動 의미를 갖지 못한다.

됨에 따라 주어 생략 단계를 거친 다음, 사물(事物)로 변한 것이며, 의미역은 다른 논항과의 관계와 구문으로부터 부여받게 된다. 이러한 현상은 같은 변화과정을 겪더라도 致使 把字句의 無生 주어의 경우에는 致事(cause)의 의미역을 부여받는 반면, 被動을 나타내는 給字句의 無生 주어는 受事(patient)의 의미역을 부여받게 된다.

謝曉明(2006:367)은 給字句의 변환 관계에서 '給'자 전후의 NP_1과 NP_2간의 유생성 관계를 고려하였으며, 이에 따라 給字句의 態가 변화할 수도 있다고 보았다.

(11) a. $NP_1 > NP_2$: 趕牛的人給牛踢了一脚。
　　 b. $NP_1 = NP_2$: 我給她說愣了。
　　 c. $NP_1 < NP_2$: 牛給趕牛的人踢了一脚。

예문 (11a)에서 주어 '趕牛的人'은 NP_2 '牛'보다 유생성이 높으므로 能動態(處置)로 이해되며, (11b)는 NP_1인 '我'와 NP_2인 '她'가 유생성에서 같으므로 能動態와 被動態 두 가지 모두로 이해될 수 있으며, (11c)에서는 NP_1인 '牛'가 NP_2인 '趕牛的人'보다 유생성이 낮아 受事로 이해되기 쉬우므로 이 문장은 결국 被動態로 이해된다는 것이다.[7]

給字句의 유생성과 態 변화를 구체적으로 알기 위하여 필자는 청말(靑末) 견책소설로 잘 알려진 劉鶚(1857-1909)의 《老殘遊記》의 給字句를 조사하여 다음과 같은 결과를 얻었다.

---

[7] 江藍生(2007:224)은 이러한 현상이 근본적으로 중국어는 동사의 主動과 被動이 형태적인 구분이 없어, 施受는 동일한 단어로 표시될 수 있기 때문이며 이를 '施受同辭'라고 불렀다.

〈표 6-2〉 ≪老殘遊記≫의 給字句 상황

	구문유형	수	예
①	S+給+IO	1	只是我給你, 千萬可別連累了我！ (20回) 내가 당신에게 줄테니 절대로 나를 연루시키지 말아야 돼.
②	S+給+DO	6	他給了六百吊錢。(14回) 그 자는 육백 조전만 줬다.
③	S+給+IO+DO	8	他就給了我一把子。(20回) 그는 나에게 한 다발 주었어.
④	S+給+IO+VP	8	你再給那個老頭兒看！ (16回) 너는 그 늙은이에게 다시 보여주어라!
⑤	S+V₁+DO+給+IO	13	老殘拉他坐下, 倒了一杯給他。(5回) 老殘은 그를 잡아 앉히고는 한 잔을 따라주었다.
⑥	DO+給	3	錢給了不要緊。(13回) 돈 준 것은 괜찮네.
⑦	S+把+DO+給+IO	1	別吃冷豬肉了。把鑰匙給我罷。(13回) 찬 돼지고기를 먹을 것 없네. 열쇠를 내어놓게.
⑧	S+把+DO+給+IO+VP	3	小金子連忙跑過來把銀票給許大看。(20回) 小金子가 황급히 달려오더니 許大에게 은자를 보였다.
⑨	S+V+給+IO	4	我借給你。(19回) 내가 빌려줄게.
⑩	S+V+給+DO	2	人吃了立刻致命, 再三央求吳某分給若幹。(20回) 사람이 먹으면 곧 죽는 독약을 가지고 있음을 알고 재삼 吳某에게 얻기를 간청하여 약간을 나누어 받았다.
⑪	S+V+給+IO+DO	8	許亮又借給他二百銀子。(19回) 許亮은 그에게 또 이백냥을 빌려주었다.
⑫	S+V₁+DO+V₂+給+IO	15	許亮便取出一百銀子交給他, 說: (19回) 이때 許亮이 은자 백 냥을 그에게 주면서 말했다.
⑬	S+把+DO+V+給+IO	8	当時人瑞就把上撫台的禀交給他。(16回) 人瑞는 撫台에게 보낼 편지를 그에게 주었다.
⑭	S+V+給+IO+VP	13	翠花, 你說給我聽聽。(13回) 翠花, 네가 들려주겠니?
⑮	S+V₁+DO+給+IO+VP	9	他就拿了一本甚麽書給撫台看。(13回) 그는 어떤 책 한권을 撫台에게 보였다.
⑯	S+把+DO+V+給+IO+VP	4	旣不信, 我就把這熱的道理開給你看。(10回) 그렇게 못 믿으시겠다면 그 뜨거운 이치를 보여드리죠.
		106	

이상의 표와 같이 ≪老殘遊記≫의 給字句들은 다양한 유형들이 존재하지만, 이 유형들은 임의적인 것이 아니라 상당히 체계적인 망을 구성하는데, 위의 표는 아래와 같은 파생도로 다시 정리될 수 있다.

〈그림 6-3〉 ≪老殘遊記≫의 給字句의 파생도

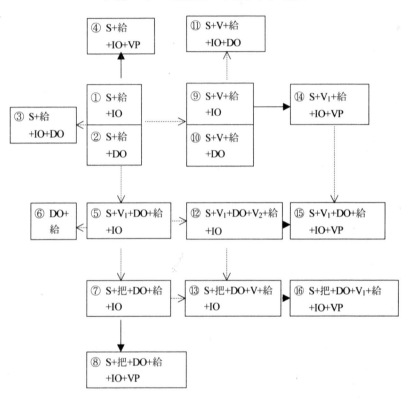

①류와 ②류는 두 가지의 구조 변화('점선 화살표')를 겪게 된다. 첫 번째 변화는 '給'자 앞에 동사가 '給'자를 개사화 한다(⑨류와 ⑩류). 두 번째 구조적인 변화는 '給'자 앞에 'V₁+DO'가 첨가됨에 따라 연동문이 된다(⑤류). ⑤류 연동문은 역시 두 가지 구조 변화를 겪게 되는데 종적으로는

把字句로 파생하게 되며(⑦류), 횡적으로는 '給'자 앞에 V₂가 오게 된다(⑫류).

다음으로 살펴 볼 현상은 '給+IO' 뒤에 VP가 출현함으로써 IO가 단순히 수령자(與事)가 아닌 施事로서 작용하게 되어 給字句가 使役 의미를 지니게 하는 구조적인 변화('실선 화살표')가 발생하는 것인데, ①류 → ④류, ⑦류 → ⑧류, ⑨류 → ⑭류, ⑫류 → ⑮류(⑭류와는 종적으로 파생관계를 가짐), ⑬류 → ⑯류의 변화가 그러하다. 물론 '給+IO+VP'가 모두 使役 의미를 가지는 것은 아니라는 사실에 유념할 필요가 있다.

給字句의 변천과정에서 중요한 것은 讓字句, 叫字句와는 달리 위의 그림 <6-3>에서 종적인 확대와 횡적인 확대에서 알 수 있듯이 이중의 구조 복잡화 단계를 거친다는 점이다. 즉 ≪老殘遊記≫의 給字句들의 망은 莊紹愚(2002)의 견해보다 훨씬 복잡하지만 기본적으로 일치한다고 볼 수 있다.

그런데 ≪老殘遊記≫에서 被動으로 추정되는 예는 단 하나만 발견될 뿐이다.

(12) "我的親哥！我有一種藥水，給人吃了，臉上不發青紫。"

(20回)

　　"형, 나한테 말이야. 사람에게 먹여서 죽여도 얼굴이 파랗게 되
　　지 않는 독약물이 있어."

사실 위의 예 (12)는 순수한 被動이라기보다는 使役과 被動의 중의적인 예로 이해할 수 있다. 하나는 내가 약물을 다른 사람에게 먹게 한다는 使役 의미이고, 다른 하나는 이 약물을 다른 사람이 먹는다는 被動 의미이다. 설령 예문 (12)를 被動으로 간주하더라도, 100여개의 예에서 단 하나뿐이므로 被動을 나타내는 給字句의 비율은 지극히 낮다고 할 수 있다.

(13) 예문 (12)의 재분석

    a. 使役態: 我有[一種藥水] [給人吃了]

    b. 被動態: [一種藥水][給人吃了] > [一種藥水給人吃了]

실제로 給字句가 被動 의미를 나타내는 현상은 그리 혼한 것은 아닌데, 이는 아래의 통계를 통해서 분명히 알 수 있다.

〈표 6-3〉 給字句와 被字句의 被動 비율(謝曉明 2006:369)

작가	작품	給字句	비율	被字句	비율
池莉	≪來來往往≫	0/5	0	4/4	100%
柳心武	≪人面魚≫	1/18	5.56%	12/12	100%
蘇童	≪妻妾成群≫	1/54	1.85%	43/43	100%
王朔	≪過把癮就死≫	2/84	2.38%	45/45	100%
王小波	≪未來世界≫	0/120	0	85/85	100%

위의 표 <6-3>에서 被字句는 100% 被動을 표시하는데 반해, 給字句는 5% 조차 넘기지 못하고 있다.[8] 이는 給字句의 被動態 표시가 주요 용법이 아닌 상당히 예외적인 용법임을 암시한다.

또한 容讓型 使役류만이 被動을 나타낼 수 있는지에 관해서도 재해석을 할 수 있는데, 이는 給字句가 횡적과 종적인 구조 복잡화 단계를 거친 다음, 주어(施事)의 통제성 약화와 생략단계를 거쳐 被動을 표시할 수 있게 된다는 것이다. 이러한 복잡한 단계를 거쳐서 被動을 나타낼 수 있는 給字句가 被動態의 대표구문인 被字句와 다른 양상을 띠는 것은 어찌 보면 너무나 당연한 일인지도 모르겠다.

앞 장에서 이미 살펴보았듯이 被動態(passive voice)는 유형학적으로

---

[8] 石毓智(2006:58)의 ≪姜昆梁左相聲集≫에 관한 통계도 역시 같은 결과를 제시한다. 讓字句는 被動을 표시한 경우가 28%, 叫字句는 3%, 給字句는 1%를 차지한다고 하였다.

두 가지 방식을 따른다(Maldonado 2007:838). 첫째는 '施事의 탈-초점화 (Defocused agent)'로 施事의 초점을 흐리게 하여 施事가 통사적으로 나타나지 않고, 受事를 주어로 표시하는 것이며, 둘째는 '受事의 초점화 (patient in focus)'로서 受事를 윤곽부여하고 施事를 배경으로 격하시키는 것이다.

給字句의 경우 有生 施事가 통제력을 잃으면서 과도기와 공백 단계를 거쳐 無生 受事가 주어가 된다는 점, 그리고 **[受事의 초점화 → 施事의 탈초점화]**를 거친다는 점에서 앞 장에서 살펴본 被字句와는 반대 양상을 보인다고 할 수 있다.

給字句의 處置의미는 使役과 被動의미에 비해 그다지 중요하지 않다고 여겨진다. 비록 "我給這事兒忘了。"라는 給字句는 "我把這事兒忘了。"로 이해할 수 있지만, 이러한 處置의미는 給字句의 변천과정이나 전체 비중에서 일부 포착될 뿐이므로, 이를 주요한 변천과정으로 보기는 힘들다. 또 다른 예문으로 "他給小王抓住了。"는 被動의미와 處置의미 두 가지 모두를 나타낸다고 볼 수 있지만, 이러한 현상이 생기게 된 원인에 관하여 '給'가 중심적인 역할을 했다기보다는 주어와 빈어의 유생성에 기인한 것이다. 즉 **[他 〈 小王]**의 경우에는 被動 의미로 이해할 수 있으며, **[他 〉 小王]**의 경우에는 處置 의미로 이해할 수 있다.

따라서 給字句에서 중요한 점은 給字句가 어떻게 給與에서 使役, 다시 使役에서 被動의미를 나타내게 되었는지에 중점을 두어야만 한다.

 제7장

결론

 지금까지 중국어의 여러 구문들을 살펴보았다. 이 과정에서 각각의 구문들이 자신만의 특이한 과정을 겪었음을 알 수 있었다. 먼저 把字句에서 處置에서 致使로의 전환과정에서는 遭遇라는 과도기적인 과정에서 주어 생략의 단계를 거친다. 給字句 역시 ≪老殘遊記≫의 통계와 분석에서 알 수 있듯이 구문의 복잡화를 통해 [給予 → 使役 → 被動]으로 전환되었으며, 이 과정에서 주어 통제성의 약화와 주어 생략 단계를 거쳐 被動態로 변이되었다. 즉 把字句와 給字句는 각각 處置에서 致使범주, 使役에서 被動 범주로 전환될 때 주어 생략과 뜻밖의 어기라는 과도기적인 중간 단계를 거친다. 이 중간 단계는 사건에 책임이 있는 施事 주어가 필요 없어 이참여자 사건이 일참여자 사건으로 변해 낮은 정도의 사건 정교화를 유발하며, 새로운 정보인 화자의 의외성이라는 자질이 부여된다는 점에서 어느 정도의 공통점이 존재한다고 볼 수 있다.

 (1) 態(voice)의 전환 과정에서 본 유생성의 변화 특징

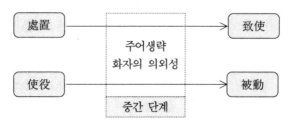

한편 使字句는 使役에서 致使로의 전환 관계에서 NP_1과 NP_2의 통제성의 하강을 겪는다. 하지만 把字句나 給字句와는 달리 주어 생략의 단계를 거치지는 않는데, 여기에는 두 가지 원인이 있다고 사료된다.

첫째, 使役과 致使간의 전환은 處置와 致使 또는 使役에서 被動으로의 전환과는 달리 使動(Causative)이라는 하나의 커다란 態 범주 안에서의 전환이다.

둘째, 使字句는 把字句나 給字句 등 다른 구문들과는 달리 초기 단계부터 [국가]라는 無生주어가 출현한다. 비록 국가이지만 이 같은 無生 주어의 출현은 使字句에서 새로운 전환의 계기를 마련하였는데, 이는 제1주어인 사역주의 통제성 약화를 의미하며, 또한 환유의 작용으로 인하여 또 다른 無生주어인 사건주어가 출현할 수 있는 환경을 마련하게 된다. 결국 [無生(사건·사물)-有生] 使字句가 출현하여 有生 논항의 통제성이 상실되므로 無意致使가 출현하게 된다.

그러나 使字句는 使動을 나타내는 구문 의미로 인해 無生빈어의 출현은 제한적일 수밖에 없었으며, 설령 출현한다 하더라도 역시 국가인 경우가 많았다. 따라서 使字句에서 NP_1과 NP_2의 통제성 하강은 순차적으로 발생하여 이는 '使'자의 의미 탈색뿐만 아니라 통사 변화와 態 변화를 이끌었지만, 中間態적인 중간 단계 현상은 보이지 않았다.

(2) 使役에서 致使로의 전환과정에서 본 유생성 변화

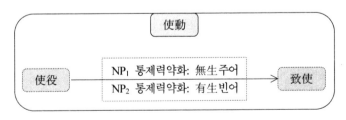

결국 구문의 특성은 동사와 기타 요소간의 상호작용, 그리고 구문의 상성과 도상성 등에 의해 결정되며, 주관화와 유생성 등의 기제를 통해 구문의 態 전환을 야기했다고 볼 수 있다. 또한 하나의 구문이 생존하고 사라지는지의 여부는 바로 빈도성과 고착화에 달려있다.

■ 참고문헌

1. 중문 출판 자료(병음순)

貝羅貝(Peyraube)(1989), <早期'把'字句的幾個問題>, ≪近代漢語研究 (1999)≫, 商務印書館.

陳忠(2005), ≪認知語言學研究≫, 山東教育出版社.

崔希亮(1995), <'把'字句的若干句法語義問題>, ≪世界漢語教學≫3.

_____(2001), ≪語言理解與認知≫, 北京語言文化大學出版社.

戴浩一(2002), <概念結構與非自主性語法>, ≪當代語言學≫4.

鄧守信(1975/1983), ≪漢語及物性關係的語意研究≫, 學生書局.

范曉(2000a), <論'致使'結句>, ≪語法研究和探索≫10, 商務印書館.

_____(2000b), ≪漢語的句子類型≫, 書海出版社.

方一新·雷冬平(2007), <近代漢語'看來'的詞彙化和主觀化>, ≪語言與認 知研究≫1.

馮春田(2000), ≪近代漢語語法研究≫, 山東教育出版社.

高莉平(2005), ≪生命度對漢語句法語義的制約和影響≫, 天津大學碩士 學位論文.

龔千炎(1986), <'把'字兼語句>, ≪龔千炎語言學論集(2000)≫, 京華出版社.

_____(1995/2000), ≪漢語的時相·時制·時態≫, 商務印書館.

古川裕(2006), <現代漢語的中動語態句式>, ≪漢語被動表述問題研究新 拓展≫, 華中師範大學出版社.

_____(2007), <助動詞'要'的語義分化及其主觀化和語法化>, ≪日本現代 漢語語法研究論文選≫, 北京語言大學出版社.

何樂士(1992), <史記語法特點研究>, ≪兩漢漢語研究≫, 山東教育出版社.

江藍生(2007), <漢語使役與被動兼用探源>, ≪近代漢語探源≫, 商務印書館.

蔣紹愚(1994), ≪近代漢語研究概況≫, 北京大學出版社.

_____(1999), <抽象原則和臨摹原則在漢語語法史中的體現>, ≪古漢 語研究≫.

_____(2002), <給字句, 教字句表被動的來源>, ≪語言學論叢≫26.

_____(2008), <漢語'廣義處置式'的來源>, 《歷史語言學研究》1.

金允經(1996), 《現代漢語被動句研究》, 復旦大學博士論文.

李晉霞(2005), <'好'的語法化與主觀性>, 《世界漢語教學》1.

李臨定(1980), <'被'字句>, 《李臨定自選集》(1999), 大象出版社.

李明(2003), <試談言說動詞向認知動詞的引伸>, 《語法化與語法研究》
　　1, 商務印書館.

李英哲(1974), <漢語處置句的語義特徵>, 《漢語歷時共時語法論文
　　(2000)》, 北京語言文化大學出版社.

李佐豊(1990/2004), <《左傳》的使字句>, 《上古語法研究》, 北京廣播
　　學員出版社.

梁東漢(1959), <論'把'字句>, 《語言學論叢》2.

劉文正(2011:188), <使令動詞'使'在先秦到東漢的發展>, 《東方語言學》9.

劉培玉(2001), 《現代漢語把字句研究》, 復旦大學博士學位論文.

劉一之(2000), <'把'字句的語用語法限制及解釋>, 《語法研究和探索》
　　10.

呂叔湘(1948), <'把'字用法研究>, 《呂叔湘全集(2002)》第2卷, 遼寧教育
　　出版社.

梅祖麟(1990), <唐宋處置式的來源>, 《中國語文》3.

琼瑤(2002), 《金盞花》, 花城出版社.

邵敬敏(1985), <'把'字句及其變換句式>, 《漢語語法的立體研究(2000)》,
　　商務印書館.

_____(2005), <致使把字句和省隱被字句及其語用解釋>, 《漢語語義語
　　法論集》, 上海教育出版社.

沈家煊(1998), 《不對稱和標記論》, 江西教育出版社.

_____(2001), <言語的'主觀性'和'主觀化'>, 《外語教學與研究》5.

_____(2002), <如何處置'處置式'?>, 《中國語文》5.

_____(2006), 《認知與漢語語法研究》, 商務印書館.

沈園(2007), 《句法-語義界面研究》, 上海教育出版社.

杉村博文(2002), <論現代漢語把字句把的賓語帶量詞'個'>, 《世界漢語
　　教學》3.

施春宏(2008), ≪漢語動結式的句法語義研究≫, 北京語言大學出版社.

石毓智(2001), ≪漢語語法化的歷程≫, 北京大學出版社.

_____(2006), ≪語法化的動因與機制≫, 北京大學出版社.

孫朝奮(2008), <主觀化理論與現代漢語'把'字句研究>, ≪當代語言學理論和漢語研究≫, 商務印書館.

陶紅印・張伯江(2005), <無定式把字句近現代漢語的地位問題及其理論意義>, ≪漢語語法化研究≫, 商務印書館.

謝曉明(2006), <給字被動句>, ≪漢語被動表述問題研究新拓展≫, 華中師範大學出版社.

邢志群(2004), <漢語語序變換的應用功能>, ≪中國語言學論叢≫, 北京語言大學出版社.

薛鳳生(1987), <試論'把'字句的特性>, ≪語言敎學與研究≫1.

徐學萍・尙軍・吳愛芝(2006), <語言主觀化, 句法表現和話語交汲功能>, 燕山大學學報7.

王惠(1997), <從及物性係統看現代漢語的句式>, ≪語言學論叢≫19, 商務印書館.

王還(1959), ≪'把'字句和'被'字句≫, 上海敎育出版社.

王珏(2004), ≪漢語生命範疇初論≫, 華東師範大學出版社.

王力(1943/1984), <處置式>, ≪中國語法理論≫, ≪王力文集≫1, 山東敎育出版社.

_____(1943/1985), <處置式>, ≪中國現代語法≫, ≪王力文集≫2, 山東敎育出版社.

_____(1980), ≪漢語史稿(中)≫, 中華書局, 박덕준 외 공역(1997), ≪중국어 어법 발전사≫, 사람과 책.

王朔(2004), ≪王朔自選集≫, 雲南人民出版社.

吳福祥(2003), <再論處置式的來源>, ≪語言研究≫3.

楊素英(1998), <從情狀類型來看把字句>, ≪漢語學習≫2.

_____(2000), <漢語當代動貌理論>, ≪語法研究和探索≫9, 商務印書館.

葉向蘭(2004), <'把'字句的致使性研究>, ≪世界漢語敎學≫68.

俞光中・植田均(1998), ≪近代漢語語法研究≫, 學林出版社.

餘華(2003), ≪許三觀賣血記≫, 上海文藝出版社.

_____(2003), ≪活着≫, 上海文藝出版社.

_____(2003), ≪在細雨中呼喊≫, 上海文藝出版社.

袁賓(1989), <'祖堂集'被字句硏究>, 蔣紹愚(1999)編, ≪近代漢語硏究≫2, 商務印書館.

遊舒(2005), ≪現代漢語被字句硏究≫, 武漢大學博士學位論文.

張伯江(2000), <論'把'字句的句式語義>, ≪語言硏究≫1.

_____(2009), ≪從施受關系對句式語義≫, 商務印書館.

張敏(1998), ≪認知語言學與漢語名詞短語≫, 中國社會科學出版社.

_____(2008), <自然句法理論與漢語語法象似性硏究>, ≪當代語言學理論和漢語硏究≫, 商務印書館.

張麗麗(2005), <從使役到致使>, ≪臺大文史哲學報≫62.

張豫峰(2006), ≪現代漢語句子硏究≫, 學林出版社.

周紅(2005), ≪現代漢語致使範疇硏究≫, 復旦大學出版社.

朱德熙(1980), ≪語法講義≫, 허성도 옮김(1997), ≪현대 중국어 어법론≫, 사람과 책.

朱琳(2011), ≪漢語使役現象的類型學和歷時認知硏究≫, 學林出版社.

祝敏澈(1957), <論初期處置式>, ≪語言學論叢≫1.

2. 국내 출판 자료(가나다순)

김윤정(2008), <'被'의 문법화 연구>, ≪언어과학연구≫46.

김은일(2010), ≪부호화 체계와 번역≫, 한국문화사.

김종도(1996), <상 의미의 이중성 연구>, ≪담화와 인지≫.

_____(2002), ≪인지문법의 디딤돌≫, 박이정.

苗延昌(1997), <'使'자 사동문의 의미론적 분석>, ≪中語中文學≫21집.

박건영(1994), ≪중국어의 把字句 연구≫, 연세대학교 박사학위 논문.

박종한(2004), ≪한국어에서 중국어 바라보기≫, 학고방.

시정곤 외(2000), ≪논항구조란 무엇인가≫, 월인 출판사.

연재훈(2011), ≪한국어 구문 유형론≫, 태학사.

이성하(1999), ≪문법화의 이해≫, 한국문화사.

이지현(2007), <현대 중국어 被動표지 '讓'의 문법화 과정 분석>, ≪中國語文學論集≫ 44.

임지룡(2004), <국어에 내재한 도상성의 양상과 의미 특성>, ≪한글≫366.

장태원(2001), <'被'피동문의 'NP$_1$'과 'NP$_2$'의 의미연구>, ≪中國言語硏究≫ 13.

전기정(2005), <현대중국어 '讓', '叫'의 被動 용법>, ≪中國語文學論集≫34.

조경환(2005), ≪현대중국어 把字句의 把-NP와 時空영역 연구≫, 고려대학교 석사학위 논문.

_____(2008), <把字句와 도상성>, ≪中國語文論叢≫37.

_____(2009), ≪現代중국어 把字句의 객관성·주관성 연구≫, 高麗大學校 博士學位論文.

_____(2010a), <把字句와 被字句의 비대칭성 고찰>, ≪中國語文學論集≫ 60.

_____(2010b), <把字句와 使字句의 비대칭성 고찰>, ≪中國語文學論集≫ 63.

_____(2010c), <구문으로서의 把字句>, ≪中國學論叢≫30.

_____(2011), <중국어의 통사 구조와 의미 구조>, ≪中國語文論叢≫48.

_____(2012), <使字句의 주관화>, ≪中國語文學論集≫76.

_____(2013), <유생성과 중국어 문법태의 전환에 관한 연구>, ≪中國語文學論集≫80.

3. 영문 출판 자료(알파벳순)

Bender, Emily(2000), "Syntax of Mandarin Ba", *Journal of East Asian Linguistics 9.*

Bennet, P.A(1981), "The evolution of passive and disposal sentences", *JCL 9.*

Chao Li(2007), "Evolution of the Bei consruction in Chinese", *JCL 35.*

Chang, Chiang-Jen(1977), *Co-Verb in Spoken Chinese*, Cheng Chung Book Company.

Chang, Jung-hsing(2003), "Event Structure and Argument Linking in Chinese", *LANGUAGE AND LINGUISTICS 4.2*.

Chao, Yuan-Ren(1968/2004), *A Grammar of Spoken Chinese*, 商務印書館.

Chappell, H(1986), "Formal and colloquial adversity passives in standard Chinese", *Linguistics 24*.

_____(1991), "Causativity and Ba construction", *Partizipation*, Tubingen.

Chu, Chauncery C.(1998), *A Discourse Grammar of Mandarin Chinese*, Peter Lang publishing Co.

Cobley, Paul & Jansz, Litza(1997), *INTRODUCING: Semiotics*, 조성택·변진경 옮김(2002), ≪기호학≫, 김영사.

Comrie, Bernard(1976), *Aspect*, 이철수·박덕유 옮김(1998), ≪동사 상의 이해≫, 한신문화사.

_____(1989), *Language Universals and Linguistic Typology*, The University of Chicago Press.

_____(2005), "Logical and typological arguments for Radical Construction Grammar", *Construction Grammar*, John Benjamin Publishing company.

Croft, William(1990), "Iconicity", *Typology and Universals*, Cambridge Univ. Press.

_____(2001), "Syntatic Categories and Semantic Relativity", *Radical Construction Grammar*, Oxford Univ. Press.

_____(2005), "Logical and typological arguments for Radical Construction Grammar", *Construction Grammar*, John Benjamin Publishing company.

Cruse Alan & Croft William(2004), *Cognitive linguistics*, 김두식·나익주(2010) 옮김, ≪인지언어학≫, 도서출판 박이정.

Dirven, Rene & Verspoor, Marjolijn(1997), *Cognitive Exploration of Language and Linguistics*, 이기동 외 옮김(1999), ≪언어와 언어학≫, 한국문화사.

Ding, Picus Sizhi(2001), "Semantic Change VS Categorical Change: A study of the Development of Ba in Mandarin" *JCL 29*.

Dowty, David(1991), "Thematic proto-roles and argument selection", *Language 67.*

Evans, Vyvyan & Green, Melanie(2006), Cognitive Linguistics, 임지룡·김동환 (2008) 옮김, ≪인지언어학 기초≫, 한국문화사.

Finegan, Edward(1995), "Subjectivity and subjectivisation", *Subjectivity and subjectivisation: Linguistic Perpspectives*, Cambridge University Press.

Goldberg Adele (1995), *A Construction Grammar Approach to Argument Strructure*, 손영숙·정주리(2004) 옮김, ≪구문 문법≫, 한국문화사.

Griffiths Partric(2006), *An Introduction to English Semantics and Pragmatics*, 박정우(2010) 옮김, ≪언어 의미학 개설≫, 한국문화사.

Haiman, John(1980), "The Iconicity of Grammar", *Language 56.*

＿＿＿(1983), "Iconic and Economic Motivation", *Language 59.*

＿＿＿(2008), "In defence of iconicity", *Cognitive Linguistics 19.*

Heine, Bernd(1997), *Cognitive Foundation of Grammar*, Oxford University press. 구현정·이성하 옮김(2004), ≪문법의 인지적 기초≫, 도서출판 박이정.

Her One-Soon(2009), "Unifying the Long Passive and the Short Passive", *Language and Linguistics 10.*

Hiraga, Masako(1994), "Diagrams and metaphors: Iconic aspects in language", *Journal of Pragmatics 22.*

＿＿＿(2005), *Metaphor and Iconicity*, 김동환·최영호 옮김(2007), ≪은유와 도상성≫, 연세대학교 출판부.

Hopper, Paul & Thompson, Sandra(1980), "Transitivity in grammar and discourse", *Language 56.*

Huang James & Li Audrey & Li Yafei(2009), "The Ba construction", *The Syntax of Chinese*, Cambridge Univ. Press.

Johnson, Mark(1987), *The Body in the Mind*, 이기우 옮김(1992), ≪마음 속의 몸≫, 한국문화사.

Kövecses Zoltan(2000), Metaphor, 이정화 외 옮김(2002), ≪은유≫, 한국문화사.

Kuno Susumu, Kaburaki Etsuko(1977), "Empathy and Syntax", *Linguistic*

Inquiry 8.

Langacker, Ronald(1985), "Observation and Speculation On Subjectivity", *Iconicity in Syntax*, John Benjamin Publishing Co.

_____(1987), *Foundations of Cognitive Grammar I*, 김종도 옮김(1999), ≪인지문법의 토대(I)≫, 도서출판 박이정.

_____(1990), "Subjectification". *Concept, image and Symbol*, Mouton de Gruryter 나익주(2005)옮김, ≪개념·영상·상징≫, 도서출판 박이정.

_____(1991), *Foundations of Cognitive Grammar II*, 김종도 옮김(1998), ≪인지문법의 토대(II)≫, 도서출판 박이정.

_____(1999), "Losing Control: Grammaticization, subjectification and transparency", *Historical Semantics and Cognition*, Mouton De Gruyter.

_____(2004), "Deixis and Subjectivity", *Grounding*, Mouton De Gruyter.

_____(2006), "Subjectification, grammaticization, and conceptual archetypes", *Subjectivity*, Mouton De Gruyter.

_____(2009), "Construction and construction meaning", *New Directions in Cognitive Linguistics*, John Benjamin Publishing co.

Lakoff, Geroge & Johnson, Mark(1980), *Metaphors We Live By*, 노양진·나익주 옮김(1995), ≪삶으로서의 은유≫, 서광사.

Li Charles and Thompson Sandra1981), *Madarin Chinese*, 박정구외 옮김(1989), ≪표준 중국어문법≫, 한울아카데미.

Liu, Feng-Hsi(1997) "An aspectual analysis of BA", *Journal of East-Asian Linguistics 6.*

Lyons, John(1982), "Dexis And Subjectivity", *Speech, Place and Action*, John Wiley & Sons LTD.

_____(1995), "The Subjectivity of utterance", *Linguistic Semantics*, Cambridge Univ. Press.

Maldonado, Ricardo(2007), "Grammatical Voice in Cognitive Grammar", *The Oxford Handbook of Cognitive Linguistics*, 김동환 옮김(2011), ≪인지언어학 옥스퍼드 핸드북≫, 한국문화사.

Matsumoto, Yo(1996), "Subjective motion and English and Japanese verbs",

Cognitive Linguistics 7.

Moeshiler & Reboul(2000), *Dicionnaire Encyclopedique De Pragmatique*, 최재호 외 옮김(2004), ≪화용론 백과사전≫, 한국문화사.

Newman, John(1996), *Give*, Mouton De Grutyter.

Peirce, Charles, 김성도 편역(2006), ≪퍼스의 기호사상≫, 민음사.

Pena, Sandra(2003), 임지룡·김동환 옮김(2006), ≪은유와 영상도식≫, 한국문화사.

Peyraube, Alain(1996), "Recent Issues in Chinese Historical Syntax", *New Horizons In Chinese Linguistics*, Kluwer Academic Publishers.

Smet, Hendrik De & Verstraete, Jean Christophe(2006), "Coming to terms with subjectivity", *Cognitive Linguistics 17.*

Smith, Carlota(1991), "The Aspectual System of Mandarin Chinese", *The Parameter of Aspect*, Klewer Academic Publishers.

_____(1994), "Aspectual Viewpoint and Situation Type in Mandarin Chinese", *Journal of East Asian Linguistics 3.*

Stefanowitsch Anatol(2001), *Construction Causation*, Doctoral dissertation, Rice University.

Sun, Chaofen,(1995), "Transitivity, the Ba construction and its History", *JCL 23.*

_____(1996), *Word-Order Change and Grammaticalization in the HIstory of Chinese*, Stanford Univ. Press.

Sybesma, Rint(1999), *The Mandarin VP*, Kluwer Academic Publishers.

Tai, James(1985), "Temporal sequence and Chinese word order", *Iconicity in Syntax*, John Benjamin Publishing Co.

_____(1993), "Iconicty: Motivation in Chinese Grammar", *Principles and Prediction*, John Benjamin Publishing Co.

_____(2002), "Tempral sequence in Chinese: A Rejoinder", *Form and Function*, Crane Publishing Co.

Takayuki, Miyake(2005), "A Usage-Based Analysis of the Causative Verb Shi in Mandarin Chinese", *Corpus-Based Approaches to Sentence Structure,*

John Benjamin Publishing Company.

Taylor, John(2002), *Cognitive Grammar*, 임지룡·김동환(2005) 옮김, ≪인지문법≫, 한국문화사.

Teng, Shou-hsin(1975), *A Semantic Study of Transitivity Relations in Chinese*, Student Book Co., Ltd.

Tenny, Carol(1994), *Aspectual Roles and the Syntax-Semantics Interface*, Klewer Academic Publishers.

Traugott, Elizabeth(1989), "On the rise of epistemic meanings in the English: An example of subjectification in semantic change", *Language 65*.

_____(1995), "Subjectification in grammaticalisation", *Subjectivity and subjectivisation: Linguistic Perpspectives*, Cambridge University Press.

_____(1999), "The rhetoric of counter-expectation in semantic change", *Historic Semantics and Cognition*, Mouton de Gruyter.

Traugott & Dasher(2002), *Regularity in Semantic Change*, Cambridge Univ. Press.

Uehara, Satoshi(2006), "Toward a typology of linguistic subjectivity", *Subjectivity*, Mouton De Gruyter.

Ungerer, Friedrich & Shmid, Hans-JöRG(1996), Introduction to Cognitive Linguistics, 임지룡·김동환 옮김(1998), ≪인지언어학 개론≫, 태학사.

Van Vooorst, Jan(1988), *Event Structure*, John Benjamin Publishing Co.

Verkuyl Henry(2005), "Aspectual Composition", *Perspectives on Aspect*, Springer.

Verhagen, Arie(1995), "Subjectification, syntax, and communication", *Subjectivity and subjectivisation: Linguistic Perpspectives*, Cambridge University Press.

Xiao, Zhong-Hua & McEnery, Anthony (2004), *Aspect in Mandarin Chinese*, John Benjamin Publishing Co.

Xing, Janet Zhiqun(2003), *Grammaticalization of verbs in Mandarin Chinese*, Lincom Press.

_____(2006), Mechanism of semantic change in Chinese, *Studies in Language*

30.

Xu Dan(2004), "The Status of Marker Gei In Mandarin Chinese", *Journal of Chinese Linguistics Vol 22.*

_____(2006), *Typological Change in Chinese Syntax*, Oxford University Press.

Yang, Suying(1995a), "Ba and Bei Construction in Chinese", *JCLTA 30.*

_____(1995b), *The Aspectual System of Chinese*, Doctoral dissertation, University of Victoria.

Yong, Shin(1993), *The Aspectual Phenomena of the Ba construction*, Doctoral dissertation, University of wisconsin-madison.

Zhang, Hongming(1994), "The Grammaticalization of 'Bei' in Chinese", *Chinese Languages and Linguistics 2.*

Zhang, Min(1995), "Iconicity and Word order change in Chinese", *The Proceedings of the Sixth North American Conference on Chinese Linguistics Vol II*, GSIL.

_____(2007), "Reexamining the Principle of Temporal Sequence: A Dynamic View", *MPI-EVA, Sept 13, 2007.*